# E S P A Ñ A
# E C O L Ó G I C A

## GUIA PARA EL VIAJERO Y EL NATURALISTA

## FREDERIC V. GRUNFELD

con la colaboración de
TERESA FARINO

GRANICA

Título original: Wild Spain. A Traveller's and Naturalist's Handbook.
© 1988 de Sheldrake Publishing Ltd.
© 1990 de esta edición y de la traducción:

Ediciones Juan Granica, S.A.
C/Bertrán 107, bajos 2ª
08023 Barcelona - España
Tel.: 211 21 12
Fax: 418 46 53

Depósito Legal: B-20827/92
Printed in Spain
Impreso en Grafos, S. A. Arte sobre papel
Zona Franca, Sector C, Calle D., nº 36
Barcelona

ISBN: 84-7577-285-4
Traductor: Carlos Gardini

*Dirección obra*: Simon Rigge
*Director Artístico y Diseño*:
Bob Hook e Ivor Claydon
*Ayudante Dirección*: Sarah Bevan. Lisa Cussans
*Investigación*: Dolors Udina
*Responsable Ilustraciones*: Kate Duffy
*Redactores*: Linda Aitken. Fenella Dick. Joan Lee.
Sophia Ollard. Gail Reitano.
Sally Weatherill
*Jefe de Producción*: Hugh Allan
*Ayudante de Producción*: Helen Secombe
*Pruebas*: Maggie Raynor
*Mapas*: Oxford Cartographers
*Títulos*: David Black, Ferdie McDonald

## EL AUTOR

FREDERIC V. GRUNFELD, murió en 1987 poco después de terminar esta obra, vivía en Mallorca desde hacía más de 25 años y viajó constantemente por la península. Es autor de los Time-Life de Alemania, Francia, España, Italia y Países Nórdicos. También ha publicado Berlín dentro de la serie Grandes Ciudades de Time-Life.

## DIRECTOR DE COLECCIÓN

Douglas Botting ha viajado por Brasil, Yemen del Sur, el Sahara, Siberia y por distintos parajes salvajes de Europa como las marismas del delta del Danubio, los bosques de Bialowieza en Polonia. Ha publicado *One Chilly Siberian Morning, Wilderness in Europe* y *Río de Janeiro*.

## COLABORADORES

TERESA FARINO, es ecologista, escritora y periodista, ha investigado y escrito el capítulo Norte de España, ha realizado trabajos de campo en Monfragüe y en Aiguamolls de l'Empordà. También ha colaborado en la información ecológica y geológica que aparece en este texto. Teresa Farino está comprometida en la lucha por la protección de los Picos de Europa.

PHILIPPA FRASER, ha investigado y escrito sobre los parques naturales de las Islas Canarias, es periodista freelance en cinco lenguas, incluido el chino. Ha viajado mucho por Europa y China.

DOLORS UDINA, ha realizado múltiples colaboraciones para este libro. Es escritora y publica artículos en El País y la Vanguardia. Ha traducido muchos libros de escritores ingleses y americanos.

## ASESORES

DAVID BLACK, escritor y redactor que ha colaborado en muchos libros sobre la naturaleza como en *Practical Guide for the Amateur Naturalist* de Gerald y Lee Durrell's.

ALAN MARLES, especialista en mapas con mucha experiencia en la Ordnance Survey.

La lista de créditos y agradecimientos está en la página 222.

# INDICE

Acerca de esta serie . . . . . . . . . . . . . . . . . .  4

España salvaje: Introducción . . . . . . . . . . .  5

La clave de la España Ecológica . . . . . . . .  7

Capítulo 1: Los Pirineos . . . . . . . . . . . . . .  10
La Garrotxa / Cadí-Moixeró / Parc
Nacional d'Aigüestortes i Llac de Sant
Maurici / Valle de Aran / Valle de
Benasque / Parque Nacional de Ordesa /
San Juan de la Peña y Canfranc /
Roncesvalles

Capítulo 2: España septentrional . . . . . . . .  34
Orduña y Sierra Salvada / Las Marismas
de Santoña / Las Sierras Palentinas y
Alto Campóo / Picos de Europa / Somiedo
y Pajares / El Bierzo / Islas Cíes

Capítulo 3: Meseta Norte . . . . . . . . . . . . . .  58
Sierra de Gredos / Sierra de Guadarrama /
La Cuenca Alta del Manzanares / Sierra de
Ayllón / Sierra de la Demanda / Sierra de
Peña de Francia / Camino de Santiago

Capítulo 4: Meseta Sur . . . . . . . . . . . . . . .  82
Serranía de Cuenca / Montes Universales /
Sierra de Albarracín / Parque Natural del
Alto Tajo / Laguna de Gallocanta /
Lagunas de Ruidera / Tablas de Daimiel /
Monfragüe

Capítulo 5: La costa mediterránea . . . . . . .  106
Aiguamolls de L'Empordà / Islas
Medes k / Montseny / Montserrat / Delta
del Ebro / Puertos de Beceite / La Albufera
de Valencia / Sierra Espuña

Capítulo 6: Andalucía . . . . . . . . . . . . . . . . .  130
Sierras de Cazorla y Segura / Sierra Nevada
y las Alpujarras / El Torcal de Antequera /
Fuente de Piedra / Lagunas de Córdoba /
Parque Natural de Grazalema / Parque
Nacional de Doñana / Las Marismas del
Odiel

Capítulo 7: Las Islas Baleares . . . . . . . . . .  166
La Isla de Mallorca / La Isla de Cabrera /
La Isla de Menorca / La Isla de Ibiza /
La Isla de Formentera

Capítulo 8: Las Islas Canarias . . . . . . . . . .  186
La Isla de Lanzarote / La Isla de
Fuerteventura / La Isla de Gran Canaria /
La Isla de Tenerife / La Isla de Gomera /
La Isla de Hierro / La Isla de La Palma

Direcciones útiles y otras lecturas . . . . . . .  212

Indice alfabético . . . . . . . . . . . . . . . . . . . . .  214

Agradecimientos . . . . . . . . . . . . . . . . . . . . .  222

# SOBRE ESTA SERIE

¡Qué sería el mundo, una vez despojado
de parajes húmedos y agrestes?
Que permanezca, oh que permanezca, lo
agreste y lo húmedo; que vivan las
malezas y los páramos.

Gerald Manley Hopkins: *Inversnaid*

Estos libros tratan sobre esos asediados
reductos de lo agreste y lo húmedo: los
lugares salvajes de Europa. ¡Pero dónde
hallar un sitio verdaderamente salvaje en
este poblado continente?

Desde que nuestros ancestros Cro-
Magnon iniciaron sus incursiones en los
bosques vírgenes de Europa, hace 40.000
años, la tierra y sus criaturas han
retrocedido ante el *Homo sapiens*. Se
han talado bosques, se han drenado
pantanos, se han enderezado ríos: aun
algunos de los paisajes que parecen
primordiales son en realidad producto de
la actividad humana. Los brezales de
Nueva Yorkshire y el cuarteado desierto
de Andalucía tienen esto en común:
alguna vez ambos estuvieron cubiertos
por grandes bosques que fueron talados
por antiguos colonos.

¡A qué podemos llamar agreste o
salvaje? Aún quedan en Europa algunos
parajes intactos, lugares tan inhóspitos
—tanto por el terreno como por el
clima— que el hombre no ha querido
tocarlos. Son indiscutiblemente salvajes.

Para algunas personas, el salvajismo
sugiere un conflicto con la naturaleza:
una comarca salvaje es una zona del
planeta tan agreste y desolada que uno
arriesga la vida al aventurarse en ella.
Esto es verdad en parte, pero limitaría
los lugares elegibles al lago más
impenetrable o las cumbres más altas
durante el invierno más crudo: una
visión bastante restringida. Una
definición mucho más amplia considera
que un lugar salvaje es una parte del
planeta donde las criaturas vivientes
pueden hallar un refugio natural, a salvo
de la influencia de la moderna sociedad
industrial. Según esta definición, un
lugar salvaje es para la vida silvestre tan
grato como para esa figura múltiple que
es el viajero de nuestros libros:

excursionista, mochilero, observador de
pájaros, amante de la naturaleza,
explorador, nómade, solitario, místico,
masoquista, aficionado a la vida al aire
libre, o una combinación de todos estos
elementos.

Esta es la definición que hemos
respetado al escoger los lugares salvajes
que se describen en estos libros.
Escogerlos no ha sido fácil. Aun así,
esperamos que el criterio haya sido tan
riguroso como para excluir campiñas
meramente bonitas (aunque populares) y
tan flexible como para incluir los lugares
salvajes más verdes y apacibles, quizá de
gran interés para la historia natural, así
como los sitios más inhóspitos y agrestes
donde nuestros exploradores se sienten a
sus anchas.

Estos libros no son guías en el sentido
convencional, pues se requeriría una
biblioteca para describir cada tramo de
bosque o cada recodo de los caminos de
toda Europa. Tampoco están dirigidos al
especialista técnico —espeleólogo, buzo,
montañista, esquiador, cazador de
orquídeas, lepidopterista o maniático de
los escarabajos—, pues tales expertos
manejan sus propias referencias. Son
libros dirigidos al viajero amante de los
espacios abiertos —incluido el experto
fuera de su especialidad (el cazador de
orquídeas en una cueva, el buzo en una
cumbre montañosa)—, que desea
examinar la gama de sitios salvajes que
ofrece Europa, para aprender algo más
sobre ellos y explorarlos fuera de las
rutas convencionales.

Uno de los grandes consuelos al
preparar estos libros fue descubrir que
después de 40.000 años de cacería, tala,
drenaje y siembra, Cro-Magnon y sus
descendientes han dejado una buena
parte de Europa que aún se puede definir
como salvaje.

*Douglas Botting*

# INTRODUCCIÓN

«España es único entre los países europeos por su variedad de rasgos físicos y naturales. En ninguna otra región encontramos, dentro de una superficie similar (640 por 640 kilómetros), los extremos de clima y paisaje que caracterizan la Península Ibérica. Suiza tiene parajes alpinos más elevados e imponentes, Rusia estepas más vastas, Noruega paisajes más árticos; pero en ninguna otra región de Europa el ártico y el trópico se acercan tanto como en España. Comparemos, por ejemplo, la severa majestuosidad de la Sierra Nevada, envuelta en nieves eternas, con la exuberancia casi tropical de las costas mediterráneas que se extienden a sus pies.»

Estas palabras son tan ciertas hoy como cuando se publicaron hace un siglo en el párrafo inicial de un libro pionero sobre la caza, la historia natural y la exploración en España. Los autores eran Abel Chapman y Walter J. Bucks; el título era *Wild Spain*, alias *España agreste*.

En muchos aspectos he seguido sus pasos al preparar el texto y las fotografías de mi propia guía para la España salvaje de los 90. España continúa siendo el país más «salvaje» de Europa; a poca distancia de toda gran ciudad siempre se hallan comarcas que están a años-luz de distancia de la modernidad. A media hora de Madrid comienza la Sierra de Guadarrama, con sus altos peñascos y sus extrañas formaciones rocosas, sus antiguos senderos que serpean entre hayedos, alamedas y pinares. Detrás de Barcelona se yergue el macizo de Montserrat; detrás de Gerona los volcanes extinguidos de Olot; detrás de Oviedo las montañas de la Cordillera Cantábrica; detrás de Málaga la Serranía de Ronda. Si tomamos un autobús hasta las inmediaciones de una ciudad, podemos llegar desde la última parada hasta un lugar agreste en un par de horas.

La presente *España Ecológica* es para gentes que desean caminar tranquilamente por algunos de los paisajes más espléndidos del mundo, respirando las últimas bocanadas de aire no contaminado de Europa Occidental. Se propone ayudar a viajeros, vagabundos y exploradores que desean alejarse de todo. He tratado de pensar en sus necesidades tanto al escoger las zonas como al seleccionar la información correspondiente a cada apartado. He recorrido España durante muchos años, y al escribir este libro he renovado mi contacto con muchas comarcas del país que conocí inicialmente hace 15 ó 20 años.

Algunas de las zonas de exploración de la España salvaje exigen una actividad agotadora: escalar, montar una tienda, cargar con una mochila y demás. Pero deseo destacar que hemos limitado nuestro estudio principalmente a las zonas oficialmente reservadas para dichos propósitos: parques nacionales y regionales y parajes similares. Tuve que seleccionar las que me parecían mejores, pues hay muchas más reservas forestales y tierras estatales de las que podría abarcar aun de modo fragmentario, de modo que fue preciso fijar un límite para evitar que este volumen incluyera tantos ítems como una guía telefónica. *El Inventario de Paisajes sobresalientes*, una lista exhaustiva publicada por ICONA (Instituto Nacional para la Conservación de la Naturaleza) abarca dos volúmenes, cada cual de más de 500 páginas, pero cada uno de los «paisajes sobresalientes» de España recibe sólo una foto y unas líneas descriptivas.

España es riquísima en paisajes escabrosos, y me resultaría fácil llenar un segundo volumen con mil lugares agrestes. En ninguna parte de España resulta difícil hallar zonas remotas para explorar. «Nuestra España comienza donde terminan los caminos laterales —declaraban Chapman y Buck—. Nosotros escribimos sobre sus soledades sin caminos, sus desoladas estepas y praderas, sus pantanos y montañas, sus majestuosas sierras, algunas casi inaccesibles, y en muchos casos no holladas por pies británicos salvo los

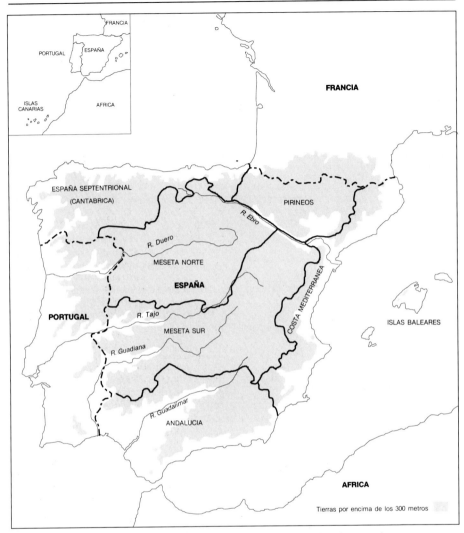

Tierras por encima de los 300 metros

nuestros. Se trata de paisajes solitarios glorificados por la belleza prístina y la riqueza de la vida silvestre. Como naturalistas —es decir, como amantes natos de todo lo que es salvaje, grande y prístino— agradecemos al destino rector que dirigió nuestros pasos hacia una tierra que quizá sea la más salvaje y por cierto la menos conocida de Europa, una tierra digna de mejores cicerones que nosotros.»

Estos son precisamente los sentimientos con que abordé la redacción de este libro. Pero, al igual que mis predecesores, no me proponía desdeñar a la otra España, la España. La España salvaje habitualmente coexiste en estrecha proximidad con la España de los castillos, las aldeas antiguas y las iglesias medievales. Al final de una caminata por los Pirineos uno llega a una aldea de milenarias casas de piedra, apiñadas alrededor de una iglesia que contiene una obra maestra de la pintura mural románica o un crucifijo que bien podría adornar los Claustros del Metropolitan neoyorquino. Si recorremos Las Hurdes de Extremadura (una región donde Buñuel rodó un famoso documental) llegamos a iglesias que exhiben un cráneo humano en un nicho de la pared externa, para recordar a los feligreses las almas de sus ancestros muertos. Aquí la naturaleza y las gentes han trabajado conjuntamente durante dos mil años o más, y en consecuencia las ruinas enfatizan el efecto del paisaje: «llegar a San Pere de Roda, que se yergue derruida en su montaña catalana —escribe Rose Macaulay—, San Miguel de Cullera, las Cartujas cercanas a Jerez y Porta Coeli, tan adorables en su desolación, totalmente integradas con el trasfondo como antiguos árboles mohosos, quita el aliento de un modo que nuestra Tintern, Fountain o Glastonbury no podrían hacerlo». Si ustedes viajan por esos desgastados caminos encontrarán, como Rose Macaulay, y como tantos otros visitantes, que no hay nada más fascinante que vagabundear por España: «aún parece conservar, para cada turista nuevo y ávido, cierta virginidad salvaje, como si uno fuera el primero que la conquista en siglos».

# LA CLAVE DE LOS LUGARES SALVAJES DE ESPAÑA

## LA FORMA SALVAJE

Una de las razones por las cuales aquí hay muchos más sitios salvajes que en el resto de Europa es que España tiene la mayor altitud media de toda Europa, con la excepción de Suiza. España es básicamente un llano elevado, «una enorme meseta», como la denominan Chapman y Buck, enmarcada y cruzada por cordilleras aún más altas, pero con pocas tierras bajas excepto a lo largo de algunos de los ríos principales, tales como el Valle del Ebro, y en delgadas franjas aluviales a lo largo de las costas.

Casi el 40 por ciento de la España peninsular está ocupada por la ventosa Meseta, casi despojada de árboles, con sus tórridos veranos y sus crudos inviernos. Casi todo el resto consiste en montañas: los Pirineos, los Picos de Europa, la Sierra de Gredos, la Sierra Morena, la Sierra Nevada y demás, que bordean esta gran meseta interior. Pocas rutas naturales atraviesan estas cordilleras, y las llanuras aluviales de la costa están abruptamente separadas del interior. En consecuencia, España abarca tanta diversidad de paisajes como de grupos étnicos. El resto del mundo suele pensar que España consiste en patios andaluces blanqueados y mantillas de encaje, pero hay mucho más que eso. A lo largo del Golfo de Vizcaya, Chapman y Buck descubrieron una región «de tipo absolutamente escandinavo», con picos abruptos, valles profundos y ríos donde abunda el salmón.

En la costa del Mediterráneo se encuentra Almería, con el único desierto verdadero de toda Europa. En el otro extremo están los inundados arrozales del delta del Ebro y La Albufera de Valencia: cuando vemos a los lugareños trabajando en los arrozales con el agua hasta los tobillos podemos imaginar que estamos en el sudeste asiático. Y luego están los grupos de islas españolas; en virtud de su clima y geografía, las Baleares y las Canarias se han convertido en balnearios favoritos adonde incesantes aviones llevan millones de turistas por año. Pero se las han ingeniado para protegerse: Mallorca, compensando el apiñamiento de sus arenosas playas con sus muy mediterráneos paisajes montañeses; las Canarias, encerrando sus paisajes más agrestes en parques nacionales para contrapesar las invasiones de turistas.

## HABITATS SALVAJES

Dada la amplia gama de hábitats de España —resultado de antiguos procesos geológicos y los efectos del clima—, resulta difícil dividirlos en un puñado de categorías. Aquí intento describirlos brevemente según las cuatro grandes divisiones de paisajes, entre las cuales es inevitable alguna superposición.

**Montañas:** Más del 35 por ciento de España supera los 800 metros de altura; las zonas periféricas que se elevan sobre la meseta central se apiñan en una serie de cordilleras. El norte tiene dos grandes estribaciones, los *Pirineos* y *la Cordillera Cantábrica*. Desde el Mediterráneo hasta el Atlántico, la flora abarca desde pinos hasta hayedos, con gran número de especies típicas —fritalarias, gencianas, junquillos y pulsatilas—, especialmente en los tradicionales henares y en la zona alpina (2.500-3.000 metros). La fauna es excepcional: los grandes mamíferos incluyen lobos, osos, antes y jabalíes; los animales pequeños más notables son las salamandras y áspides, y estas montañas constituyen el último reducto del desmán pirenaico. Hay aves de presa en gran cantidad, especialmente buitres, búhos y águilas, y el urogallo y el trepador son dos aves sobresalientes de la región; abundan las especies típicas de mariposas, muchas de ellas confinadas a un solo valle de los Pirineos. El extremo sur de España está dominado por la *Sierra Nevada*, que es paralela a la costa y contiene el glaciar más meridional de Europa. La vegetación de las laderas es muy mediterránea, con una típica zona de arbustos espinosos y resistentes, pero los picos tienen una flora tolerante a la nieve que revelan una variedad de especímenes aborígenes casi sin parangón en la Europa Occidental: linarias, saxífragas, narcisos, ranúnculos y crocos. La mariposa azul de Sierra Nevada se encuentra sólo en estas montañas. Más al norte está la *Sierra de Cazorla*, con violetas típicas, utricularias y aguileñas, pero más famosas como reducto del íbice español o cabra montés. Las montañas del centro de España —*Sierras de Gredos, Peñas de Francia y Guadarrama*— son menos majestuosas, revestidas de roble y pino en las partes inferiores, con retamas, cistos y brezos arriba, y pocas zonas alpinas: abundan los halcones, las águilas y los milanos, con pájaros cantores, trigueros y alcaudones en los valles, e íbices en los picos de Gredos.

**Llanuras:** Abarcan buena parte de la meseta central y es el hábitat menos «salvaje» de España, pues el hombre ha ejercido casi inevitablemente su influencia; muchos paisajes sobresalientes y característicos de la fauna y flora se asocian con el *suministro de agua subterránea* (por ejemplo, las Tablas de Daimiel, que ahora se están secando; la Laguna de Galocanta, famosa por la grulla europea y el pato de mar de cresta roja; la Laguna de Fuente de Piedra, con más de 3.000 parejas de flamencos; la Laguna de Zónar, con el pato de cabeza blanca y la polla de agua púrpura). Es un yermo y árido hábitat de *estepas* a medio cultivar, pero muy interesante, especialmente por los pájaros: morada de la gran y pequeña avutarda, el urogallo de cola de aguja, el chotacabras de cuello rojo, la codorniz andaluza, el chorlito, la cordorniz, la cigüeña blanca, muchas especies de alondras y aves de rapiña, así como de un grupo de hierbas cultivables que disminuyen rápidamente en Europa. La dehesa —robledales y ricas pasturas— constituyen un rasgo de las llanuras sudoccidentales, un hábitat supremo para las pequeñas aves de

España: oriol dorado, alcaudón, urraca de alas azules, abejaruco. También es famosa porque allí empollan la amenazada águila imperial española y el milano de alas negras (como en Monfragüe y Extremadura; también alberga cigüeñas negras y buitres negros en peñascos yermos).

**Costas:** *Dunas:* rica flora que varía según la posición en la costa atlántico-cantábrica, mediterránea o sudatlántica, muchas plantas raras y típicas (*Corema album, Romulea clusiana, Linaria arenaria*), narcisos marinos, eringes, con *Amophila arenaria* estabilizando las dunas, amenazadas por la popularidad de las playas españolas como balnearios para vacacionistas. *Marismas:* la vegetación halofítica incluye almarjos, limonios y plátanos, pero lo más importante son las aves; en Aiguamolls de L'Empordà hay airones migratorios, garzasm alcaravanes, zancudas de alas negras y alcaudones grises; en Coto Doñana la superlativa fauna avícola y acuática incluye la cerceta marmolada, la negreta con cresta, la cataraña roja, el pato ferruginoso y el ibis lustroso. *Montañas:* importantes por la flora especializada y las aves; en la costa del Atlántico Norte hay corvejones y alcas; en Gibraltar, halcones, tordos azules y la famosa perdiz de Berbería..

**Islas:** Pueden combinar elementos de las otras tres categorías. *Canarias:* (7 islas) parcialmente volcánicas, muy influidas por el clima del océano y del Sahara; la montaña más alta de España —El Teide— en Tenerife; casi 600 especies de plantas típicas, entre ellas: laurel de las Canarias, pino de las Canarias, violeta del Teide, muchas especies de tártago y buglosa, mariposas vencetósigo. *Baleares* (15 islas) flora menos rica que en las Canarias pero igualmente singular; Ibiza/Formentera cubiertas de adelfas. Fauna más variada, aves marinas que anidan en los peñascos, y el halcón de Eleonora, la tortuga de Hermann, el sapo de Mallorca, el lagarto de pared de Lilford se encuentran en zonas altas y son todas especies en peligro.

## ZONAS AGRESTES PROTEGIDAS

En España es tradicional que la ley proteja las regiones más bellas y agrestes; algunos de los primeros parques nacionales europeos fueron declarados en las montañas del norte de España en 1918: Covadonga en la Cordillera Cantábrica y Ordesa en los Pirineos. Hoy existen nuevos parques nacionales españoles, que abarcan unas 120.000 hectáreas; cuatro de ellos se encuentran en las Islas Canarias.

ICONA, la institución estatal para la conservación de la naturaleza, es responsable de los parques nacionales, y hasta hace poco también estaba a cargo de las reservas nacionales de caza. Sin embargo, después de la promulgación de la constitución de 1978, cuando se establecieron las 17 autonomías españolas, la administración y protección de estas reservas de caza quedó en manos de los recién formados gobiernos regionales. Abarcan una vasta superficie de España. Más de un millón y medio de hectáreas, casi todas en zonas montañosas, están cubiertas por esta designación; la mayor es Saja, en Cantabria, que por sí sola es más vasta que la suma de los nueve parques nacionales. Aunque en otros tiempos ciertos animales escasos como los osos, urogallos, antes y corzos —hoy afortunadamente protegidos— eran presa de los cazadores, hoy la caza está limitada al jabalí, y a veces el ciervo rojo cuando la cantidad lo permite.

Una iniciativa bastante reciente en conservación de hábitats es el parque natural, que difiere del parque nacional bajo control estatal porque la autonomía regional tiene poder para declarar una zona «parque natural» con miras a la conservación de la naturaleza. Dicha práctica cobra ímpetu a medida que aumentan el interés en el medio ambiente y la apreciación de la belleza de la España salvaje. La mayoría de estos parques naturales están en Cataluña, Galicia y Andalucía, aunque hay otro ejemplo notable en Monfragüe, Extremadura. En 1985 los gobiernos regionales ya habían incluido en la categoría de «parques naturales» una superficie casi tres veces mayor que la de los nueve parques nacionales, y la cifra ha aumentado desde entonces.

Otra designación legal es la de «reserva integral», que habitualmente sólo se emplea donde ya existe un parque nacional o natural, y suele cobrar la forma de un santuario interior. Esta categoría se reserva para zonas de interés excepcional, como las marismas del parque nacional Coto Doñana, o las zonas de Monfragüe donde empolla el águila imperial. El movimiento ecológico español no ha procurado adquirir tierras para protegerlas, sino que ha intentado aumentar la conciencia de la población en general. Cuando en el pasado se aplicó presión política, fue a menudo acompañada por elocuentes y conmovedoras declaraciones en la prensa nacional y local. La relativa juventud y el entusiasmo del movimiento conservacionista español quizá constituyan un buen augurio para la futura preservación del país más agreste y menos contaminado de la Europa Occidental.

## AL LECTOR

**El símbolo del águila:** La cantidad de águilas que figuran al principio de cada artículo de este libro indican el grado de salvajismo del lugar en cuestión. Esto se basa en diversos factores que incluyen la lejanía, la escabrosidad, la vastedad, la singularidad, el interés de la fauna y la flora y las reacciones subjetivas del autor. Tres águilas es la calificación más alta; ninguna águila la más baja.

**Actualización:** Aunque nos hemos esforzado para garantizar la precisión de los datos expuestos en este libro, toda información pierde vigencia poco a poco. Agradeceremos nuevos datos, correcciones y comentarios de los lectores para incorporarlos a subsecuentes ediciones revisadas. Sírvase escribir a Ediciones Granica. Bertran 107, Barcelona 08023.

**Exención de responsabilidades:** Tanto el autor como los editores se han afanado en señalar los riesgos que el viajero puede enfrentar en ciertos lugares descritos en este libro. Declinamos toda responsabilidad por los accidentes, pérdidas o lesiones que se pudieran seguir por el uso del mismo.

**Nombres de lugares:** En España los nombres de lugares sufren diversas variaciones ortográficas que incluyen voces castellanas, catalanas y locales.

# Los Pirineos

Los Pirineos han sido mis montañas favoritas durante 25 años, desde la primera vez que recorrí los parques de Ordesa y Aigüestortes en la década del 60, y comencé a esquiar en el Valle de Aran. Estos picos configuran una sucesión de bellezas naturales que se extiende desde el Golfo de Vizcaya hasta el Mediterráneo, y en general la cima principal de la cordillera constituye la frontera franco-española.

Los Alpes pueden ser más elevados y pintorescos, con el Jungfrau, el Matterhorn, el Mont Blanc y demás, pero los Pirineos son más aislados e imponentes, lo cual ha servido para ahuyentar a los visitantes y conservarlos más agrestes. Además constituyen un formidable obstáculo para quienes desean atravesarlos. Los Alpes tienen muchos pasajes cómodos que cruzan la gran cadena de montañas en niveles mucho más bajos que los de los picos de los flancos, pero no los Pirineos. Las dos rutas principales para viajar entre Francia y España se encuentran en los extremos occidental y oriental de la cordillera; en el centro, hasta los tiempos modernos, había sólo dos pasos transitables para los vehículos con ruedas: el Col de la Perche, entre los valles del Tet y el Segre, y el Col de Somport, en la vieja carretera romana que va de Oloron a Jaca. La era de los túneles y las supercarreteras ha facilitado las cosas para los vehículos, pero los Pirineos siguen siendo remotos y agrestes.

Con escasas excepciones, los valles de los Pirineos españoles están en ángulo recto respecto de la orientación este-

Picos nevados dominan el Valle de Pineta, un típico y escarpado valle pirenaico tallado por los glaciares y ahora cubierto de pedregales y chaparrales.

oeste de la cadena principal. En consecuencia, no hay manera fácil de llegar desde los Pirineos catalanes hasta los Pirineos vascos a menos que uno descienda a las tierras bajas del valle del Ebro. Para viajar con rumbo este-oeste por las montañas, hay que recorrer una complejidad de caminos serpeantes y angostos que van desde un compartimiento al otro. Yo siempre agradezco estos obstáculos, pues han servido para mantener vastas zonas a resguardo de la explotación y del desarrollo. Escondidos en valles inaccesibles, muchos recovecos apacibles se han salvado de todo contacto con la insidiosa mano del siglo veinte. Para los montañistas y esquiadores hay altas montañas; para los caminantes y mochileros, exuberantes prados y magníficos bosques; para las familias con hijos pequeños, posadas a orillas de arroyuelos de montaña donde los niños pueden chapalear y jugar con barcos de juguete. Lamentablemente, muchas aldeas de montaña de los Pirineos han sido abandonadas por sus habitantes y ahora están en ruinas. Pero cuando aún están habitadas, la conjunción de arquitectura campesina con paisaje de montaña a menudo no tiene parangón.

Aquí hay casas de piedra e iglesias románicas que parecen brotar de las colinas como setas de piedra. Salvo por los cables telefónicos y eléctricos, uno podría creer que ha regresado a la Edad Media. Casi toda la comarca es buena para las excursiones, y algunas de las zonas más agradables para caminar y explorar no se encuentran entre los picos más altos sino más abajo, en suaves valles como el del río Isábena, que está flanqueado por picos cuya altura oscila entre los 1.500 y los 2.000 metros. Aquí hay incluso una catedral en miniatura, uno de los edificios románicos más

asombrosos que existen, frente a campos y prados. Yo no había oído hablar de la catedral de Roda de Isábena hasta que alguien me describió este sorprendente edificio situado en medio de ninguna parte. Se construyó en el siglo diez, cuando un conde local alcanzó cierta autonomía regional y su hermano llegó a ser el primer obispo del condado recién independizado, a pesar de que la sede no podía contar con más de dos o tres mil habitantes. En la cima de la diminuta «capital» levantaron una perfecta y pequeña catedral, completa en todos sus detalles, aunque ocupa tan poco espacio como una iglesia parroquial. Cuando la descubrí hace unos años, hallé que este joya arquitectónica recibía las atenciones de un aristocrático sacerdote que pasaba casi todo el tiempo en mono, restaurando mampostería medieval y reparando antiguas tallas: era obvio que en ese valle olvidado el sacerdote había encontrado la vocación de su vida en el cuidado de esta bella durmiente, la catedral abandonada.

En los Pirineos es frecuente descubrir cristalinos lagos de montaña y cascadas alimentadas por glaciares, restos de antiguos castillos y monasterios, prados alpinos poblados por antes y flores silvestres, monumentales restos de la Edad del Bronce sobre cuyos creadores sólo sabemos que se las ingeniaron para sobrevivir en este terreno inhóspito. Abundan las plantas y animales, que están bien cuidados en los mayores parques nacionales de los Pirineos, Ordesa y Aigüestortes, los cuales albergan gran cantidad de corzos, jabalíes, águilas, buitres y halcones, así como zorros y armiños. Además de estas zonas totalmente protegidas hay «reservas nacionales de caza», existen ocho en los Pirineos: Alto Pallars-Aran, Cadí, Cerdaña, Los Circos, Freser y Setcases, Los Valles Visaurin, Benasque y Viñamala.

Topográficamente, los Pirineos se suelen dividir en tres regiones: la navarra, la aragonesa y la catalana. Las montañas de Navarra son menos escarpadas que el resto de los Pirineos, y las aldeas lucen más prósperas: es mucho más fácil cultivar las exuberantes y suaves laderas del extremo occidental de la cordillera. Sobre los pasos de Belaqua e Ibañeta se yerguen los picos más altos de la región, el Pico de Anie, Ory y la Mesa de los Tres Reyes, el lugar donde el reino de Navarra se tocaba con los contiguos reinos de Aragón y Bearn.

Los Pirineos aragoneses, en el centro de la cadena, se extienden hacia el este desde este punto e incluyen las cumbres más altas de la cordillera: Aneto en la estribación Maladeta, Posets y Monte Perdido. Este núcleo central también contiene los paisajes más agrestes, con profundas gargantas, inmensas paredes de roca y anfiteatros naturales como el de Piedrafita. Entre las montañas más elevadas anida el famoso baño termal de Panticosa, una suerte de Baden-Baden a gran altura, con un pequeño casino y un pequeño parque para visitantes estivales que vienen a darse baños en el centro de hidroterapia más improbable del mundo. La carretera que atraviesa el valle de Barrosa de norte a sur era un callejón sin salida, pero ahora es un cómodo túnel que conecta ese valle con Francia a una altitud de 2.465 metros. Benasque, más hacia el este, es el valle con las paredes más empinadas de los Pirineos centrales, y el punto de partida para realizar excursiones a Pico de Aneto y Posets.

En la ladera oriental del imponente Pico de Aneto comienza el Valle de Aran, y con él los Pirineos catalanes. Aquí la frontera con Francia se curva hacia el norte antes de virar nuevamente al sur para dirigirse hacia el principado independiente de Andorra, uno de los estados montañeses más interesantes del mundo. Andorra fue en un tiempo la Bután de Europa, aunque recientemente la prosperidad de sus tiendas exentas de impuestos y una floreciente industria turística han terminado con su aislamiento de otrora. Pero su forma de gobierno apenas ha cambiado en 500 años. En la Edad Media lo gobernaban conjuntamente los obispos de Urgel y los condes de Foix; ahora sus copríncipes son el obispo de Urgel y el presidente de Francia, actual depositario de los derechos feudales antes ejercidos por los condes de Foix.

Al este de Andorra, y al norte de la ciudad fronteriza de Puigcerda, se encuentra otra anomalía feudal, el pequeño municipio español de Llivia, totalmente rodeado por territorio francés. Pero las montañas no respetan las líneas fronterizas. Continúan presentando una barrera para el tráfico norte-sur casi hasta la costa del Mediterráneo, y mantienen su elevación con notable uniformidad, a través de las provincias de Lérida (Lleida) y Gerona (Girona), hasta que se produce un súbito descenso en la parte de la cordillera denominada Montes Alberes. Ello permite que la supercarretera Perpignan-Gerona atraviese las montañas sin dificultad. Los últimos picos de los Pirineos forman una pequeña península que se adentra en el Mediterráneo y culmina en el Cabo de Creus, al norte del Golfo de Rosas, donde abundan las aves.

Los Pirineos catalanes contienen algunas de las mejores reservas naturales de toda España. El Parque Nacional de Aigüestortes, provincia de Lérida, es por cierto el más célebre, pero toda la región circundante —especialmente los valles irrigados por el río Noguera Ribagorzana— son ideales para largas excursiones y exploraciones por zonas donde la naturaleza alterna con aldeas románicas. Otro valle importante, el del río Segre, está dominado por la antigua ciudadela de los obispos de Urgel, la ciudad La Seu de Urgell que constituye una cómoda base para explorar los Pirineos orientales. (Mi obra de arte predilecta en Europa es el gran libro del *Comentario del Apolicapsis* de Beatus de Liébana, en el museo episcopal de Seu de Urgell.)

Aunque la densidad demográfica de los Pirineos catalanes aumenta a medida que nos desplazamos hacia el este, la provincia de Gerona ofrece espléndidos paisajes de montaña en las regiones de Ripoll, Garrotxa y Alto Ampurdan. La Garrotxa es algo muy especial, una región de peñascos abruptos y vallecitos ocultos, puntuados por los cráteres de veintenas de volcanes extinguidos, algo excepcional en esta parte de España.

Un comentario acerca de la terminología empleada para estas montañas: los picos reciben el nombre de *puigs* en Cataluña, *pueyos* o *puertos* en Aragón, *poyos* en Navarra, y *puis* en Francia. Se piensa que todas estas denominaciones derivan de *podium*, que significa «elevación» en latín. Las depresiones de las cabezas de los valles o los cuellos de los riscos se llaman *colls* en catalán y *collados* en castellano; los pasos que los atraviesan son *puertos* o *portillos*: puertas pequeñas.

Hay unos 70 u 80 pasos en total; la gran mayoría sólo se pueden atravesar

El valle de Aran, aislado del resto de España, al norte de los Pirineos, alberga prados cubiertos de orquídeas.

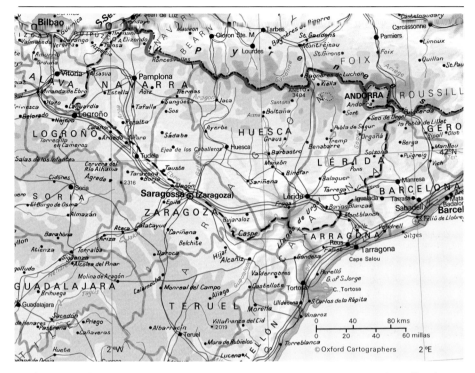

a pie, y son intransitables durante los meses de nieve y peligrosos en el verano.

El cambio más significativo que ha provocado el siglo veinte es que los viajeros que ahora van a los Pirineos lo hacen por placer, y no como contrabandistas, cazadores o pastores. Aún es cierto lo que Richard Ford escribió sobre estas montañas a mediados del siglo pasado: aquí la Naturaleza «se re-godea en sus formas más solitarias y desmesuradas. El paisaje, los deportes, la geología y la botánica son alpinas, y compensará considerablemente a quienes se animen a la vida agreste', a quienes aman la naturaleza con el corazón, la fuerza y el alma, a quienes la adoran tanto en sus recovecos más tímidos como en sus formas más salvajes».

### CÓMO LLEGAR

**Por aire:** Los principales aeropuertos están en Bilbao y Barcelona. Además, hay vuelos internacionales a Gerona (a menudo *charters*) y a Pamplona, San Sebastián, Santander y Zaragoza, vía Madrid o Barcelona. En todos estos aeropuertos trabajan también aerolíneas internas. Cuando está abierto, el aeropuerto de Seo de Urgel ofrece un modo muy conveniente de llegar al corazón de los Pirineos.

**Por mar:** Barcelona es el puerto importante más cercano para tener acceso a los Pirineos desde el este, San Sebastián el más cercano para viajar desde el oeste.

**En automóvil:** Desde Francia, se puede llegar a los Pirineos desde el este o el oeste, en las supercarreteras que van a lo largo de la costa, o a través de uno de los pasos de montaña, que incluyen la carretera Toulouse-Ripoll-Barcelona.

Los caminos que conectan las diversas regiones de los Pirineos suelen ser rutas secundarias y terciarias.

**En tren:** Desde Madrid salen con frecuencia trenes para Barcelona, Bilbao, Zaragoza, Vitoria y San Sebastián; hay 1 ó 2 trenes diarios a Pamplona, Lérida, Gerona, Huesca, Jaca y Canfranc.

Desde Barcelona, hay 1 ó 2 trenes diarios a Pamplona, Vitoria, San Sebastián, Irún, Logroño y Bilbao. También hay 3 trenes expresos diarios a Barcelona desde Madrid, vía Lérida.

Solicite información a RENFE, Madrid, abierto diariamente de 9 a 21, T: (91) 429 82 28.

**En autobús:** Ir a San Sebastián desde importantes ciudades europeas como Londres y París por autobús es un medio probable aunque prolongado de viajar a los Pirineos. Hay buenos servicios regionales de autobuses entre todas las localidades importantes y casi todas las aldeas de montaña; solicite información telefoneando a Barcelona (93) 302 65 45.

### DÓNDE DORMIR
Las mejores localidades donde encontrar alojamiento se enumeran en el artículo dedicado a cada región. Para solicitar listas detalladas, póngase en contacto con las oficinas turísticas de Madrid o Barcelona, o cualquiera de las oficinas regionales enumeradas más abajo.

### ACTIVIDADES
**Excursiones a pie/escaladas:** En verano suele ser bastante fácil caminar en los Pirineos; las cosas sólo se ponen difíciles al llegar a las zonas más montañosas, como Huesca. En invierno se necesitan espolones y cierta experiencia.
**Clubes de montañismo:** Federación Aragonesa de Montañismo, Albareda 7, Zaragoza, T: (976) 22 79 71; Federació d'Entitats Excursionistes de Catalunya, Ramble 61-1.º, Barcelona 2, T (93) 302 64 16; y Federación Vasco-Navarra de Montañismo, Avda Navarra 25, Hotel Urteaga, Beasain (Guipúzcoa), T: (943) 88 08 50.
**Excursiones guiadas:** Póngase

en contacto con el Club de Viatjers, Ronda de Sant Pere 11-6.º, 3 Barcelona 10, T: (93) 302 50 81.
**Pesca:** Hay buena pesca de trucha en todos los Pirineos, sobre todo en la cabecera de ríos tales como el Segre, el Garona, el Cinca, Aragón y Gállego. La pesca del salmón se limita a los Pirineos occidentales, sobre todo en La Bidasoa, Navarra. Las licencias de pesca son emitidas por ICONA; la temporada de pesca dura habitualmente desde el tercer domingo de marzo hasta el 31 de agosto.
**Esquí:** Las mayores pistas de esquí de los Pirineos españoles son: en la provincia de Gerona, La Molina y Nuria; en la provincia de Lérida, Baqueria-Veret (Valle de Aran), Cerler, El Formigal, Llesuy (Pallars) y Super Espot; en la provincia de Huesca, Astún, Benasque, Candanchú y Panticosa; en la provincia de Navarra, Burguete e Ibañeta.

### MAS INFORMACION
**Barcelona** (93): Oficina de turismo, edificio Ajuntament, Pl. de Sant Jaume, T: 318 25 25. Cruz Roja, T: 300 21 12. Información caminera, Doctor Roux 80, T: 205 13 13.
**Gerona** (972): Oficinas de turismo, C. Ciudadanos 12, T: 21 06 94; y C. Juan Margall 35, T: 20 17 24. Cruz Roja, T: 20 04 15. Información caminera, Gran Vía Jaume I 41, T: 20 92 58.
**Huesca** (974): Oficina de turismo, C. Coso Alto 23, T: 22 57 78. Cruz Roja, T: 22 11 86. Información caminera, General Lasheras 6, T: 22 09 00.
**Lérida** (973): Oficinas de turismo, Arc del Pont, T: 24 81 20; y Avda. Blondel 1, T: 26 74 25. Cruz Roja. Información caminera, Avda. Alcalde R. Roure 21, T: 23 28 75.
**Pamplona** (948): Oficinas de

turismo, C. del Duque de Ahumada 3, T: 22 07 41; y C. Beloso Alto, T: 24 93 93.
San Sebastián (943): Oficina de turismo, C. Andia 13, T: 42 17 74.
**Zaragoza** (976): Oficinas de turismo, Torreón de la Zuda, Glorieta Pío XII, T: 23 00 27; y C. Alfonso I 6, T: 22 26 73 y 22 25 79. Cruz Roja, T: 44 07 49. Información caminera, Pl. de Santa Cruz 19.
Se puede solicitar información meteorológica llamando al Centro de Análisis y Predicción (Ciudad Universitaria), T: (91) 244 35 00.

### OTRAS LECTURAS
C. Lana, *Ruta del Pirineo Español* (Madrid, 1933); Ramón Violant y Simorra, *El Pirineo Español* (Madrid, 1949).

# La Garrotxa

*Antiguo paisaje volcánico en contraste con arboledas, arbustos y sembradíos*

La Garrotxa, con su asombroso desfile de conos volcánicos entre sembradíos escalonados, constituye una fascinante aberración. La acción volcánica es casi desconocida en la Península Ibérica, y en muchos sentidos la topografía de La Garrotxa (literalmente, «tierra desgarrada») semeja la de una isla de los Mares del Sur y configura una «fantástica e inaccesible fortaleza natural», según la describe el autor catalán José Pla.

Como en respuesta a este desafío, las gentes de La Garrotxa, a lo largo de los siglos, han añadido al valle una serie de estructuras igualmente fascinantes y abruptas, de modo que el equilibrio entre lo natural y lo manufacturado se mantiene con belleza. Aquí está el pueblo Castellfullit de la Roca, al borde de un abismo de basalto que da sobre el Río Fluvià; el pueblo de Besalú, con su puente romano y sus torres medievales en la confluencia del Fluvià y el río Capelades; y aldeas tales como Santa Pau, en el centro de la llanura volcánica, con macizas casas de piedra y calles con arcadas. Este debe ser uno de los más antiguos lugares habitados de Cataluña, pues en Pla de Reixac hay un menhir megalítico. En el suelo volcánico crece el famoso hayedo conocido como La Fageda d'En Jordà.

Las erupciones volcánicas que sacudieron esta región se produjeron hace no menos de 17.000 años, tiempo suficiente para que el basalto quedara cubierto por una gruesa capa de tierra que ha producido espléndidos prados y ricos sembradíos. El tiempo ha festoneado los cráteres con una alfombra de árboles y arbustos, pero sus perfiles aún resultan visibles: el cráter de Santa Margarida, por ejemplo, tiene casi 350 metros de diámetro, y entre los demás volcanes extinguidos se cuentan los notables Montolivet, Treiter, Garrinada y Croscat.

## ANTES DE SALIR

**Primer paso** *Mapas:* SGE 1:50000 Nº 257; Carta geológica de la regió volcànica d'Olot 1:20000 (Ajuntament d'Olot); Mapa de la vegetació de Catalunya 1:50000 Nº 33 (Generalitat de Catalunya); y Mapa topográfic, La Garrotxa 1:40000.

*Guías:* Miquel Riera i Tussell, *La vegetació de la regió volcànica d'Olot* (Olot, 1981), y J. M. Mallarach y M. Riera, *Els volcans olotins i el sue paisatge* (Barcelona, 1982).

**Cómo llegar** *En automóvil:* Desde Barcelona, coja la carretera C150 hasta la región volcánica que está al oeste de Banyoles. La carretera meridional entre Banyoles y Olot es la distancia más corta entre estos dos puntos. La ruta septentrional es más pintoresca; sigue el río Fluvià y pasa por Besalú y Castellfullit de la Roca, dos de las localidades más interesantes de La Garrotxa. *En autobús:* Hay un servicio regular entre Gerona y Olot; solicite información telefoneando al (972) 57 00 53 o al 26 01 96. Olot también tiene servicios de autobús que la conectan con Barcelona y Figueras; valen los mismos números telefónicos.

**Dónde dormir:** La Garrotxa está a sólo 54 km de Gerona, que ofrece buenas instalaciones. En Olot hay 7 hoteles, incluidos el Montsacopa, T: (972) 26 07 62, y el hostal Europa, T: (972) 26 02 95. Besalú tiene la Pensión Siques, Pl. Major 6. *Vida al aire libre:* El camping cercano a Olot, Les Tries, T: (972) 26 24 05, está abierto desde el 1º de abril hasta el 30 de setiembre. Al sur de Olot, en San Felio de Pallerols, La Valle d'Hostoles, T: (972) 44 40 31, abierto desde el 15 de junio hasta el 30 de setiembre, con capacidad para 180 personas.

**Actividades** *Excursiones a pie:* Desde Olot hasta el Volcá de Santa Margarida, el mayor cráter, a través del hayedo La Fageda d'En Jordà. O siga el río Fluvià hasta el Vall d'En Bas, que lo llevará por una serie de bonitas aldeas.

**Puntos de observación:** Hay buenos puntos de observación para ver los volcanes, especialmente los que dan sobre la Serra de Finestres, cerca del chteau de Santa María de Finestres; junto a Puigsacalm; y al norte, en Santa Bárbara de Prüneres.

**Más información** *Información turística:* Mulleres, Pl. del Mercat, Olot, T: (972) 26 01 41; Pl. de la Libertat 1, Besalú, T: (972) 59 02 25; y Pl. del Vi 1, Gerona, T: (972) 20 20 79. ICONA Avda. San Francisco 29, Gerona, T (972) 20 09 87.

Esta salamandra pirenaica, que vive a altitudes que superan los 600 metros, permanece inactiva más de la mitad del año.

# Cadí-Moixeró

*Un parque natural cerca de Puigcerdà, en los Pirineos orientales*

La muy bella y variada campiña pirenaica de Cadí-Moixeró brinda un maravilloso ámbito para las excursiones solitarias y los paseos apacibles. Abarca estribaciones montañosas y otros macizos, junto con todos sus valles, aldeas, prados y bosques: más de una veintena de aldeas y villorrios contra un soberbio trasfondo de montañas cuyas cimas están cubiertas de nieve la mitad del año.

Estas montañas son más bajas, suaves y hospitalarias que, por ejemplo, los altos picos de los Montes Malditos. Las cadenas de Cadí y Moixeró, que constituyen los rasgos físicos sobresalientes del parque, se extienden durante 30 km de este a oeste y están enlazadas por el Pas de Tancalaporta (el paso de «cierra-la-puerta»). Aquí hay buenas posibilidades para escalar. Las altitudes oscilan entre los 900 m del piso de los valles hasta los 2.467 m del Puig de la Canal Baridana (también llamado Puig Vulturó), el pico más alto de la estribación de Cadí, y Pedraforca. Los puntos de partida más comunes para atacar el Pedraforca son las aldeas de Gósol y Gisclareny. Ambas también sirven como base para emprender caminatas por los valles vecinos.

Al explorar el valle, usted notará que los ecosistemas son alpinos antes que mediterráneos: densos bosques y fértiles prados en contraste con los escabrosos contornos de los macizos de piedra caliza. La baja temperatura y la elevada humedad soportan especies que rara vez asociamos con España. Por encima de los 2.000 metros hay prados típicamente alpinos en las laderas más bajas, pinares con enebros y rododendros. Hay vastos bosquecillos de abeto plateado y hayas; abundan el roble, el arce y el tiemblo, así como el pino escocés y el boj.

El único paso de montaña en esta estribación es la Collada de Toses, a 1.800 metros, que tiene la flora alpina más rica de los Pirineos orientales. Abundan el ranúnculo con hoja de parnaso (*Ranunculus parnassifolius*), una tupida planta perenne con brillantes hojas verdes y flores rosadas, que crece con una de las cruciferas amarillas más atractivas, la mostaza de triaca decumbente (*Erysimum decumbens*); ambas plantas aman la piedra caliza. Otra especie elegante es la diminuta amapola rética (*Papaver rhaeticum*), que florece en julio y agosto; reemplaza al ojo de faisán pirenaico (*Adonis pyrenaica*), típico de la primavera. En estas montañas también hallamos la bella *Ramonda myconi*.

Los animales del parque también tienen carácter alpino. El ante pirenaico vive en los picos más altos durante el verano; en invierno las manadas descienden a las laderas meridionales. El ciervo rojo y el corzo son comunes, así como las águilas doradas, los milanos y los urogallos.

---

ANTES DE SALIR
**Mapas:** SGE1:50.000 Nos. 215, 216, 217, 253, 254 y 255; IGN 1:200.000 Mapa provincial de Gerona y Barcelona.
**Guías:** Agusti Jolis y M. Antònia Simò: *Cerdanya* (Barcelona, 1986) y *Pedraforca* (Barcelona, 1969).

CÓMO LLEGAR
**Por aire:** El pequeño aeropuerto de Seo de Urgel tiene vuelos a Cadí-Moixeró.

A veces está cerrado por refacciones, o por mal tiempo.
**En automóvil:** Hay 4 rutas principales hasta el parque. La carretera N152 va de Barcelona a Puigcerdà por Vich y Ripoll y lo lleva a la Collada de Toses, en el extremo este del parque.
La carretera C1411 sale de la N-11, en Barcelona, va hacia Berga y Bellver de Cerdaña, sigue el río Llobregat, cruza el túnel de Cadí; la misma ruta,

desviándose hacia el oeste un poco antes de Guardiola de Berguedà, atraviesa la parte meridional del parque. La C1313, Puigcerdà-Seo de Urgel, bordea los límites septentrionales del parque.
**En tren:** Un servicio ferroviario regular va de Barcelona a Puigcerdà pasando por La Molina y Alp.
**En autobús:** Hay un servicio desde Barcelona a La Seu d'Urgell, y desde La Seu a Puigcerdà; solicite

información al (93) 302 63 43 y al (973) 27 14 70.

DÓNDE DORMIR
Amplias posibilidades dentro y alrededor del parque: San Francisco, un hostal de 2 estrellas en Gósol, T: (973) 37 00 75; Hotel María Antonieta, 2 estrellas, T: (973) 51 01 25, en Bellver; y la Pensión Arderiu, T: (93) 224 02 31, en Guardiola de Berguedà.
**Vida al aire libre:** Solana del Segre en Bellver de Cerdaña, T: (973) 51 03 10, abierto todo el año.
**Refugios:** Dentro del parque hay varios refugios bien cuidados, la mayoría abiertos en verano solamente. El Refugi de Gréixer, al norte de la aldea de Gréixer, está abierto todo el año y es el

único que acepta reservas, T: (93) 824 42 40. Se puede llegar al Refugi César A. Torras por un sendero de 1,5 km que va desde Martinet por Montellà. El Refugi de l'Ingla y Refugi del Pla de les Esposes están cerca de Bellver de Cerdaña; en invierno, se pueden pedir las llaves al Agent Forestal del Medi Natural, en Bellver de Cerdaña.
El Refugi Cortgal d'en Vidal, a 8 km de Urús, a menudo está bloqueado por la nieve en invierno. El Refugi de Rebost está dentro de los límites de Bagà; se pueden solicitar las llaves en la Unió Excursionista de Catalunya en Bagà. El Refugi d'Erols de Baix está en el camino de La Pobla de Lillet. El Refugi de Sant Jordi, cerca

de Bagà, sólo es accesible a pie.

ACTIVIDADES
**Excursiones a pie:** Senderos extensos y bien marcados en todo el parque. Se necesitan unas 9 horas para realizar la excursión norte-sur desde Martinet a Gósol a través del Coll de l'Homme Mort («paso del muerto») y el Pas dels Gosolans.
**Excursiones guiadas:** Para el Servei de Guies de Natura (servicio de guías para la naturaleza) consulte a los ayuntamientos de Bellver de Cerdaña y Seo de Urgel. Para caminatas de montaña, póngase en contacto con el experimentado guía Joan Cassola, Escoles d'Olià, Bellver de Cerdaña, T: (973) 51 01 90.

# Parc Nacional d'Aigüestortes i Llac de Sant Maurici

*Un magnífico parque nacional con montañas, lagos y prados, al oeste de Andorra*

**E**sta es sin duda la joya de los Pirineos catalanes. Con la excepción de Ordesa, hacia el oeste, no hay una zona más prístina y sobrecogedora en toda la región de los Pirineos. En realidad, tiene algunos de los paisajes de montaña más espléndidos de toda Europa, una magnífica conjunción de prados, picos, lagos, arroyos y bosques. Aigüestortes significa «aguas torcidas» en catalán, en el sentido de «rugosas» o «desparejas»; ahora que el parque depende de la Generalitat de Catalunya, su nombre se designa oficialmente en catalán aun en las publicaciones de la Generalitat en español.

El parque abarca una superficie de 10.230 hectáreas y se divide en dos partes casi iguales: la zona de Aigüestortes al oeste, cerca del valle Boí, y la zona del lago de Sant Mau-

Las profundas y serenas aguas del Estany Negre de Peguera, atrapadas en una de las depresiones glaciales de Aigüestortes.

rici al este. Una cresta de altas montañas, incluidas la Pala Alta de Serrader (2.982 m), el Pic de Contraig (2.966 m) y el Gran Tuc de Colomers (2.932 m), marca el límite norte del parque y enfatiza su carácter inaccesible. Hasta fines del siglo pasado esta región era una de las más aisladas de Europa, y sólo pastores y cazadores se aventuraban allí. Ningún camino conducía a esa zona, y ningún puente franqueaba los hondos precipicios que había que cruzar. Pero con la era de la energía hidroeléctrica, las compañías de servicios construyeron caminos, puentes, represas y usinas generadoras. Estos indicios de una ya anticuada modernidad, sin embargo, rara vez están a la vista, y no logran rebajar los esplendores de lo que justamente se ha llamado un «paraíso pirenaico». Lo único que podría disminuir los placeres de este paraíso es el tiempo: llueve mucho, y nieva aún más. En Sant Maurici hay un promedio de 50 días de lluvia y 100 de nevisca por año.

Los valles redondeados y las toscas cumbres —imponentes masas de granito y pizarra— se formaron durante la Era Primaria, hace unos 200 millones de años, se elevaron y plegaron por efecto de colisiones entre placas durante la Era Terciaria y al fin la acción de los glaciares los talló, trituró y pulió en las primeras fases de la Era Cuaternaria, lo cual dio a las montañas su forma actual y cavó fosas para unos 140 lagos. Algunos de estos lagos tienen casi 50 metros de profundidad, gracias a la implacable y abrasiva energía de los glaciares pirenaicos. Estos lagos son la gloria de Aigüestortes: la mayoría son de una claridad y resplandor espectaculares, y algunos están alimentados por cascadas.

La vegetación es muy similar a la de Ordesa, con bosques de abetos, hayas y abedules plateados en zonas de hasta 2.000 metros. El ante pirenaico retoza en los altos prados, y las águilas doradas anidan en las cuevas, sobre contrafuertes protegidos. Hay nutrias en los lagos, y en los bosques abunda el urogallo.

---

## ANTES DE SALIR

**Mapas:** SGE 1:50.000 Nos. 181 y 182; Parc Nacional de Aigüestortes i Llac de Sant Maurici, 1:30.000; Sant Maurici 1:25.000; y Montardo, 1:25.000.

**Guías:** N. Llopis Lladó, *Sant Maurici*, y Rosendo Vila Blanch, *Montardo*.

## CÓMO LLEGAR

**En automóvil:** Hay 2 rutas de acceso principales. Para entrar por el oeste —el sector de Aigüestortes— coja la N230 desde Lérida hasta Viella pasando por Alfarrás y Benabarre. Luego del Pont de Suert, gire al este en la L500, hacia Caldes de Boí. O, desde Lérida, tome la C1313 hasta Balaguer, la C147 hasta La Pobla de Segur y la C144 hasta Pont de Suert.

Para entrar por el este, el sector del Estany de Sant Maurici, tome la C147 desde Balaguer hasta Esterri d'Aneu pasando por La Pobla de Segur; 6 km antes de Esterri d'Aneu, vire al oeste por la LV5004, hacia Espot.

**En tren:** Por lo menos 2 trenes diarios (más durante el verano) van desde Barcelona a La Pobla de Segur pasando por Lérida y Tarragona.

**En autobús:** Hay un servicio regular desde Lérida y La Pobla de Segur hasta Pont de Suert y desde allí hasta Caldes de Boí (la parada de autobuses está a 1 km del centro de la aldea). Hay autobuses diarios desde Barcelona y Lérida hasta Esterri d'Aneu y Viella, que paran en la encrucijada que lleva a Espot (a 7 km de la aldea).

## DÓNDE DORMIR

Hay cuatro aldeas cerca del sector oeste del parque, Barruera, Boí, Caldes de Boí y Errill-la-Vall, y el pueblo de Espot al este. En todos esos sitios hay hospedaje. En Barruera, sugiero el Manantial,

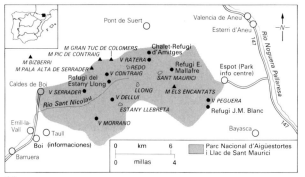

4 estrellas, T: (973) 69 01 91; en Errill-la-Vall, el Hostal Noray, 2 estrellas, T: (973 69 60 50; y en Espot, el Saurat, 2 estrellas, T: (973) 63 50 63.

**Vida al aire libre:** Boneta, T: (973) 69 60 29, abierto desde Pascua; también alquila apartamentos durante todo el año. Dos campings de Espot están abiertos durante el verano: La Mola, T: (973) 63 50 24; y Sol i Nev, T: (973) 63 50 51.

**Refugios:** Hay 2 refugios abiertos todo el año, el Refugi E. Mallafré, al pie de Els Encantats cerca del Lago Sant Maurici, y el Refugi del Estany Llong, en el Valle Sant Nicolau, entre los prados de Aiguadassí y Estany Llong. El Refugi J. M. Blanc, junto al Estany Tort de Peguera, en el valle de Peguera, y el Chalet Refugi d'Amitges, en el valle de Rater, están abiertos sólo en verano.

ACTIVIDADES
**Excursiones a pie:** Yendo

desde el oeste, la ruta normal consiste en seguir el curso del Río Sant Nicolau, en cuyas márgenes hay un camino que apenas se puede recorrer con un Land-Rover; conduce cuesta arriba hasta más allá del lago conocido como Estany Llebreta, hasta la llanura de Aigüestortes. Aquí nacen la mayoría de los senderos que conducen a las montañas circundantes.

**Escaladas:** Muchos de los ascensos son simples aun para los principiantes; otros consisten en excursiones de poco más de 1 día. Para obtener información detallada, véase Kev Reynolds, *Walks and Climbs in the Pyrenees* (Milnthorpe, 1983).

MÁS INFORMACIÓN
**Información turística:** Arc del Pont y Avda. de Blondel 1, Lérida, T: (973) 27 20 85. En verano, hay oficinas de información abiertas en Espot y Boí.
La oficina de la administración del parque está

La *Fritillaria pyrenaica* tiene flores grandes y acampanadas de color pardusco rojizo, con marcas verdes.

en Camp de Mart 35, Lérida, T: (973) 24 66 50.

# Valle de Aran

*Un tesoro botánico en un aislado rincón de los altos Pirineos, en la frontera con Francia*

El lagópodo, un ave ártica y alpina, anida en la pedregosa ladera de los Pirineos, su reducto más meridional.

**P**ara los españoles el Valle de Aran es el valle de los valles (aran significa «valle»). Es un oasis verde y fértil de bosques y prados, cerrado por escarpadas cumbres. En primavera, el valle cobra vida con prados de *Viola cornuta, Pulsatilla alpina* y cuatro especies de narciso —*Narcissus pallidiflorus, N. poeticus, N. abscissus* y *N. bicolor*—, todas ellas con matices de púrpura, blanco y amarillo. El otoño anuncia la llegada de la merendera (*Merendera montana*) y un croco de flores purpúreas (*Crocus nudiflorus*) que brotan de los prados segados.

Las cristalinas rocas del valle tributario del Río Iñola albergan tres de las especies más espectaculares del geranio: el geranio sangriento (*Geranium sanguineum*) de flores carmesíes crece junto al geranio crepuscular (*G. phaeum*), sus pétalos negro purpúreos recogidos como un frágil ciclamen, mientras que a la sombra de las rocas crece el geranio pirenaico (*G. pyrenaicum*). A fines de mayo, es fácil pasar por alto los gráciles arcos formados por las campanas de cuadros rojos y verdes de la fritilaria pirenaica (*Fritillaria pyrenaica*) oculta entre los brezos y carquexias de estas ácidas laderas. Y los bosques y prados están llenos de hierbas y flores silvestres útiles para las brujas o los practicantes de la medicina alternativa, tales como la árnica, el orozuz y diversas variedades de lo que los lugareños denominan «té de las montañas».

El Valle de Aran quedaba aislado del resto de España en cuanto las primeras nieves bloqueaban los pasos montañosos que conducían al sur y al este. La zona sólo quedó accesible durante los doce meses del año en 1948, cuando se terminó el túnel de Viella (Vielha). Aun así había días en que, según rezaba esa vieja broma, no se podía llegar allá desde aquí. Ahora que se están construyendo pasajes a prueba de nieve en ambos extremos del túnel, el Valle de Aran ya no tiene por qué estar aislado de la madre patria.

La abundancia de nieve en los altos Pirineos ha constituido un gran impulso económico para este distrito antes pastoril. Los campos de esquí de Vaqueira-Beret y La Tuca se cuentan entre los mejores del país, tanto por el terreno como por las condiciones de la nieve. Pero el auge del esquí también ha traído las deformaciones estéticas propias de la arquitectura de los centros de esquí. Viella, otrora una bella localidad casi medieval, ahora parece una *station de ski* francesa, y un modernismo repentino ha barrido con la arquitectura de piedra y techos de pizarra de algunas de las antiguas aldeas de valle arriba. Aun así, el Valle de Aran tiene pasta de gran parque nacional, aunque todavía no se lo ha designado como tal. Hay maravillosos paseos por los bosques y los valles del Río Garona, muchas sendas de esquí y abundantes perspectivas para los escaladores: los picos circundantes incluyen el Maubermé (2.880 m), sobre la frontera francesa, el Besiberri Nord (3.014 m) en el flanco meridional del valle, y el Tuc de Mulleres («pico de las mujeres»; 3.010 m) hacia el sudoeste.

CÓMO LLEGAR
**En automóvil:** La carretera C230 de Lérida conduce a Viella a través del Túnel de Viella. La carretera C142 va desde Esterri d'Aneu hasta Port de la Bonaigua, el paso sudeste del Valle de Aran.

Desde Francia, la carretera N618 se junta con la C230 en Pont de Rei; o, desde el noroeste, la N125 se junta con la española C141 en el Portillo de Bossòst. póngase en contacto con la

La profusión de flores silvestres de los prados del Valle de Benasque crea un paraíso estival para las mariposas.

En autobús: Hay un servicio regular desde Barcelona y Lérida hasta Viella y Saqueira. Para mayor información, telefonee al (93) 302 65 45, al (973) 27 14 70, al (973) 26 85 00 ó al (974) 22 70 11.

DÓNDE DORMIR
No faltan comodidades en el Vall d'Arán: hay 23 hoteles en Viella, 7 en Salardú y 6 en Bossòst. Sugiero el Aran, 2 estrellas, Viella, T: (973) 64 00 50; o el Tuc Blanc, 3 estrellas, Salardú, T: (973) 64 51 50. Para obtener una lista completa,

---

A 1.000-2.000 metros, los bosques del Valle de Aran están compuestos por hayas y abedules mezclados con coníferas como el pino negro y el abeto.

## MARIPOSAS EN EL VALLE DE ARAN

Aran es un valle tan especial por su riqueza botánica que no es sorprendente que albergue también varias mariposas raras. Ellas incluyen a la *Pyrgus andromedae* y la *Carterocephalus palaemon*. La *Parnassius mnemosyne*, una bella mariposa color crema con marcas circulares amarillas y negras y unos 7,5 centímetros de envergadura, no es una especie rara internacionalmente, pero ésta es una de las pocas regiones de España donde hay una subespecie típica, *republicanus*. Las larvas se alimentan de varias plantas de la familia de las amapolas, tales como las fumarias, y también de las crasuláceas. Como era de esperar, se trata de una especie de montaña que vuela en zonas que se encuentran a 1.200-2.000 metros de altitud, de junio a julio, a menudo en húmedos parajes campestres. En la zona de Aran también encontramos la *Pseudaricia nicias*, una especie sólo hallada donde abundan los prados y los geranios del bosque (*Geranium pratense* y *G. sylvaticum*), entre los 1.200 y los 1.700 metros. Esta mariposa se encuentra sólo en los Pirineos, los Alpes del sudoeste, Finlandia y Rusia; se considera que las que pueblan Aran constituyen una raza diferente (*judithi*).

oficina de turismo de Viella o Lérida.

**Vida al aire libre:** Hay dos campings oficiales, El Prado Verde, T: (973) 64 82 86 y Artigane, T: (973) 64 01 89, pero se puede acampar en cualquiera de las zonas montañosas de «utilidad pública»; pida detalles a las oficinas de turismo.

ACTIVIDADES

**Excursiones a pie:** Hay muchas rutas agradables, por ejemplo, el sendero que va al Circo de Saboredo, en el extremo sudeste del valle; el camino comienza al final de una carretera que empieza en Salardú y bordea la margen occidental del Río Garuda de Rudo hasta el Font de Campo, desde donde una hora de ascenso nos lleva al Estany Major de Circo de Saboredo, una magnífica región de alta montaña con 35 lagos de todos los tamaños, ideal para acampar o pescar.

**Escalada:** El Pic de Maubermé y el Mont Valier ofrecen varios ascensos agotadores pero no demasiado difíciles, así como la posibilidad de escalar rocas. Encontrará información detallada en *Pyrenees Andorra and Cerdagne* de Arthur Battagel (Reading, 1980).

**Pesca:** Hay unos 200 lagos, o *estanys*, llenos de truchas, y muchos de ellos son verdaderamente espectaculares. Pregunte en la oficina de turismo de Viella (véase abajo).

MÁS INFORMACIÓN

**Información turística:** Sarriulera 9, Viella, T: (973) 64 09 79; y Arc del Pont y Avda. de Blondel 1, Lérida, T: (973) 27 20 85.

# Valle de Benasque

*Las montañas más altas de los Pirineos, ricas en especies silvestres y atractivas para los montañistas*

**E**l Valle de Benasque corre como una cinta azul y verde entre los dos macizos del Pico de Posets y el Macizo de la Maladeta, coronados por glaciares. A los 3.404 metros el Pico de Aneto de Maladeta es la montaña más alta de los Pirineos; el Pico de Posets es la segunda, con 3.375 metros.

En verano el valle entero se transforma en un irresistible campo de flores silvestres, y abundan el ranúnculo, la genciana, el iris y la nomeolvides.

Todas las aldeas se concentran en la mitad meridional del valle: Sahún, Eriste, Anciles, Cerler y Benasque. El ascenso hacia el norte nos enfrenta con un tiempo realmente crudo, y en los meses de invierno apenas hay sol. Aun en verano el tiempo es engañoso, como en todos los Pirineos. Los manantiales y ríos están colmados en esa época. Por lo demás, junio y agosto son los meses más huracanados, y a veces las tormentas han resultado fatales para los escaladores y excursionistas.

La acción de los glaciares cuaternarios esculpió los Pirineos. Gradualmente redujo las crecientes montañas, rajándolas y limándolas. Las rocas ígneas adquirieron perfiles filosos, picos y crestas. La piedra caliza y la pizarra se partieron en pequeños fragmentos que cobraron formas redondeadas, convirtiéndose en sostén de prados de curvas suaves.

Los extremos más altos del valle son tan ricos en especies silvestres que la zona merece ser designada parque nacional. Los Picos de Eriste y Valhiverna (Vallibierna) están habitados por cientos de antes pirenaicos. Hay comadrejas, martas, liebres y marmotas; se dice que las últimas llegan desde Francia, en grupos, a los altos prados del Esera, para hibernar en profundos escondrijos durante el invierno. El urogallo habita las partes más inaccesibles del bosque. Vuela raudamente por ser un ave tan pesada, y tiene un espléndido plumaje negro azulado, una pequeña barba y círculos rojos alrededor de los ojos.

En el macizo de Posets hay veintenas de lagos, la mayoría de ellos por encima de los 2.500 metros. El más grande es el Lliterola, a 2.730 metros. Uno de los glaciares se encuentra a altura más baja: el Coma de la Paul, a 2.570 metros. La parte norte del Valle de Benasque es más salvaje e inhóspita para los escaladores y excursionistas. Hay otros valles pequeños al este y al oeste.

Siguiendo el río Esera hacia el nordeste, las cuestas se vuelven más empinadas y el paisaje más escarpado. En el Plan del Hospital comienza el serpeante sendero que lleva al paso conocido como Portillón de Benasque (2.445 m); es la vieja ruta hacia Francia, tallada en la Edad Media.

Las protuberancias rocosas de los Montes Malditos albergan un colchón de *Globularia coridifolia ssp nana*, que se aferra a la roca como musgo, junto con las irregulares flores rosadas de la dedalera de las hadas (*Erinus alpinus*) y la amarilla linaria pirenaica (*Linaria supina*), que crece hacia afuera desde un punto central, con los tallos de la flor como rayos de una rueda de bicicleta.

En el Puerto de Benasque la oreja de ratón alpina (*Cerastium alpinum*) y los diminutos cojines rosados y verdes de *Silene acaulis* abrazan el suelo pedregoso, mientras que los pedregales están unidos por tallos de guisante pirenaico (*Vicia pyrenaica*).

La mariposa *Pyrgus andromedae* es una especie típica en Europa, y su población española está restringida a sólo tres localidades de los Pirineos, incluidas Aran y Benasque. Vuela en regiones montañosas abiertas por encima de los 2.000 metros en junio y julio, siempre cerca de los cursos de agua. Al margen de esto, poco se sabe sobre su ciclo vital, y aún no se han identificado las plantas que alimentan las larvas.

## ANTES DE SALIR
**Mapas:** SGE 1:50.000 Nos. 148, 149, 180 y 181; IGN 1:200.000 Mapa provincial de Huesca; Posets, 1:25.000 (Ramón de Semir de Arquer); Mapa Turístico-Montañero (Editorial Alpina); Maladeta-Aneto, 1:25.000 (Ramón de Semir de Arquer); y Mapa Topográfico Excursionista (Editorial Alpina).
**Guías:** *Posets, Perdiguero, Valle de Benasque* (Editorial Alpina, 1985); *Maladeta, Aneto* (Editorial Alpina, 1984); y *El Valle de Benasque* de Santiago Broto Aparicio (Editorial Everest, 1981).

## CÓMO LLEGAR
**En automóvil:** Si usted parte de Lérida, Huesca o Zaragoza, la entrada de Benasque es la aldea de Graus, en la carretera N230, desde Lérida; la N240, desde Huesca.
Desde Graus, la carretera C139 conduce al norte hasta Benasque y todas las aldeas del valle.
**En autobús:** Hay un autobús diario desde Lérida hasta Graus y otro desde Huesca hasta Graus y el norte, que paran en todas las aldeas del valle.

## DÓNDE DORMIR
Benasque tiene varios hoteles de 1 y 2 estrellas, entre ellos el Aneto, 2 estrellas, T: (974) 55 10 61; y el Hostal El Puente, 2 estrellas, T: (974) 55 12 79.
**Vida al aire libre:** El camping Aneto de Benasque está abierto todo el año y tiene capacidad para 130 personas, T: (974) 55 11 41; y el Ixeia, al norte de

Una marmota alpina adopta una postura alerta, dispuesta a soltar un breve y agudo silbido si surge un peligro

Benasque, está abierto todo el año y tiene capacidad para 255 personas. El Plan d'Están, en el extremo de la Pista de Vallivierna, y Llanos del Hospital en el valle de Esera, son buenas zonas para instalar una tienda.
**Refugios:** Hay varios refugios abiertos todo el año. En el valle de Eriste, Angel Orus, T: (974) 55 30 03; y en el Valle de Estós, el Refugio de Estós, T: (974) 55 30 03.

## ACTIVIDADES
**Excursiones a pie/escaladas:** Las ruinosas Cabañas de Sallent, cerca del turbulento arroyo conocido como Aigueta de Eriste, a 2.080 m, marcan el punto de partida para la excursión estándar al Pico de Posets, que lleva 4 horas de ascenso por las gargantas y Llardaneta.
Plan del Hospital es el punto de partida de la sinuosa senda que conduce al paso conocido como Portillón de Benasque (2.445 m).

## MÁS INFORMACIÓN
**Información turística:** Coso Alto 23, Huesca, T: (974) 22 57 78. ICONA, General Las Heras 8, Huesca, T: (974) 22 11 80.

# Parque Nacional de Ordesa

*El aislado cañón de Ordesa y el gran Monte Perdido dominan este imponente parque nacional de la frontera francoespañola.*

O rdesa es magnífico cuando brilla el sol, pero temible durante una tormenta. Recuerdo un chubasco particularmente violento donde parecíamos sometidos a una nueva versión del Diluvio: era a principios de julio, pero los cielos se abrieron, el agua cayó a raudales y el granizo me rebotó en el sombrero. Todo esto resultaba agradable al final de un día caluroso, pero luego una niebla comenzó a subir por el valle y, como la lluvia continuaba, grandes cascadas de agua sucia y amarilla se derramaron por las paredes de roca, arrancando un alud de guijarros que cayeron botando en el valle. Me hizo pensar en los montañeses de la Aragón medieval, que luchaban contra ejércitos invasores de las tierras bajas arrojándoles rocas y pedrejones.

El día siguiente fue bello y despejado. Continuamos valle arriba, dejando atrás cavernas y cascadas, siguiendo el sendero del río Arazas. Cuando al fin avistamos nuestro destino, el soberbio Circo Soasa, una joven catalana se volvió hacia mí diciendo: «Nunca estuve en el Canadá, pero imagino que ha de ser así: esta sensación de espacio, un arroyo cristalino, montañas majestuosas, este paisaje despejado».

La gente que sabe ver siempre ha considerado el Valle de Ordesa como algo muy especial y extraordinario. Desde luego, los pastores locales siempre supieron de la existencia de este aislado cañón, pero se considera que Louis Ramond de Charbonnières, un alpinista francés, es su «descubridor» moderno. Un día de principios de siglo, mientras miraba desde la cumbre del Monte Perdido, decidió bajar e investigar esa gran depresión con forma de guadaña, cavada en la roca calcárea por glaciares cuaternarios. Publicó una descripción de lo que halló en sus *Voyages au Mont-Perdu* (1901).

Ordesa está lleno de curiosidades geológicas como estos contrafuertes naturales de piedra caliza

Tres de los valles que constituyen el parque nacional —Ordesa, Añisclo y Pineta— forman las patas de una especie de trípode que sostiene el gran macizo del Monte Perdido, cuya cumbre de 3.355 metros está al sur de la frontera francoespañola, y cuya ladera norte incluye la famosa garganta fran-

cesa conocida como Cirque de Gavarnie. El cuarto valle, las Gargantas de Escuaín, arroja sus aguas de montaña hacia el sudeste y hacia la aldea de Tella: es el valle menos conocido del parque, pero no por ello el menos interesante, con sus grandes paredes de roca, algunas de las cuales alcanzan una altura de 300 metros, y el misterioso dolmen que se eleva en un prado sobre Tella.

Monte Perdido es la más alta de las tres altas montañas conocidas como Las Tres Sorores, que dominan el parque; las otras dos son el Cilindro de Marbore (3.328 m) y el Sum de Ramond (3.262 m). La cadena de montañas se formó mediante presiones cataclísmicas al principio de la Era Terciaria. Luego los glaciares iniciaron su lenta tarea: en el Cuaternario un mar escarchado cubrió Las Tres Sorores y los ríos de hielo que cubrían los cañones se han convertido en los

27

valles de Ordesa, Añisclo y PIneta. Ordesa es un fenómeno geológicamente inusitado porque es paralelo al espinazo central de los Pirineos, al contrario de la mayoría de los valles, que son perpendiculares.

El valle de Ordesa es una lengua de vegetación verde que se extiende unos 15 kilómetros entre dos imponentes paredes de desteñida roca calcárea. Sobre las hayas, pinos y oscuros abetos se yerguen las imponentes cornisas de roca conocidas como «fajas» —balcones de piedra formados por la erosión—, que brindan magníficos panoramas del cañón y sus muchas cascadas.

El ante pirenaico, que actualmente se reproduce con gran celeridad, ama las vertiginosas terrazas del valle. Ordesa cuenta con una de las más numerosas poblaciones de antes, pero la cabra montés no ha tenido tanta suerte, a pesar de los intentos de protección del parque: se dice que hoy no hay en el parque más de 15 cabras monteses.

El quebrantahuesos o águila barbuda tiene uno de sus mayores baluartes europeos en estas montañas, y en España sólo se lo encuentra en otro lugar, fuera de los Pirineos. Antes era fácil verlo en Ordesa, pero los avistamientos han sido más irregulares en los últimos años y conviene buscar en otra

En España hay sólo 40 parejas de quebrantahuesos, que tiene su principal reducto en los Pirineos

parte: la región de Santa Cruz, al oeste de Jaca, o los imponentes pináculos que se yerguen sobre el monasterio de Riglos, al sur. Con su envergadura de 2,5 metros y su larga cola con forma de cuña, es fácil de reconocer, especialmente porque los adultos tienen una parte inferior dorada y la costumbre de arrojar huesos para romperlos antes de extraerles la médula. Las abruptas laderas rocosas de Ordesa albergan también al elusivo trepador de color gris que continuamente aletea desde las rocas para mostrar unas plumas de brillante color escarlata. Hay pinzones sobre los desnudos pedregales y también más abajo, donde se encuentran los árboles y el terreno desnudo.

Al margen de estas especies en peligro, Ordesa constituye un hábitat favorable para 171 especies de pájaros, 32 mamíferos, 8 especies de reptiles y 5 anfibios. El jabalí es bastante común, y hay nutrias y zorros en los valles. Hay una especie de serpiente venenosa, el áspid (*Vipera aspis*). El valle de Ordesa también alberga una raza de la mariposa argos española (*Aricia morronensis ordesiae*) que no se encuentra en ninguna otra parte del mundo.

En los valles los árboles predominantes son hayas y abetos que crecen vigorosamente a altitudes de 1.700 metros; por encima de los 2.300 metros el único árbol que logra sobrevivir es el pino enano de montaña, cuyo tronco corto y deforme refleja su lucha contra los elementos. Por encima de la línea de árboles sólo hay matorrales y prados donde pastan los antes. Entre las flores silvestres del parque se cuenta el pie de león o flor de nieve, además de gencianas, orquídeas y anémonas. La rosa alpina (*Rhododenderon ferrugineum*) ama vivir a la sombra del pino, mientras que las violetas y la belladona prefieren la protección del abeto.

## ANTES DE SALIR

**Mapas:** SGE 1:50.000 Nos 146 y 178; IGN 1:200.000 Mapa provincial de Huesca Valle de Ordesa; y Mapa topográfico Excursionista (Editorial Alpina).

## CÓMO LLEGAR

**En automóvil:** El más simple acceso al Valle de Ordesa es por la carretera C136, Huesca-Biescas, y luego la C140, Biescas-Broto, a través del Paso de Cotefablo, luego al norte hacia Torla, desde donde se puede ingresar en el parque.

El acceso a los valles de Añisclo, Escuaín y Pineta se logra mediante la carretera C138, Aínsa-Bielsa, y los caminos laterales que se desvían hacia los valles; todos están pavimentados excepto el de Escuaín, que es un camino de transporte de trozas de ICONA.

De octubre a abril conviene conocer las condiciones climáticas, especialmente los niveles de nieve, porque a menudo el parque es

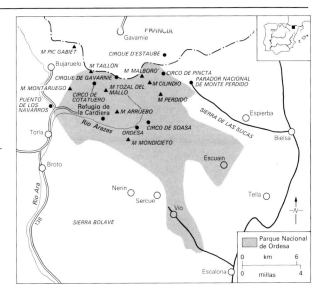

inaccesible en coche durante estos meses.

**En tren:** Desde Madrid hay un servicio a Sabiñánigo (en la línea Zaragoza-Canfranc).

En autobús: Desde Sabiñánigo hay un autobús diario a Torla, un viaje de 1 hora y media. No hay autobús desde Torla hasta el Puente de los Navarros, 3 km al norte a lo largo del Río Ara, donde comienza el parque.

## DÓNDE DORMIR

Torla tiene varios hoteles a razonable distancia del parque, incluido el Ordesa, 2 estrellas, T: (974) 48 61 25, y también hay hoteles en Broto y Bielsa; el Parador Nacional de Monte Perdido, 3 estrellas, T: (974) 50 10 11, está en Biesla. El Hotel Circo de Gavarnie, situado en el Circo, es un excelente punto de partida para trepar la pared montañosa.

**Vida al aire libre:** No está permitida dentro del parque, pero se puede acampar con una tienda para pernoctar (siempre que uno parta a la mañana siguiente): en el valle de Ordesa, por encima de los 2.200 m; en el valle de

Las flores del *Geranium cinereum* pueden ser liláceas, blancas y venosas, o de profundo color rojo.

Añisclo, por encima de los 1.400 m; en el valle de Escuaín, por encima de los 1.500 metros; y en el valle de Pineta, por encima de los 2.500 metros.

**Refugios:** Hay muchos en el parque, tanto del lado español

29

como del francés. En el Circo de Goriz está el Refugio Delgado Obeda, abierto todo el año. La Brecha alberga un refugio francoespañol, el Turracoya, que actualmente necesita reparaciones. Al noroeste del glaciar de Vignemale está el Refugio Oulettes de Gaubes, uno de los más modernos en los Pirineos. El Refugio Baysselance, en las cercanías, está abierto de julio a setiembre; el Refugio Brecha de Rolando está abierto en verano pero tiene una cabaña externa que está abierta todo el año. Al sudeste de Gavarnie está el Refugio Pailla, abierto de setiembre a Pascua.

Hay algunos refugios toscos en Duascaro, Celcilaruego, Rivereta, Cadiera, Carriata, Cotatuero, Frachinal y Loaso.

## ACTIVIDADES
**Excursiones a**

Los monjes medievales disfrutaban del sereno aislamiento de San Juan de la Peña

**pie/escaladas:** Desde el Parador Nacional de Monte Perdido, una breve marcha nos lleva hasta el espectacular Circo de Pineta. El valle de Añisclo también tiene su propia ruta de acceso: el camino regional que sale de la carretera Aínsa-Bielsa rumbo a Nerin.

El punto de partida normal para Ordesa es la aldea de Torla, en el camino que se dirige al norte desde Aínsa a lo largo del Valle de Ara. La mayoría de las principales rutas de excursión arrancan cerca del centro de información para visitantes. Hay muchos caminos posibles, aunque por buenas razones la excursión del Circo Soasa — de 5 a 7 horas de fácil marcha— sigue siendo el más popular.

Una serie de clavijas de hierro incrustadas en la piedra para brindar apoyo en los lugares más resbaladizos permiten un fácil ascenso a las fajas del Valle de Ordesa. Las primeras fueron instaladas hace años por un herrero de

Torla, a pedido de un cazador inglés. Una serie de 13 clavijas conduce al Circo de Cotatuero, que rivaliza con el Circo Soasa como anfiteatro natural. El segundo marca el extremo oriental del Valle de Ordesa, pero un camino asciende un poco más en el macizo, hasta el Refugio de Goriz, que sirve como base para ataques más fatigosos a los sitios más altos del Monte Perdido.

El camino de Cotatuero, por otra parte, conduce al Refugio de la Cardiera y a la famosa Brecha de Rolando, la mítica brecha tallada en la roca por el vigoroso Rolando, o Roldán, con su gran espada Durandal. La Brecha está en la frontera francesa; si caminamos hacia el norte llegamos al Cirque de Gavarnie y finalmente a Gavarnie misma, la primera aldea de Francia. Siguiendo el risco hacia el noroeste llegamos a Vignemale, uno de los últimos glaciares de los Pirineos y un espectáculo todavía imponente, aunque hace muchos años que se derrite poco a poco. Detrás del glaciar se yergue el Petit Vignemale (3.032 metros), una montaña muy popular entre los escaladores con experiencia porque ofrece toda suerte de desafíos técnicos.

Desde el Refugio de Goriz tardamos 2 horas y media en llegar al Lago Helado, que en los últimos años no ha dado crédito a su nombre. En otra media hora llegamos a la cumbre del Monte Perdido, la más alta de Las Tres Sorores. Los montañistas expertos también gustan del Valle de Añisclo, pues ofrece algunos de los ascensos más exigentes del valle.

**Excursiones en mula:**
Accesibles en el Valle de Ordesa. Pida detalles en el centro de información.

## MÁS INFORMACIÓN
**Información turística:**

Las nieblas de la leyenda convirtieron a los vascos del bosque de Roncesvalles en los sarracenos de la Chanson de Roland

Coso alto 23, Huesca, T: (974) 22 57 78. ICONA, General Las Heras 8, Huesca, T: (974) 22 11 80.

Hay un centro de información para visitantes en la entrada del parque, cerca de Torla.

Se puede encontrar información detallada sobre el parque en un pequeño folleto que se adquiere en el lugar, escrito en español y con mapas muy detallados: *Guía cartográfica: Ordesa, Vignemale y Monte Perdido.*

Nota: se recomiendan botas resistentes para todas las excursiones en esta región escabrosa, y sin duda convendrá llevar calcetines gruesos.

## San Juan de la Peña y Canfranc

*Sólidas montañas al sur de la frontera francesa, y un valle que alberga raras aves*

Siempre pensé que San Juan de la Peña, al sudoeste de Jaca, es uno de los grandes escondrijos del mundo. Este monasterio montañés ha perdido a sus monjes hace tiempo y se ha convertido en un destino romántico para los amantes de la naturaleza. Acurrucado bajo las salientes de un enorme peñasco, da sobre un valle aislado en una de las estribaciones exteriores de los Pirineos. Hacia el norte el panorama está limitado por los nevados picos de la frontera francesa. Los bosques circundantes son ideales para gratas excursiones hasta la cercana ciudad de Jaca.

Aquí, según la tradición, Ramiro I, un rey del siglo once, confió «el sacro cáliz de la Ultima Cena» —el Santo Grial— a los monjes de San Juan para que lo cuidaran. La presencia del Grial en esta comunidad de frailes pudo originar la leyenda que se cuenta en las sagas francesas del siglo doce, que hablan del distante castillo de Munsalvaesche —el «monte salvaje»— donde el Grial está piadosamente custodiado por una compañía de caballeros. Es un sitio elusivo e inaccesible, semejante a San Juan de la Peña: «Quienes lo buscan no lo encuentran. Sólo se encuentra cuando no se lo

31

busca. Se llama Munsalvaesche». Los monjes de San Juan de la Peña poseían, en efecto, un cáliz enjoyado que ahora está guardado bajo llave en la tesorería de la catedral de Valencia.

El río Aragón, que pasa frente a Jaca, es la arteria principal de otro importante valle, Canfranc. También incluye a los dos valles tributarios de los ríos Lubierne y Estarrún. Canfranc se extiende hasta la frontera francesa y está limitado al este por el valle de Tena, con su río Gallego, y una hilera de altos picos; al oeste por otra estribación montañosa y el Valle de los Angeles; y al sur por la Peña Oroel (1.769 m). El sector norte del valle incluye los campos de esquí Astún y Candanchú, en las laderas de

La *Drosera rotundifolia*, amenazada por la desaparición de su hábitat

la Tuca Blanca (2.323 m).

La flora y fauna de estos dos valles son famosas por su variedad y abundancia. Unas mil especies de flores crecen en los campos y prados alrededor de bosques de abetos y abedules que también incluyen arces y espinos. Los herbolarios vienen aquí por la espectacular *Adenostyles pyrenaica*, con su tallo de 2 metros y sus grandes hojas plateadas.

El aislamiento de San Juan de la Peña lo vuelve ideal para observar las aves. Aunque los comentaristas mencionan el águila imperial y el buitre negro, sus observaciones deben datar de tiempo atrás. Hoy los riscos y contrafuertes que bordean el valle son morada de buitres, mientras que se ve regularmente a las águilas de dedos cortos y las de Bonelli. Aquí también están los cernícalos, lamentablemente en extinción, visitantes estivales que anidan gregariamente en torres de iglesias y edificios viejos, así como en los huecos de los peñascos. Otras especies incluyen el delicioso triguero de orejas negras, la calandria y el gorjeante tordo azul.

**Antes de salir** *Mapas:* SGE 1:50.000 Nos. 143, 144, 175 y 176; IGN 1:200.000 Mapa provincial de Huesca y Guía Cartográfica: Ordesa, Vignemale y Monte Perdido. *Guías:* Jaca-Canfranc, Cuadernos de Aragón' (Zaragoza).

**Cómo llegar** *En automóvil:* Desde Pamplona, tome la carretera N240 hasta el Puente la Reina de Jaca, luego la C134 hasta Jaca. Desde Huesca, Zaragoza y Cataluña, la N330 conduce directamente a Jaca, la entrada de Canfranc y el monasterio de San Juan de la Peña y la circundante Sierra de la Peña. La N330 continúa desde Jaca

hacia el norte, hasta la frontera francesa y Candanchú. La C125 va al sur desde Jaca, luego la HU230 va al oeste, llegando a San Juan de la Peña por una ruta poco transitada y muy agradable. La ruta más corta y prosaica consiste en tomar la C134 hacia el oeste desde Jaca durante 21 kilómetros, y virar al sur en la HU230; la distancia entre Jaca y el monasterio es de 30 kilómetros. *En tren:* Desde Zaragoza parten 4 trenes diarios que van a Jaca y Canfranc vía Huesca. El viaje desde Francia a través de las montañas hasta Jaca vía Canfranc es espectacular. **Más información** *Información turística:* Pl. de Calvo Sotelo, Jaca, T: (974) 36 00 98; tiene excelentes folletos sobre excursiones en la zona, así como los horarios de autobuses y trenes de la región. ICONA, Vázques de Mella, Zaragoza, T: (976) 35 39 00. **Dónde dormir:** Hay hoteles disponibles en Candanchú, Canfranc y Jaca; por ejemplo, en Candanchú, el Tobaza, 2 estrellas, T: (974) 37 31 25; en Canfranc, el Villa Anayet, 2 estrellas, T: (974) 37 31 46; y en Jaca, la Pensión Aboira, 2 estrellas, T: (974) 36 01 00. El «nuevo» monasterio de San Juan de la Peña tiene una hostería con 10 cuartos; no tiene teléfono y menudo está llena.

## Roncesvalles

*Histórico campo de batalla que desciende a una profunda garganta, en la frontera francesa*

En este célebre valle, en el año 778 d.C., la retaguardia del ejército de Carlomagno,

encabezada por el legendario
Rolando, fue aplastada por
enfurecidos vascos mientras
intentaba regresar a Francia.
Cerca del campo de batalla de
Roncesvalles hay uno de los
mayores robledales de
Europa, el bosque de
Garralda, donde se puede
tener un atisbo de cómo
deben haber lucido estos
Pirineos navarros en tiempos
de Carlogmagno. Y si uno
desciende desde Roncesvalles
hasta la profunda garganta
llamada Valcarlos, los añosos
árboles parecen acecharnos en
la bruma como los fantasmas
de los guerreros de Rolando.

Esta parte de la Navarra
septentrional tiene una serie
de fértiles valles, en su mayor
parte perpendiculares al
espinazo de los Pirineos.
Entre ellos sobresalen Aezcoa,
Salazar y Roncal, con sus
respectivos ríos, el Irati, el
Salazar y el Esca. Las
montañas circundantes rara
vez superan los 1.500 metros,
aunque los picos más altos
brindan espléndidas vistas
panorámicas: el monte Ory,
en la frontera francesa,
permite disfrutar de una
verdadera vista internacional
desde 2.021 metros de altura.

El Coto Nacional de Quinto
Real, la reserva natural más
occidental de los Pirineos, está
centrada en el Monte Adi
(1.459 m), al oeste de
Roncesvalles. Abarca 5.982
hectáreas de tierras boscosas
al sur de la frontera francesa.

La vida moderna ha
logrado invadir este antiguo
paisaje. El pico de
Orzanzurieta (1.570 m) es un
lugar impresionante para
dejarse azotar por los vientos
huracanados que arremolinan
densas nubes en el cielo.
Lamentablemente, una
gigantesca antena de televisión
bloquea la visión de esas
alturas.
**Antes de salir** *Mapas:* SGE
1:50.000 Nos. 90 y 91 (bis),
116 y 117; IGN 1:200.000

Mapa provincial de Navarra;
y Mapa Topográfico
Excursionista 1:40.000
Roncesvalles.
**Cómo llegar** *En automóvil:* La
línea de retirada seguida por
Carlomagno sigue siendo la
principal ruta norte-sur en
esta región de los Pirineos. La
carretera C135 va desde Saint
Jean Pied-de-Port, Francia,
hasta el puesto fronterizo de
Arneguy, luego va al sudoeste
hasta Pamplona, vía
Roncesvalles y Burguete.

La principal carretera este-
oeste es la llamada Ruta
Alpina, un camino secundario
paralelo a los Pirineos, desde
la C135, al sur de Burguete,
hasta Escároz, situado en el

El pájaro carpintero negro anida en
hayas y pinos

valle de Salazar.
*En autobús:* Un autobús
diario recorre Mon-Sat desde
Pamplona La Montañesa
hasta Burguete, desde donde
hay que caminar 2,5
kilómetros por el bosque hasta
Roncesvalles.
**Dónde dormir:** Roncesvalles
tiene 2 pensiones, La Posadea,
2 estrellas, T: (948) 76 02 25,
y la Casa Sabina,
T: (948) 76 00 12. Hay otras
en las localidades cercanas de
Burguete, Valcarlos,
Ochagavia e Isaba.
*Vida al aire libre:* Hay sitios
para acampar en Urrobi, en el
Valle de Urrobi,
T: (948) 76 02 00, y en Isaba,
Asolaza, T: (948) 89 31 68.
**Actividades** *Excursiones a pie:*
Buena parte de esta comarca
es ideal para excursiones y
campamentos, o simplemente
para ir en auto de aldea en
aldea, parando para pasear
por los invitantes bosques y
prados: por ejemplo, el Coto
Nacional de Quinto Real.

Un camino conduce de
Orzanzurieta hasta el vasto
robledal que cubre gran parte
del triángulo Garralda-
Garayoa-Olaldea. Otra
excursión notable comienza al
norte de este bosque, en la
aldea de Orbaiceta, donde un
camino sigue el Río Irati hasta
el valle de Aezcoa. Si el
tiempo es bueno, usted puede
seguir de valle en valle hasta
llegar a orillas del Río Esca.
**Más información** *Información
turística:* Leyre 13, Pamplona,
T: (948) 24 81 40; Mercado 2,
Sangüesa, T: (948) 87 03 29,
y Yesa (en la N240),
T: (948) 88 4040.

La Federación Vasco-
Navarra de Montañismo,
Avda. Navarra 25, Hotel
Urteaga, Beasain,
T: (943) 88 08 50, brinda
información sobre
escalamiento, montañismo,
exploración de cavernas y
excursiones en general, y está
vinculada con unos 150 clubes
y organizaciones de ese tipo.

# CAPÍTULO 2

# El norte de España

**A**lgunos de mis más vívidos recuerdos de las montañas del norte de España evocan criaturas nocturnas rara vez vistas durante el día: una liebre zigzagueando frenéticamente ante los faros; un par de felinos acechando en los matorrales, clavándome con arrogancia sus ojos luminosos; un tejón andando con aire somnoliento; un visón de piel castaña, no la bestia americana de criadero, sino el auténtico y escaso animal europeo.

Dudo que alguien pueda afirmar que conoce bien estas montañas de la Cordillera Cantábrica. Lejos de los caminos trillados por el turismo, la Cordillera es una de las más vastas superficies agrestes que quedan en Europa. Al sur de la Costa Verde, desde las costas de Galicia rumbo al este, hacia Bilbao, y tierra adentro hasta las colinas de la Meseta, se extienden oleadas de estribaciones montañosas que cubren unos 3,5 millones de hectáreas. Como los Pirineos, configuran una barrera casi impenetrable. La Cordillera Cantábrica ha aislado estas tierras septentrionales de la historia española, y también del dominio de Madrid. No es asombroso que las tradiciones y la cultura sean diferentes.

La Cordillera es el reducto nacional del ágil y grácil ante, y con cierta justicia la curva de estas montañas se parece a la cornamenta de esta criatura. Desde las fronteras del país vazco —donde las montañas se reducen a lomas boscosas antes de elevarse nuevamente en los Pirineos— las montañas corren hacia el oeste de modo más o menos paralelo al mar, antes de arquearse hacia

Los Picos de Europa son el punto más alto de la Cordillera Cantábrica, la estribación de 500 kilómetros que se extiende por el norte de España

el sur para encontrar la frontera portuguesa en Sanabria. La punta del cuerno, con cierta justicia poética, está representada por la Sierra de la Cabrera, que separa a Galicia del centro de España y se extiende hasta 30 kilómetros en Zamora.

Las rocas de la Cordillera Cantábrica varían considerablemente en edad y composición, pero la mayoría de los macizos más viejos están al oeste, con los estratos más jóvenes al este. A través de estas montañas, pero especialmente a lo largo de la costa, se pueden ver los diversos efectos de erosión que siguieron a su nacimiento. Las cuarcitas y granitos, más durables, han emergido como eminentes picos y penínsulas, mientras que el río y el mar han tallado la pizarra y la piedra arenisca, más blandas, hasta formar suaves valles y arenosas caletas. En otras partes, especialmente en las costas orientales, la erosión ha carcomido las piedras calizas hasta formar un típico contorno irregular que presenta espectaculares sifones y orificios por donde el agua de mar arroja chorros espumosos con la marea alta. Tierra adentro, estas formaciones irregulares están mejor desarrolladas en los Picos de Europa, el punto más alto de la Cordillera Cantábrica.

La orientación de las montañas no es constante en el norte de España; Galicia baja hacia el norte o hacia el oeste, rumbo al Atlántico; y en el este, Cantabria tiene una pronunciada inclinación hacia Castilla y la Meseta. En el medio está la provincia de Asturias, con su depresión longitudinal central, bordeada por la Cordillera Cantábrica al sur, y la Sierra de Cuera al norte. El cauce de grandes ríos complica aún más este panorama: la mayoría se dirigen al norte para derramarse en el Atlántico, pero otros viran hacia el sur. El gran Ebro,

por ejemplo, se origina en las montañas del oeste de Cantabria; es un arroyo de montaña en las partes más altas, antes de tallar un cauce en el nordeste español, en una serie de perezosos meandros, para formar un enorme delta en la costa mediterránea. Análogamente, el río Esla atraviesa el noroeste de la Meseta antes de unirse al Duero en la frontera portuguesa y dirigirse hacia Porto.

Muchos de los ríos que atraviesan la Cordillera coinciden con antiguos puntos de cruce desde la Meseta hasta el mar: los principales pasajes occidentales son el Puerto de Pajares, entre Oviedo y León, y Piedrafita, en las montañas de El Bierzo, en la ruta que los peregrinos siguen desde León hasta Santiago de Compostela. Al este, el valle de Pas, desde Burgos, y el río Besaya, desde Palencia, han brindado acceso a Santander desde el siglo once. Estas carreteras eran sin duda un hervidero de actividad para las caravanas de mulas que transportaban la lana de las ovejas merino de la Meseta para exportarla a Flandes.

Se piensa que la Cordillera Cantábrica fue una de las primeras zonas de Europa colonizada por pueblos paleolíticos a principios de la última era glacial, y hallamos pruebas de su existencia a lo largo y a lo ancho de estas montañas. Hay megalitos y dólmenes en Peña Tú, por ejemplo, al sudeste de Llanes sobre la costa asturiana, y pinturas rupestres como las de Altamira, cuya edad se estima entre 10.000 y 25.000 años. Según diversas teorías, estos pueblos fueron los ancestros de los vascos, cuyo idioma, el *euskadi*, es uno de los más viejos del mundo y no guarda afinidad con ninguna lengua existente. En su día de mayor gloria, los vascos fueron grandes marinos y pescadores, y se aventuraron hasta lugares tan remotos como Labrador y Terranova.

Los asentamientos de las Eras del Bronce y del Hierro abundan en la Cordillera, pues los pueblos nómades se establecieron allí para llevar una existencia pastoril y luego agrícola. La mayoría de estas pequeñas aldeas fortificadas, conocidas como «castros», están situadas en las montañas, aunque Castro de Coaña es un ejemplo que está más cerca de la costa, en el oeste de Asturias, sobre el río Navia. Cada oleada de romanos y moros vio cómo los nativos se retiraban hacia sus fortalezas de montaña, aunque ningún invasor logró dominar esas montañas; disponemos de buena documentación acerca de una sangrienta batalla de diez años entre las legiones de César Augusto y los asturianos nativos, así como acerca de las célebres batallas de Covadonga y Liébana, en el siglo ocho, cuando se contuvo a los invasores árabes. En tiempos de paz, los pueblos nativos se desplazaron a las más hospitalarias tierras costeras, y hacia las fértiles cuencas de los valles del Duero y del Ebro. En consecuencia, las montañas han sido durante casi diez siglos como un puesto de avanzada abandonado, con una población fragmentada y un anticuado sistema agrícola. Pero ese aislamiento no las ha apartado totalmente del mundo moderno.

Lamentablemente, los espléndidos y floridos henares se convierten gradualmente en praderías con malezas, y los pocos bosques que quedan se talan para abrir paso a extensas tierras de pastoreo. Las nativas ovejas «lacha» son reemplazadas por otras variedades, y las razas aborígenes de ganado están casi extinguidas. Ahora es raro encontrar a la pequeña vaca «casina», de dulce rostro, en las montañas de Asturias, o a la gris «tudanca» de Cantabria, de anchos

cuernos, excepto en establecimientos pequeños y aislados en zonas inhóspitas.

Pero, en general, la España septentrional presenta el mismo semblante que en tiempos medievales. A lo largo de la costa hay peñascos escarpados e inhóspitos que se extienden durante kilómetros, con establecimientos que se limitan a las protegidas desembocaduras, o «rías», donde las principales actividades económicas son la pesca, la exportación de maderas y las castañas. En Galicia, la palloza gallega, una pequeña casa oval con techo de bálago, constituye aún el tipo dominante de morada en las aldeas de montaña, y en Asturias, el hórreo —un cobertizo cuadrangular y erguido, usado para almacenar maíz y patatas, a prueba de roedores— es un rasgo común del paisaje.

Hoy quedan pocos fragmentos de los bosques originales, en gran medida reemplazados por hierbas y brezales. Los hayedos constituyen la vegetación más característica y natural, especialmente en lo alto de las laderas que dan al norte. Una de las zonas más vastas se extiende desde el paso de Pandetrave hasta Panderruedas, separando los imponentes Picos de Europa de la mole principal de la Cordillera Cantábrica. Las laderas meridionales de la Cordillera están cubiertas por robles pirenaicos, y los enclaves mediterráneos de los valles del Liébana y del Ebro están dominados por especies siempre verdes tales como encinas y alcornoques. Al sur de Oviedo hay extensos bosquecillos de castaño dulce, introducido en la región, pero más inquietantes resultan las monótonas y estériles plantaciones de eucaliptos y pinos no nativos, una situación que al parecer se intensificará con el reciente ingreso de España en la Comunidad Europea: los incentivos para la forestación podrían resultar desastrosos para la vida silvestre de estas montañas.

Pero la ausencia general de métodos intensivos de cultivo y la falta de fertilizantes y pesticidas artificiales ha preservado algunas de las tierras atlánticas con mayor diversidad botánica del mundo. Hallamos verdaderos tesoros aun a la vera de los caminos: aquí una orquídea lagarto, allá un retazo de celeste verónica, o quizá de rosada esparceta.

En las zonas montañosas más altas abundan plantas alpinas y subalpinas que son típicas de la Cordillera Cantábrica. Entre los enebros enanos y las flamígeras masas de retamas y aulagas, brezos y malezas, se encuentran delicadas saxífragas y aguileñas que no florecen en ninguna otra parte del mundo. En los peñascos de piedra caliza florecen el petrocoptis de hojas azules (*Petrocoptis glaucifolia*), la campánula cantábrica (*Campanula cantabrica*), el narciso asturiano (*Narcissus asturiensis*), la tormentila de nieve (*Seseli cantabricum*). La zona costera tiene igual riqueza, y alardea de extensiones azules y púrpuras de limonios en las marismas, junto con almarjos, verdolaga y ásteres marinos. Los inaccesibles peñascos rocosos albergan hinojo marino, escolopendro de mar e hinojo dorado, y los sistemas de dunas albergan eringes, barrillas y una variedad de tréboles.

Se ha dicho que el norte de España es una de las pocas regiones de Europa donde la fauna de mamíferos posglacial permanece virtualmente intacta. Los lobos y los osos aún merodean en los bosques, tan aislados de la población de Europa central que han evolucionado creando razas españolas aparte. Hoy quedan sólo quinientos o seiscientos lobos en la Península Ibérica; la mayoría de ellos están en Galicia, y se puede hallar una buena parte en la vista de la Cordillera Cantábrica.

Otros grandes mamíferos incluyen el ante, que a mediados del siglo pasado estaba amenazado por la extinción, pero hoy, tras cuidadosas medidas de conservación, totaliza unos 3.000 ejemplares tan sólo en la reserva nacional de caza de los Picos de Europa. El potro «asturcón», sin embargo, no ha tenido tanta suerte, y sólo un puñado de animales de pura raza sobreviven, la mayoría en la reserva nacional de Sueve. De las tres especies de ciervos que viven en estas montañas, sólo el corzo es realmente aborigen; la población de ciervos rojos se extinguió a principios de siglo y hubo que reintroducir la especie, mientras que el paleto requiere frecuentes infusiones de sangre nueva para conservar su cantidad.

Toda clase de aves frecuentan la España del norte, pero la más característica es el urogallo. También ella estuvo tan aislada de otros ejemplares europeos que ha evolucionado formando una raza aparte. Este ave torpe vive en caducos hayedos antes que en bosques de coníferas. También abundan las aves de presa: las águilas —dorada, de Bonelli, con botas y de pies cortos— aletean en las tibias corrientes de los valles, y los buitres acechan las pasturas de las tierras altas buscando carroña. Los buitres se ven con frecuencia desde los principales caminos norte-sur, donde los ríos que se dirigen al sur han abierto profundas gargantas en su descenso hacia la Meseta.

Abundan los peces en los ríos de la Cordillera y de Galicia, especialmente en los que se dirigen al Atlántico, que son los campos de desove del salmón. En los ríos del oeste de Asturias abundan la trucha marina y la trucha parda, mientras que los arroyos más pequeños y las marismas albergan gran variedad de criaturas anfibias.

## CÓMO LLEGAR

**Por aire:** Los 2 principales aeropuertos son Bilbao (Sondika), T. (942) 453 13 50, y Santiago de Compostela, T: (981) 59 74 00. En Santander hay un aeropuerto para vuelos internos.

**Por mar:** Hay servicios de ferry con destino a Santander que parten desde Plymouth, Inglaterra. Solicite información en Brittany Ferries, Estación Marítima, Santander, T: (942) 21 45 00.

**En automóvil:** Desde Francia, la ruta principal es la Autoroute Cte Basque, que va a lo largo del Golfo de Vizcaya hasta San Sebastián, y se convierte en la Autopista del Cantábrico en su camino a Bilbao.

Desde Madrid, la N-I nos lleva a Burgos; en esta intersección, podemos seguir hacia Bilbao, tomar la más rápida E3, o desviarnos hacia Santander por la N623. Para ir a Galicia desde Madrid, la N-VI va desde Lugo, en el corazón de la región, y sigue hasta La Corunna (Coruña) en la costa oeste. La carretera N634 serpea a lo largo de la costa norte conectando las ciudades de Asturias y Cantabria con las de Galicia.

**En tren:** Hay servicios regulares que conectan el norte de España con Francia y una red de líneas que atraviesan la región, incluyendo la línea de trocha angosta de FEVE. También hay servicios regulares de RENFE en la línea Madrid-Palencia-Valladolid, hasta Santander, Barcelona hasta Bilbao, Madrid vía Valladolid y Zamora hasta la costa gallega, y Madrid vía Palencia hasta León y Gijón.

**En autobús:** Varias compañías privadas prestan servicios regulares que conectan los pueblos y ciudades del norte de España, y en algunos casos constituyen el único medio de transporte público para llegar a las zonas agrestes.

## CUÁNDO IR

Entre octubre y abril la mayoría de los pasos altos están bloqueados por la nieve. Julio y agosto son los meses más calurosos y secos, pero las temperaturas diurnas rara vez superan los 25º centígrados. Cuanto más cerca se está de la costa, menos extremas son las variaciones térmicas: en el lado sur de las montañas las noches pueden ser crudamente frías, aun en mayo.

## DÓNDE DORMIR

Fuera de las zonas turísticas normales —los balnearios costeros— el hospedaje no es tan abundante como en otras zonas del país. Pida listas detalladas y sugerencias en las oficinas de turismo. La mayoría de los villorrios

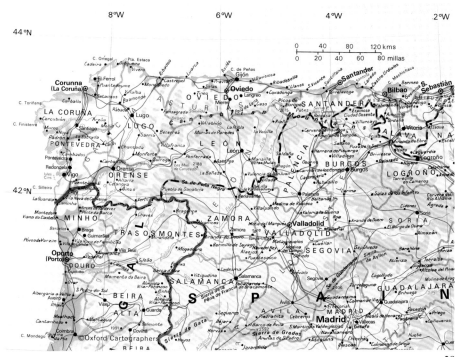

tienen una fonda, o quizá usted pueda encontrar un cuarto preguntando en el bar local.

ACTIVIDADES

**Clubes de montañismo:** Federación Asturiana de Montañismo, Melquíades Alvarez 16, Oviedo, T: (985) 21 10 99; Federación Gallega de Montañismo, Colón 9, Vigo, T: (986) 22 42 92; Federación Leonesa de Montañismo, Alcázar de Toledo 16, León, T: (987) 22 73 00; Federación Palentina de Montañismo, Onésimo Redondo 6, Palencia, T: (988) 71 18 97; Federación Vasco-Navarra de Montañismo, Avda. Navarra 25, Hotel Urteaga, Beasain, T: (945) 88 08 50; y Federación Cantabra de Montaña, Pablo Carnica 4, Torrelavega, T: (942) 89 06 90.

**Cuevas:** En Altamira, cerca de Santillana del Mar; Castillo y Pasiega en Puente Visgo, al sur de Santander; y Pindal, al oeste de San Vicente de La Barquera. También las extensas galerías de Tito Bustillo en Ribadesella, aún no excavada del todo, pero uno de los 3 sistemas de cuevas más importantes del mundo por sus pinturas prehistóricas.

**Esquí:** Las mayores pistas de esquí del norte de España son Valgrande Pajares (Puerto de Pajares) en la provincia de Asturias; San Isidro (Puebla de Lillo) y Esla 2002, en la provincia de León; Camaleño (Picos de Europa) y Alto Campóo, en la provincia de Cantabria; La Lunada, provincia de Burgos; y Manzaneda, provincia de Orense.

MÁS INFORMACIÓN
**Bilbao** (94): Oficina de turismo, Alameda Mazarredo, T: 423 64 30.
**Burgos** (947): Oficina de turismo, Paseo de Espolón 1, T: 20 18 46, y Pl. Alonso

Martínez 7 bajo, T: 20 31 25. Cruz Roja, T: 21 23 11. Información caminera, Avda. del Cid 522-24, T: 22 45 00.
**León** (987): Oficina de turismo, Pl. de Regla 4, T: 23 70 82. Cruz Roja, T: 25 25 35. Información caminera, Ordoño II 27, T: 25 02 12.
**Lugo** (982): Oficina de turismo, Pl. de la Soledad 15, T: 23 13 61 y Pl. de España 27, T: 21 22 99. Información caminera, General Primo de Rivera, T: 21 31 41.
**Orense** (988): Oficina de turismo, Amos Enríquez 1, Edificio «Torre», T: 23 47 17. Cruz Roja, T: 22 14 62. Información caminera, Antonio Sáenz Díaz 43, T: 21 65 40.
**Oviedo** (985): Oficina de turismo, Cabo Noval 5, T: 21 33 85. Cruz Roja, T: 21 54 47. Información caminera, Pl. de España sn, T: 23 62 00.
**Palencia** (988): Oficina de turismo, C. Mayor 153, T: 72 07 77, y C. Mayor 105 bajo, T: 74 00 68. Cruz Roja, T: 74 41 40. Información caminera, Avda. de Castilla 23, T: 75 45 00.
**Santander** (942): Oficina de turismo, Pl. de Velarde 1, T: 21 14 17 y 22 73 81/2/3. Información caminera, Juan de Herrera 14.

OTRAS LECTURAS
Juan Alvarez Riera y otros, *Flores de Asturias* (Oviedo, 1979); Carlos Carvasco Múroz de Vera, *Cornisa Cantábrica* (Editorial Everest, 1984); Antonio Cendrero Uceda y otros, *Guía de la Naturaleza de Cantabria* (Santander, 1986); *Cordillera Cantábrica: Colección Naturaleza y Turismo* (Secretaría General de Turismo, 1986); Matías Mayor y Tomás E. Díaz, *La flora asturiana* (Ayalga Ediciones, 1977); Alfredo Noval, *La fauna salvaje asturiana* (Ayalga Ediciones, 1976).

## Orduña y Sierra Salvada

*Variado paisaje de laderas boscosas y pasturas al sur de Bilbao*

Desde el sur, uno llega al Puerto de Orduña, a 900 metros, sin sentir la altura: la campiña circundante es una ondulante pradera moteada por plantaciones de pinos jóvenes. El aire mediterráneo de la flora no insinúa la cercanía del Golfo de Vizcaya y el Océano Atlántico.

Rodeé un recodo insignificante y dejé que la tierra descendiera bajo las ruedas del coche. El camino que baja a la ciudad de Orduña, del siglo ocho, da virajes alarmantes, y cada nueva curva brinda un panorama ligeramente distinto: los densos hayedos que crecen en las abruptas laderas que dan al norte, el monumento a la Virgen de la Antigua en la distante Cumbre de Txarlazo al oeste.

Aquí se encuentran dos interesantes mariposas. La parda del bosque (*Lopinga achine*), una criatura grande, color oro pardusco, con una hilera de marcas oceladas en el borde externo de cada ala, existe en sólo 3 pequeñas localidades de la Península Ibérica. La raza española es la de los *murciegoi*, y vuela en lugares umbríos a 600-1.200 metros de altura. La segunda es la mariposa ajedrezada (*Carterocephalus palaemon*), una especie característica de los bosques ligeros; las larvas se alimentan de hierbas del género *Bromus*.

**Antes de salir** *Mapas:* SGE 1:50.000, Nos. 86 (21-6) y 111 (21-7).
*Guía:* José R. de Madaria, *La Ciudad de Orduña* (1981).
**Cómo llegar** *En automóvil:*

Desde Bilbao, tome la N625 hacia el sur, hasta Orduña. Desde Burgos o Vitoria Gastiez, tome la N-I, virando al norte hacia la N625; cuando la carretera desciende serpeando desde el paso, se tiene una vista panorámica de la ciudad de Orduña.

*En tren:* Orduña está en la tortuosa línea Logroño-Miranda de Ebro-Bilbao, que sigue el valle del Nervión y rodea la ciudad de Orduña en sentido contrario al reloj.

*En autobús:* Hay servicios regulares a Vitoria-Gastiez; solicite detalles en la terminal de autobuses, C. Calvo Sotelo, Vitoria.

**Dónde dormir:** Hay una buena variedad de hoteles, hostales y pensiones en Orduña; es una ciudad encantadora de calles angostas y varios restaurantes buenos. Los sitios para acampar más cercanos están en Ameyugo, sobre la carretera N-I Burgos-Vitoria, poco antes del viraje

de la N625 hacia Orduña, y El Desfiladero, en la cercana Pancorvo.

**Actividades** *Paseos a pie:* Orduña está a unos 10 kilómetros de una de las montañas más altas del país vasco, Peña Gorbea (1.475 metros), cerca de la aldea de Inoso en la A68.

**Más información** *Información turística:* Alameda Mazarredo 3, Bilbao, T: (947) 20 18 46; y Dato 16, Vitoria, T: (947) 23 25 79.

# Las Marismas de Santoña

*Tierras costeras al abrigo del Monte Buciero, que atraen a las aves migratorias y a diversas criaturas marinas*

Los chispeantes ríos que descienden de las alturas de la Cordillera Cantábrica y las montañas menores de Galicia se abren paso hasta la costa atlántica, donde forman muchos estuarios, o «rías», entre pantanos y llanos anegados. A pesar del creciente flujo de productos de desecho y contaminantes hacia las otrora cristalinas aguas de los arroyos de montaña y el océano, aún quedan rías que son de inmensa importancia para la vida silvestre.

Desde el punto más alto del Monte Bucie-

ro, Alto de Peña Ganzo, a unos 400 metros sobre el nivel del mar, se puede ver la totalidad de los pantanos o «marismas» de la bahía de Santoña. El principal río de la comarca, el Asón, nace como una espectacular cascada en el Puerto del Asón, a unos 25 kilómetros al sudoeste de la bahía y serpea por un laberinto de cauces angostos y marismas. Protegido de las violentas tormentas del Atlántico por la enorme mole de piedra caliza del Monte Buciero, en la boca de la bahía, el río atrae a los amantes del sol durante el verano y a bandadas de aves migratorias y zancudas durante el invierno.

Entre las aves de especial significación se encuentran las espátulas, que a menudo interrumpen aquí su larga migración para alimentarse y recuperarse; la única otra localidad española donde se las ve en cantidades apreciables es la marisma meridional de Doñana. En años recientes, Santoña ha recibido la frecuente visita de la cataraña, otra ave que antes se consideraba una especialidad de Doñana. Otras especies cuya presencia hace de Santoña el principal reducto invernal de

La cataraña, más habitual en las costas nórdicas, también habita las marismas de Santoña

muchas aves en la costa norte son la avoceta, el frailecillo gris, el chorlito, diversas gallinetas, entre las marismas, y los frailecillos y alcas en el mar abierto y alrededor de los peñascos de Monte Buciero.

Esta montaña exhibe típicos robledales cantábricos, junto con muchas especies mediterráneas, tales como el laurel español y el madroño. Las partes más elevadas de la montaña están totalmente desprovistas de vegetación. La mayor parte de la fauna nativa del Monte Buciero ha desaparecido, debido a la pérdida de hábitats, la caza y otras formas de persecución. Hoy, el ave grande más frecuente es el cuervo, aunque los halcones peregrinos han comenzado a restablecerse en la zona donde el equilibrio natural de los bosques se recupera lentamente.

## ANTES DE SALIR

**Mapas:** SGE 1:50.000, Nos. 36 y 36; y Mapa Topográfico Nacional de España; Castro-Urdiales No. 36 1:50.000; Santoña No. 36—I 1:25.000; y Laredo No. 36—III 1:25.000.
**Guía:** José Luis Gutiérrez Bicarregui, *Datos culturales, turísticos, históricos y otros aspectos* (Santoña, 1983).

## CÓMO LLEGAR

**Por mar:** Un servicio de ferry une Santoña con Laredo; cada media hora en verano pero con escasa frecuencia en invierno.
**En automóvil:** Santoña está situada en una pequeña península costera a la cual se puede llegar por diversos desvíos de la carretera E50 Bilbao-Santander.
**En autobús:** De Santander salen unos 5 autobuses costeros por día; parten del Bar Mahichaco en la C. Calderón de la Barca y tardan entre 1 hora y media y 2 horas.

También hay conexiones entre autobuses y la línea ferroviaria Santander-Bilbao de FEVE; desde la estación Cicero o desde Gama.

## CUÁNDO IR

La mejor época para visitar las Marismas de Santoña es entre setiembre y mayo, pues el lugar se caracteriza por sus aves migratorias. El otoño es mejor porque el tiempo es muy caprichoso en esta costa atlántica durante la primavera. Cuando sube la marea, las aves deben buscar terrenos más altos en las marismas, y así son más fácilmente visibles en el laberinto de riachos e islotes; es conveniente programar la visita de tal modo que coincida con la marea alta. El tiempo tormentoso impulsa a las aves hacia el refugio de la bahía, donde anidan y se alimentan, y usted recibirá una amplia recompensa si afronta los elementos en dichas ocasiones. Necesitará botas altas. En la oficina de turismo encontrará un folleto que indica los puntos de observación recomendables.

## DÓNDE DORMIR

Abundan los hoteles, hostales y fondas, tanto en Santoña como en las vecinas localidades de Laredo y Colindres; suelen estar atestados durante el verano, de modo que es conveniente hacer reservas con antelación.

En Santoña, el Castilla, 2 estrellas, T: (942) 66 22 61, y Juan de la Cosa, T: (942) 66 01 00. En Laredo, el Cosmopol, 3 estrellas, T: (942) 60 54 00. En Colindres, el Hostal Residencia Montecarlo, T: (942) 65 01 63.
**Vida al aire libre:** Hay casi una docena de sitios para acampar en las inmediaciones, incluida la célebre Playa de Berria, que está al oeste del estuario de Santoña; abierto desde el 1.º de junio hasta el 15 de setiembre, con espacio para 270 personas, T: (942) 66 22 48; hay un pequeño camping en Islares: solicite información en la oficina de turismo (véase abajo).

## ACTIVIDADES

**Ruinas:** En el extremo meridional de la península de Santoña, frente a Laredo, se encuentran los restos de una maciza fortaleza construida por los franceses durante la Guerra de la Península. La importancia estratégica de este lugar era tal que Santoña era conocida como la «Gibraltar del Norte».

Otra atracción de la zona es la penitenciaría de El Dueso, magníficamente situada entre el Monte Buciero y la Playa de Berria.
**Punto de observación:** El Faro del Caballo, en la ladera del Monte Buciero que da al mar; se llega subiendo unos 684 escalones tallados en la piedra caliza.

## MÁS INFORMACIÓN

**Información turística:**
C. Santander, Santoña, T: (942) 66 00 66; Laredo, T: (942) 60 54 92; y en Santander, Jardines de Pereda, T: (942) 21 61 20 y Pl. de Velarde, T: (942) 21 14 17. ICONA, Rodríguez 5, Santander, T: (942) 21 25 00.

# Las Sierras Palentinas y Alto Campóo

*Las apacibles y vírgenes sierras del este de la Cordillera Cantábrica incluyen algunas de las montañas más alta de la región*

**E**ste sector de la Cordillera Cantábrica, que se extiende desde la represa del Ebro, al sur de Santander, hasta las fronteras León-Palencia, al sur de los Picos de Europa, tiene un paisaje, una vegetación y una vida silvestre ricos y variados. La parte occidental de la zona comprende la Reserva Nacional de Fuentes Carrionas: 47.755 hectáreas de riscos montañosos palentinos que culminan en el pico de Curavacas (2.525 m).

El macizo de Fuentes Carrionas, el más occidental, casi carece de caminos, excepto huellas de pastores y senderos. El principal

El verano trae muchas flores silvestres a los Picos de Europa, entre ellas este dorónico de tallo largo

paso entre Picos de Europa y la Meseta, el Puerto de Piedrasluengas, en la cabeza del valle del Liébana, es un complejo amontonamiento de piedras calizas calcáreas y materiales silíceos. En primavera las pasturas del col se cubren de lirios de Lent (*Narcissus pseudonarcissus*), saxífragas (*Saxifraga granulata*), vellorita y pensamientos cornúpetos pirenaicos (*Viola cornuta*). Desde la cima del paso se ven las imponentes cumbres de los Picos de Europa al norte, la meseta meridional, y el perfil cuadrangular del Pico de Tres Mares al este. Si nos dirigimos al este desde Piedrasluengas, llegamos a la garganta del río Nansa, ahora casi seco a causa de la construcción de una planta hidroeléctrica, pero aun así asombrosamente bello.

Más hacia el este se encuentra el más densamente poblado valle de Campóo, en cuya cabeza está el Pico de Tres Mares. Esta montaña marca el punto de nacimiento de cinco ríos que luego se dirigen hacia los tres mares de la Península Ibérica: el Nansa y el Saja van al norte, hacia el Mar Cantábrico; el Areños y el Pisuerga se juntan con el Duero y desembocan en el Atlántico en Lisboa; y el Híjar se une al Ebro y luego desemboca en el Mediterráneo.

Se ha avistado la mariposa *Erebia alber-*

*ganus barcoi*, una especie en peligro, en las laderas del Pico de Tres Mares y la zona que rodea Reinosa. Esta es la única colonia de España, y se considera que esta raza es distinta de las que hay en otras partes de Europa: vuela en una sola empolladura por año, desde fines de junio hasta julio, sobre pasturas que se hallan a 1.000-1.2000 metros, y las larvas se alimentan de diversas hierbas de montaña.

El gran río Ebro nace en la diminuta aldea de Fontibre (literalmente, «Fuente del Ebro»), al oeste de Reinosa, y 10 kilómetros al este se topa con una represa. El lago artificial resultante tiene 20 kilómetros de longitud, y es la mayor superficie de agua dulce de Cantabria; en el fondo yacen no menos de 12 aldeas anegadas. El lago artificial es demasiado grande para atraer a gran cantidad de aves, pero alberga al colimbo de cresta grande y constituye un lugar de paso para diversas aves migratorias.

El valle del Campóo en sí mismo es un suave paisaje injertado entre la Sierra de Peña Labra, al sur, y las Sierras del Cordel e Híjar, al norte. Su orientación es rara para un valle de la Cordillera Cantábrica, pues va de este a oeste y no de norte a sur, y en consecuencia está sometido a la fuerte influencia del clima continental del interior de España. Los henares son escasos y esporádicos, y necesitan irrigación en la estación seca. La mayor parte del valle consiste en pasturas de montaña donde pacen vacas suizas y caballos.

En Campóo hay bosques de roble pirenaico (*Quercus pyrenaica*) o de la muy mediterránea especie del roble lusitano (*Q. faginea*), y ambos brindan refugio a osos y lobos. Aquí también son comunes los buitres, y en ocasiones se avista un águila en lo alto.

Desde Espinilla, ahora es posible tomar una nueva ruta al sur sobre una vieja carretera romana. Las barrancas del borde de la carretera presentan un suelo muy matizado, con colores que van desde el ocre y el carmesí hasta el salmón·y ese tono de rosa que decora el rostro de las ancianas.

---

ANTES DE SALIR
**Mapas:** SGE 1:50.000, Nos. 81, 82, 83, 107 y 108.
**Guías:** Federación Palentina de Montañismo, *Fuentes Carrionas* (Palencia, 1973); y *Guía del Macizo del Alto Carrión* (Palencia, 1978).

CÓMO LLEGAR
**En automóvil:** Tome la carretera N611, Santander-Palencia, y luego la C625 hasta Espinilla y la C628, que termina cerca de Alto Campóo.
También se puede llegar a la zona por la C627, Potes-Cervera, que atraviesa el Paso de Piedrasluengas, o mediante la S224 a través del valle del río Nansa.
**En tren:** El tren Santander-Palencia para en Reinosa, Puerto de Pozaza y Aguilar de Campóo.

DÓNDE DORMIR
Reinosa es la mejor opción, pues ofrece una gama de hoteles y hostales, tales como el Vejo, T: (942) 75 17 00, y la Corza Blanca, 3 estrellas, T: (942) 75 10 99. En Aguilar de Campóo está el Valentín, 3 estrellas, T: (942) 12 21 25 y la Pensión Centro, T: (942) 12 28 96.
**Refugios:** En el valle de Campóo hay varios refugios; solicite información en la oficina de turismo de Santander (véase abajo).
**Vida al aire libre:** Se puede acampar casi en cualquier parte mientras se haga con discreción. Hay un camping oficial en Aguilar de Campóo, el Monte Royal, que está abierto desde el 1.º de junio hasta el 30 de setiembre.

ACTIVIDADES
**Excursiones a pie:** Desde la aldea de Fontibre varios senderos señalizados conducen a la fuente del río Ebro. Hay muchos paseos agradables a orillas de los arroyos de las cercanías de Fontibre; las sendas atraviesan bosques de abedules, robles y hayas.

MÁS INFORMACIÓN
**Información turística:** Pl. de Velarde 1, Santander, T: (942) 21 14 17. La Federación Cantabra de Montaña en Pablo Carnica 4, Torrelavega, Santander, T: (942) 89 06 90, y la Federación Palentina de Montañismo, Onésimo Redondo 6, Palencia, T: (988) 71 18 97, ofrecen información sobre montañismo, escalada, etc.

# Picos de Europa

*Una estribación montañosa que comprende tres imponentes macizos divididos por profundas gargantas e incluyen el Parque Nacional de la Montaña de Covadonga*

La Cordillera Cantábrica corre a lo largo de la costa norte de España, desde los Pirineos hasta la frontera con Portugal, como el espinazo de una gran bestia supina. Continuando con la analogía, los Picos de Europa parecen una vértebra descolocada, desplazada hacia el mar, hacia el norte de esta columna vertebral, aunque todavía articulada con ella a través del paso de montaña de San Glorio.

Este es el lado verde de España. A sólo 15 kilómetros de la Costa Verde, Picos de Europa está bajo el influjo del Atlántico; el clima es fresco y húmedo, los valles exuberantes, y las nieblas son tan frecuentes que los viajeros quizá nunca vean la cima de las montañas.

En contraste con las pizarras y esquistos de la Cordillera Cantábrica, Picos de Europa consiste en piedras calizas pálidas, asentadas en el Carbonífero Inferior. La localizada actividad glacial de la Edad del Hielo creó la típica y accidentada topografía de hoy, con sus antiguos valles colgantes y sus lagos glaciales con forma de circo. Hay enormes huecos circulares, conocidos como «hoyos» o *jous*, en la meseta montañosa: paisajes lunares llenos de escombros astillados de piedra caliza, reliquias de períodos glaciales anteriores. Corrientes de superficie y subterráneas han tallado enormes cavernas y galerías decoradas con estalagmitas y estalactitas. Se puede entrar en ellas por agujeros llamados *dolines*, que a veces se extienden verticalmente por cientos de metros.

Los Picos de Europa abarcan tres altos macizos separados entre sí por profundas gargantas. El límite occidental es el angosto Desfiladero de los Beyos, tallado por el río Sella. El macizo adyacente, Cornión, que incluye la Peña Santa de Castilla (2.596 m) recibe buena parte de la lluvia y la nieve que las depresiones atraen desde el Atlántico. Urrieles, el macizo central, es el más imponente; tiene varios picos de más de 2.600 m, entre ellos el Torre Cerredo, de 2.648 m, el pico más alto de la Cordillera Cantábrica, Llambrión y Peña Vieja. Pero la estrella es Naranjo de Bulnes (2.519 m). Este bloque de piedra caliza, casi cónico, conocido por los lugareños como Picu Urriellu, es una suerte de Matterhorn español que el hombre no logró conquistar hasta 1904.

Urrieles está separado de Cornión por la Garganta Divina, la más espectacular de Picos de Europa, formada por el rápido río Cares. Las paredes son casi verticales, y a veces alcanzan más de 2.000 metros; estos

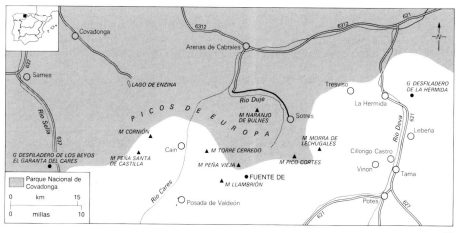

Este henar de Sesanes, en los Picos de Europa, no es podado todos los años, y así brinda un refugio para las flores silvestres y las mariposas

peñascos constituyen la morada favorita de esa ave elusiva, el trepador. Si uno mira desde las honduras de la garganta, puede ver un grupo de buitres aleteando perezosamente en la angosta franja de cielo azul, y también puede halcones peregrinos, vencejos y alguna águila. La Garganta Divina se extiende unos 12 kilómetros desde Caín, en el sur, hasta Puente Poncebos. Este es uno de los paseos más famosos de Picos de Europa, a lo largo de una angosta vereda para mulas tallada en la pared de la garganta, muy por encima de la espuma del estruendoso río. Se cruza de un lado al otro por frágiles puentes, y en algunos sitios se camina dentro de la montaña misma y el rugido del río es sólo un eco.

Las gargantas de los Picos de Europa están tan guarecidas de los extremos climáticos que muchos de los árboles y arbustos que se aferran a sus paredes son típicamente mediterráneos. El jazmín silvestre y el bérbero crecen en medio del lustroso follaje verde de los madroños y el laurel español, y el terebinto, pariente cercano del alfóncigo, extiende sus hojas en los lugares más soleados, junto con higueras, castaños y olivos silvestres.

Andara es el macizo más pequeño y más oriental. Los picos son menos imponentes, y por cierto están menos explorados. El macizo está separado de Urrieles por el río Duje, y de las montañas menores de Santander por el valle del Liébana, hogar del río Deva. La primavera llega más temprano a este valle; como se encuentra a la nubosa sombra de los picos de Urrieles, el tiempo es más cálido y soleado.

Covadonga, en Asturias, fue campo de una decisiva batalla librada el 722 d.C., en la cual los españoles detuvieron a los invasores moriscos, presuntamente con ayuda divina: un' alud aplastó a las fuerzas musulmanas. Allí comenzó la reconquista cristiana de España. Covadonga, según el rey Juan Carlos II, es la fuente primordial y eterna de la nación. En 1918, casi 1.200 años después de la batalla, se creó el Parque Nacional de la Montaña de Covadonga, con el expreso propósito de conmemorar el momento en que se concibió España. El parque abarca casi la totalidad del macizo occidental.

Hay tesoros botánicos en lo alto de Picos de Europa, pero mi idea personal del paraíso es el glorioso colorido de sus henares. Administrados de modo tradicional desde que fueron arrebatados al bosque, estos prados se cuentan entre las más ricas pasturas atlánticas de Europa por sus flores. Aquí se han registrado más de 40 especies de orquídeas, incluidas las orquídeas mariposa rosa, lagarto, hombre, pitorra, mosca y abeja, de sugestivos nombres. Orquídeas con lengüeta, oscuras y exóticas, altos asfodelos blancos y lirios pirenaicos decoran estos prados, y estas pasturas son renombradas por sus narcisos, sus violetas diente de perro y sus fritilarias, que florecen en el linde de la nieve que se derrite. El diminuto junquillo asturiano y el narciso miriñaque forman mantos tachonados de amarillo en las vegas, a principios del verano.

El desmán pirenaico, una especie de topo

que corre peligro de extinguirse y que tiene en los Picos de Europa su baluarte internacional, ha declinado en los últimos 25 años más que en todos los siglos anteriores, debido principalmente a la creciente interferencia humana y la destrucción del ámbito natural. Si uno se aventura un trecho en las montañas, sin duda se topará con el rey de ese reino: el ante. Estas criaturas de maravillosa agilidad, ahora presentes en cantidad considerable, brincan desde riscos casi verticales y se plantan en inaccesibles salientes. Los jabalíes hurgan en busca de tubérculos subterráneos en los caducos bosques, pero son cautos ante los intrusos; la mejor época para verlos es cuando llega el tiempo frío en otoño, pues entonces entran en las aldeas para buscar patatas en los sembradíos. Uno de los animales más raros de la región es el potro asturcón; algunos galopan libremente en la Vega de Enol, alrededor de los lagos glaciales de Covadonga.

Las aves de presa constituyen el orgullo del lugar. Los peñascos y gargantas son la residencia favorita de las águilas doradas y los buitres. Aguilas de dedos cortos y águilas con botas aletean en las corrientes térmicas de los pasos en busca de sus presas. Son escasas y varias especies están lamentablemente en extinción, a pesar de la protección oficial. No obstante, España continúa siendo el principal país de Europa por sus aves de presa y estas montañas son célebres por ellas. Aves de rapiña habitan los toscos brezales, los azores y gavilanes patrullan los bosques, y abundan los gallinazos. Los cernícalos anidan en las salientes rocosas del corazón de los picos, así como los ruidosos y gregarios cernícalos menores (lamentablemente en extinción) vuelan en lo alto; ocasionalmente un peregrino baja raudamente como una flecha oscura.

Los pájaros pequeños incluyen a los papamoscas multicolores, los colirrojos negros, las alondras, los trepatroncos y los trepadores de dedos cortos, los carpinteros negros así como sus primos mayores, medianos y pequeños, menos manchados, y no menos de seis especies de búho. Sobresalen entre ellos el magnífico búho real, el ave de presa más poderosa de toda Europa. Su profunda voz nunca es alta, pero tiene gran alcance. Estas aves anidan en profundas cuevas cerca de las cumbres, pero también en con-

trafuertes bajos. Como necesitan refugiarse del sol, el viento y la lluvia, a menudo buscan gargantas angostas. A pesar de ser muy numerosos son difíciles de hallar y rara vez se las ve. El observador resuelto ha de explorar estas montañas en pleno invierno, cuando el búho real llama de noche. Luego, en la primavera, nuevas visitas a peñascos probables pueden revelar dónde se encuentran los nidos.

En los picos altos residen aves de montaña especializadas, tales como el pinzón de nieve, el *accentor modularis* alpino y el tordo; blancas bandadas de chovas y chovas alpinas vuelan incansablemente en lo alto. Los abejarucos, las abubillas y los orioles dorados no son infrecuentes en los extremos meridional y oriental de los Picos de Europa, y los alcaudones de lomo rojo se pueden ver en muchas de las vegas.

Las mariposas que frecuentan estas montañas representan más de un tercio del total

Magníficos hayedos cubren las laderas del parque nacional de Covadonga en los 800-1.500 metros, algunos de hasta 40 metros de altura.

de la fauna europea. Además, hay muchas razas que no se hallan en ninguna otra parte del mundo, y muchas especies en peligro.

Las especies raras y vulnerables incluyen la escasa cola de golondrina (*Iphiclides podalarius feistamelii*), una raza española y nordafricana, y el argos español (*Aricia morronensis*). Las rarezas más específicas incluyen la versión asturiana de la mariposa azul de Gavarnie, la *Agriades pyrenaicus asturiensis*, una licénida pardo amarillenta típica de Picos de Europa, y que a veces se ve en la Cordillera Cantábrica, pero en ninguna otra parte del mundo. Las larvas se alimentan de un jazmín (*Androsace vilosa*) y el ejemplar adulto vuela en julio sobre prados y pasturas situados a más de 1.800 metros. Picos de Europa es también la localidad típica de la versión asturiana del anillo de Chapman, *Erebria lefebrei*, y la especie

entera es típica de los Pirineos y la Cordillera Cantábrica. También vuela a altitudes que superan los 1.800 metros, a fines de julio y julio; es una mariposa pequeña y oscura que prácticamente no tiene manchas en las alas.

---

**ANTES DE SALIR**
**Mapas:** SGE 1:50.000, Nos. 55, 56, 80 (15-6) y 81 (16-6).
**Guías:** Robin Collomb, Picos de Europa — Northern Spain (Goring, 1983); Cayetano Enríquez de Salamanca, Por los Picos de Europa (de Andara al Cornión) (Madrid).

CÓMO LLEGAR
**En automóvil:** Se puede llegar a los Picos de Europa por la principal carretera Oviedo-

La violeta dientes de perro abre sus flores rosadas en cuanto se derriten las nieves de la montaña

Santander, la E40, enfilando al sur por la N621, Unquera-Potes, o la C637, Arriondas-Cangas de Onís.

Las principales carreteras de los Picos de Europea circunnavegan las montañas y se restringen a los valles; ningún pasaje metálico para vehículos atraviesa los 3 macizos.
**En tren:** Desde Santander, la línea de trocha angosta de FEVE va hasta Oviedo atravesando uno de los paisajes más hermosos de la costa atlántica española. Uno puede bajarse en Unquera y viajar en autobús hasta el corazón de los Picos de Europa. Desde Bilbao, la misma línea nos lleva a Santander; también se puede viajar en dirección sudoeste hasta León y coger un autobús hasta Posada de Valdeón.
**En autobús:** Hay un servicio diario a Potes, en el lado oriental de los Picos de Europa, desde Santander y Unquera. Desde León hay un autobús que va hacia el norte y se interna en los Picos de Europa hasta la aldea de Posada de Valdeón, vía Riaño. Además, un autobús

diario circula entre Cangas de Onís y Arenas de Cabrales a lo largo del borde norte de la estribación. También hay autobuses entre León y Santander que paran en Portilla de la Reina, a poca distancia de Posada.

DÓNDE DORMIR
En casi todas las aldeas de los Picos de Europa hay por lo menos una fonda, pensión u hostal donde pasar la noche, y más habitualmente una amplia gama para escoger. Cangas de Onís, Potes y Posada constituyen tres buenas bases de operaciones. En Cangas de Onís, puede usted alojarse en el Ventura, 2 estrellas, T: (985) 84 82 00; en Potes, en el Hostal Residencia Valentino, T: (942) 73 04 58.
**Vida al aire libre:** Hay varios sitios oficiales donde acampar, y el mejor es el Camping Naranjo de Bulnes, 1 kilómetro al este de Arenas de Cabrales, en la parte baja del río Cares. T: (985) 84 51 78.

Solicite en la oficina de turismo una lista de los sitios donde se le permite acampar dentro del parque; tal vez deba obtener permiso de un guardia.

En primavera y verano, el ante vive cerca de las arboledas, pero en verano trepa a las alturas para alimentarse de hierbas y plantas alpinas

**Refugios:** Escasean en el macizo oriental, pero son frecuentes en otras partes de los picos.
El tamaño y las instalaciones varían. La Cabaña Verónica (2.325 metros) alberga 4 personas, pero la relativamente lujosa Aliva (1.667 metros) tiene 46 camas y un restaurante. Solicite información actualizada sobre cuáles cabañas están abiertas en la Federación Asturiana de Montañismo (véase abajo).

## ACTIVIDADES

**Excursiones a pie:** Se puede ir desde el Refugio de Vega Redonda hasta el Refugio de Vega Huerta, ida y vuelta, en una fatigosa caminata de 6 horas que nos lleva a través del Macizo Occidental; esta ruta cruza 5 pasos, a través de campos y lagos, y brinda espléndidas vistas y paisajes. Se tarda por lo menos 1 hora en caminar desde el final del camino, en Vega de la Piedra, hasta el Refugio de Vega Redonda.

Otro paseo clásico atraviesa la Garganta de Cares, una caminata de 24 kilómetros, la mitad a través de una garganta de piedra caliza, por una senda tallada en la roca muy por encima del estruendoso río; lo habitual es ir desde Posada de Valdeón hasta Poncebos, y se tarda un

día, aunque es posible ir en Landrover desde Posada de Caín, donde empieza la garganta propiamente dicha.
**Excursiones guiadas:** Se puede contratar guías en Posada de Valdeón y Sotres.
**Puntos de observación:** Desde Mirador del Tombo, en Cordiñanes, Valle de Valdeón, se obtiene una magnífica vista del macizo central; mejor aún es el Mirador del Puerto de Panderruedas (1.450 metros), en el sudoeste. El Mirador de la Reina da hacia el mar desde la carretera que une el monasterio de Covadonga con los famosos lagos glaciales de la Vega de Enol. El Mirador del Corzo y el Mirador del Pierto de San Glorio, ambos situados en la carretera Potes-Riaño, dan hacia el nordeste.

Hay varios miradores notables que están a cierta distancia de los caminos principales. Se llega al Mirador del Naranjo, encima de Puente Poncebos, en las honduras de la Garganta del Cares, tras un ascenso de 20 minutos desde el río, y la recompensa es una soberbia vista del famoso Naranjo de Bulnes. Una enérgica caminata (o un breve paseo en coche) al norte del Puerto de San Glorio nos lleva al Mirador de Llesba y al «monumento al oso», la estatua de un oso pardo en tamaño natural. Un

último punto de observación, que nos ofrece un espléndido panorama de las estribaciones oriental y meridional, es el que está en la cima del Teleférico: el Mirador del Cable. Los únicos detalles que lo arruinan son las multitudes de personas en la temporada pico, y la cantidad de desperdicios.
**Funicular:** Un estremecedor viaje de 10 minutos en el Teleférico desde Fuente Dé nos lleva hasta un páramo de piedra caliza despedazada.
**Cuevas:** En Buxu, al oeste de Cangas de Onís, donde se pueden ver pinturas paleolíticas. Cerrado los lunes.
**Pesca:** Excelente pesca de trucha y salmón en los claros ríos de los Picos de Europa; son los terrenos de desove más meridionales del salmón en Europa. Solicite detalles y autorización en la oficina de ICONA de Uria-Oviedo 10, T: (985) 22 25 47.
**Monasterios:** Cerca de Potes está el Monasterio de Santo Toribio de Liébana; la ermita y la iglesia son interesantes, y también hay una magnífica vista del valle del Liébana. El monasterio de Covadonga está construido en el lugar donde el legendario rey Pelayo contuvo a los moros en el año 722; el camino del monasterio conduce a los 2 lagos glaciales de Enol y Ercina, a unos 1.700 metros sobre el nivel del mar.
**Museo:** Hay un museo de etnología a poca distancia de la ruta principal, cerca de Tama, al norte de Potes.
**Excursiones a caballo:** Se pueden organizar en Turieno, cerca de Potes; solicite información en el camping La Isla (véase arriba).

## MÁS INFORMACIÓN
**Información turística:** Pl. Jesús del Monasterio, Potes; Emilio Lara 2, Cangas de Onís, T: (985) 84 80 83; y Ctra. General, Arenas de Cabrales, T: (985) 84 41 88.

## Somiedo y Pajares

*Remoto parque nacional al sur de Oviedo, refugio de la típica fauna de vertebrados de la Cordillera*

Al sudoeste de Oviedo, capital de Asturias, a horcajadas sobre la cresta de la Cordillera Cantábrica, está la Reserva Nacional de Somiedo. Las antiguas rocas paleozoicas, cuyas fallas van en dirección norte-sur, se asentaron brindando fértiles valles y laderas, y en consecuencia la zona albergó colonos desde antes de tiempos de los romanos.

Hay muchos rastros de la civilización romana en Somiedo, sobre todo en Saliencia, que fue una de las más importantes fortalezas del emperador Augusto en el norte de España. Pero hoy son más famosos los lagos de Saliencia. Se dice que hay un tesoro oculto en el fondo de los lagos, custodiado celosamente por *xanas*, ninfas de la mitología asturiana. Los lagos, de origen glacial, están apresados entre los picos gemelos de la Peña de la Cueva (1.681 m) y el Canto de la Almagrera (1.758 m), y hasta hace poco eran inaccesibles, salvo a pie.

Las laderas septentrionales del Puerto de Pajares, al este, están cubiertas de hayedos y robledales, las laderas meridionales de brezales y pasturas. Las segundas, especialmente en zonas despojadas, con terreno de pizarra, tienen una población de *Teesdaliopis* conferta, especie típica de la Cordillera Cantábrica, y albergan otras especies interesantes, tales como *Viola bubanii*, *Ajuga pyramidalis*, el albarraz

50

*Pedicularis verticillata* y el ranúnculo de flores blancas *Ranunculus aconitifolius*, algunas de las cuales no se hallan en España fuera de esta región septentrional.

Al este del paso, en las zonas subalpinas, las verdes pasturas están moteadas de violeta diente de perro (*Erythronium dens-canis*), ranúnculos amplexicaulos (*Ranunculus amplexicaulis*) y 2 diminutas especies de narcisos: el junquillo asturiano (*Narcissus asturiensis*) y lágrimas de ángel (*N. triandrus*). Este paso presenta otras dos especies que sólo se hallan en el extremo occidental de Europa: Irlanda y la costa atlántica de la Península Ibérica. Se trata de una utricularia grande, la *Pinguicula grandiflora*, una atractiva planta carnívora de flores color púrpura, y el brezo de San Dabeoc (*Daboecia cantabrica*), un arbusto pequeño cargado de flores acampanadas color rosa.

La ausencia de caminos en Somiedo ha permitido que la típica fauna de vertebrados de la Cordillera permaneciera a buen recaudo y la reserva de Somiedo es uno de los baluartes del oso pardo ibérico. De los 77 que había en Asturias en 1962, 70 se podían encontrar aquí, aunque 10 años después sólo quedaban 28. Este animal debe ser uno de los mamíferos más amenazados de España, pues la población ibérica total oscila entre los 85 y los 120. Otras especies típicas de Somiedo son el corzo y el ciervo rojo, el ante, el jabalí y el urogallo.

**Antes de salir** *Mapas:* SGE 1:50.000 Nos. 52, 53, y 76; e Instituto Geográfico y Catastral, Nos. 51, 52, 76 y 77.

**Cómo llegar** *En automóvil:* Desde la carretera N634 Oviedo-Luarca, tome la N633 hacia el sur, de Doriga a

Somiedo. Del paso de Somiedo hasta La Vega, la carretera está cerrada de diciembre a marzo. Desde el sur, use la C623 desde León. *En autobús:* Hay un servicio que une Oviedo con Pola de Somiedo; solicite detalles sobre rutas, horarios, etc. en la oficina de turismo de Oviedo.

**Dónde dormir:** Es difícil hallar hospedaje en esta zona remota. Salas tiene un hotel de 1 estrella, el San Roque. Si busca dónde alojarse, pida direcciones de casas particulares en la oficina de turismo de Salas, y quizá encuentre un cuarto para pernoctar.

**Actividades** *Excursiones a pie:* Desde Pola de Somiedo, al norte del Puerto de Somiedo, siga el río hasta el Lago de la Cueva, Lago Negro y Lago del Valle, una caminata de 4 horas. Otra opción es dirigirse a los lagos desde el paso, pero lleva más tiempo y resulta más agotador.

Peña Ubiña es la montaña más interesante de esta región para los caminantes. Hay varios refugios en las inmediaciones; póngase en contacto con la Federación Asturiana de Montañismo, Melquíades Alvarez 16, Oviedo, para solicitar detalles. **Más información** *Información turística:* Salas, T: (985) 83 08 67; y Pl. de la Catedral 6, Oviedo, T: (985) 21 33 85. ICONA, Uría 10, Oviedo, T: (985) 22 25 47.

Las protuberancias rocosas y la escasa vegetación de Las Médulas hablan del sur más seco

## EL Bierzo

*Abarca la Sierra de Ancares, Las Médulas de Carucedo, Degaña y el Bosque de Muniellos (estos dos últimos forman parte de la Cordillera Cantábrica occidental). Montaña, paisaje de rocas rojas, reserva de caza*

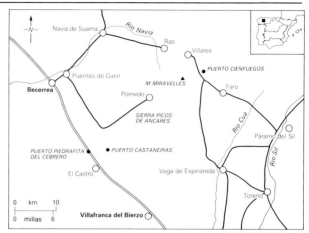

Para llegar a las colinas meridionales de la Sierra de Ancares, siga la sinuosa ruta que va desde el somnoliento pueblo de Cacabelos, a través de pequeñas parcelas con plantas de tabaco en flor, desaliñadas viñas y huertos, hasta que las fértiles tierras bajas queden atrás y empiece el paisaje agreste.

El sur de Ancares tiene un aspecto seco e inhóspito; retazos de suelo erosionado asoman a través de los escasos y achaparrados brezos. Muchas plantas lucen insidiosas espinas o producen aceites picantes para disuadir a los animales herbívoros. Cistos de hojas angostas y cistos de hojas de salvia florecen en medio de una desconcertante variedad de aulagas, brezos y retamas. Hay robles achaparrados y en ocasiones altos troncos del más típico y valioso árbol de estas montañas: el castaño dulce. En verano, en estas pasturas, uno puede tenderse al sol para escuchar el llamado de mil saltamontes, o pasear entre las flores precedido por las relampagueantes alas azules o rojas de estos insectos.

La Sierra de Ancares se extiende por más de 5.000 hectáreas de terreno montañoso que, aunque no tan escabroso como los Picos de Europa, alberga cierta plácida belleza.

Los perfiles son menos severos, los contornos más redondeados, un legado de la extrema antigüedad de estas rocas. A menudo encontramos sitios que parecen totalmente vírgenes.

Esta tierra olvidada bulle de vida animal, especialmente hacia el oeste de la estribación, conocida como Cervantes (literalmente, «la tierra de los ciervos rojos»). A pesar de este nombre, aquí abundan los corzos, aunque también se ven ciervos rojos y paletos. Su pariente más pequeño, el ante, fue cazado sin piedad por los soldados apostados en la zona durante la Guerra Civil, y sólo ahora se lo está restableciendo a partir de colonias de zonas cercanas de la Cordillera Cantábrica.

Estas tierras boscosas brindan el mejor hábitat para la típica especie de la Sierra de Ancaras. La franja que hay entre Suárbol y Piornedo, por ejemplo, comprende robles cubiertos de liquen en una protuberancia de granito, junto con acebo, arándano, helecho, retama cantábrica y tamujo. Otros bosques de aquí presentan la haya como el principal componente, junto con el castaño, el abedul plateado, el tejo, el sicomoro y el ubicuo castaño dulce. Al abrigo de estos hábitats primitivos viven jabalíes, ginetas, martas, gatos monteses, ardillas rojas y zorros, así como la más característica ave de estas montañas, el urogallo. El último oso pardo nativo fue muerto en Monte Buixicedo hace 40 años, pero en ocasiones algunos ejemplares vienen desde el este, de Somiedo. Los lobos aún merodean en la Sierra de Ancares, y su presa principal —el corzo— es muy abundante.

Casi al norte de los contornos redondeados de Ancares se extiende la región

El urogallo sólo existe en los bosques de la Cordillera Occidental

de Degaña y el Bosque de Muniellos. Degaña, una de las más pequeñas reservas de caza de la Cordillera Cantábrica, con un total de sólo 8.274 hectáreas, ha logrado mantener su pequeña población de osos pardos a pesar de la drástica reducción en la cantidad de ejemplares en años recientes. Esto se debe principalmente a que el parque tiene muchas zonas boscosas, incluido el hayedo de Navariegos. Tenemos otra atracción en los diversos lagos glaciales no contaminados del límite sur de la reserva —las Lagunas de Fasgueo— pero la sección nordeste ha sufrido el asedio de actividades carboníferas.

El Bosque de Muniellos es uno de los mayores robledales de Europa; abarca unas 3.000 hectáreas de superlativa vegetación natural y se encuentra entre los puertos de Connio y Rañadoiro; el segundo de estos pasos es el origen del río Muniellos, un tributario del Narcea. El punto más alto de Muniellos es la Bobia de Teleyerba (1.685 m), donde nacen 3 valles: Candanosa, que contiene 4 lagos glaciales; Las Berzas, también conocido como Las Gallegas; y La Cerezal. Los ríos que recorren estos valles se alimentan de arroyos limpios y cristalinos.

El dosel boscoso está compuesto de roble pedunculado y pirenaico (*Quercus robur* y *Q. pyrenaica*), abedul, aliso y castaño, con un denso sotobosque de acebo, espino y madroño. Los frutos otoñales de estos arbustos atraen a gran cantidad de paserinos y pequeños mamíferos, y en consecuencia los depredadores también están bien representados. Como en Degaña, los osos pardos son frecuentes, junto con los lobos, los gatos monteses y los zorros. Las aves de presa incluyen el azor, el gavilán, el halcón peregrino, el cernícalo, el águila dorada, el águila de pies cortos y el águila de Bonelli, aunque las últimas son escasas. El ante y el corzo también son comunes, así como los jabalíes, y estos extensos bosques son el lugar predilecto de los urogallos en la Cordillera Cantábrica.

Por un extraño milagro de estos tiempos, el bosque ha sufrido pocas interferencias. Ahora que está en manos del Estado, casi tiene categoría de parque nacional: su designación oficial es Coto Nacional de Muniellos, pero lo importante es que se están tomando muchas precauciones para asegurar que los árboles se regeneren, y para controlar la caza y la caza furtiva.

Al norte de Degaña y al este de Muniellos se extiende otra zona boscosa, esta vez de hayas, la cual rodea el Monasterio de Huermo. Es el hayedo más extenso de Asturias, aunque no tiene protección legal.

En el lado opuesto de

La gran genciana amarilla crece en zonas húmedas de las colinas

Ancares, separado de sus soleadas laderas por el río Sil y el pueblo de Ponferrada, se extienden los Montes Aquilianos y la Sierra del Teleno. En el extremo occidental de esta angosta cadena montañosa encontramos un paisaje más típico del desierto africano: los castigados peñascos de las Médulas de Carucedo.

Bajo el sol del atardecer, las Médulas parecían estar en llamas. El viento y el agua han tallado sus columnas y pináculos de roca rojiza dándoles formas extraordinarias, pero lo más curioso es que los humanos han contribuido a ello. En el primer siglo de nuestra era, cuando esta región de España

Es fácil confundir a la tímida y nocturna gineta con un gato, pero en realidad es prima de la mangosta

estaba bajo el dominio romano, se buscó oro en estas montañas. Se construyeron canales para acarrear agua desde el río Cabrera, que está a unos 28 kilómetros, y se cavaron galerías subterráneas hasta que toda la meseta de entonces quedó acribillada de agujeros. Gradualmente las tierras altas se redujeron a una serie de picos, que hoy asoman desde un mar de castaños dulces. Las minas fueron abandonadas hace mucho tiempo, pero un laberinto de galerías permanece inexplorado. La Mina de Orellán y la Galería de Yeres figuran entre las más famosas y extensas.

Lo que de veras me llamó la atención, mientras contemplaba este increíble paisaje, fue el chasquido de las alas de los vencejos en el aire cerca de mi cabeza, un ruido extrañamente reflejado por el chasquido de las guadañas mientras los lugareños segaban trigo y cebada en el valle. Y las parvas con forma de cúpula que gradualmente crecían alrededor de los postes centrales se parecían a los picos convexos de Las Médulas, tanto en el color como en la forma.

**Antes de salir** *Mapas:* (Sierra de Ancares) SGE 1:50.000 Nos. 126 y 158, e IGN 1:50.000 Nos. 99, 100, 125, 126, 157 y 158; (Las Médulas de Carucedo) SGE 1:50.000 Nos. 75 y 100; (Degaña y el Bosque de Muniellos) SGE 1:50.000 Nos. 100 y 101, e IGN 1:50.000 Nos. 75, 76, 100, 101.
*Guías:* Alfredo Sánchez (Arro), *El parque natural de Ancares* (1985); David Gustavo López, *Las Médulas* (1983); y Luis Pastrana, *El Bierzo* (1981).
**Cómo llegar** *En automóvil:* Desde León tome la N120 hasta Astorga y la N-IV hasta Ponferrada, y/o Pedrafita hasta Cebreiro; otra

posibilidad es tomar la C623 hasta Villager, virando a la derecha en la C631 y en la primera a la izquierda por la pequeña carretera de Degaña. *En tren:* El ferrocarril es un medio de locomoción insatisfactorio en la zona de Ancares, pues las estaciones más próximas están en Lugo o Ponferrada.
*En autobús:* Hay 2 líneas de autobuses que nos llevan al corazón de Ancares: Lugo a Degrada, y Ponferrada a Candín.
**Dónde dormir:** Dentro de Ancares hay fondas y hostales en Degrada, Candín, Donis y Balouta. Fuera del pueblo, a lo largo de la carretera Ponferrada-Lugo, está el Parador Nacional de Villafranca del Bierzo, T: (987) 54 01 75.
**Vida al aire libre:** Al sur de Ancares, pero bien situado si uno planea visitar también Las Médulas, está el Camping El Bierzo, en Villamartín de la Abadía, T: (978) 54 67 00; capacidad para 240 personas, y abierto de junio a setiembre.
**Refugios:** Recientemente se inauguró el Albergue del Club Ancares en Degrada; está entre los picos de mustallar y Peñarrubia.
**Actividades:** Ancares está constituida por 2 zonas de conservación principales, la región de Galicia ahora conocida como Parque Natural de Ancares, que antes era una reserva nacional de caza, y la región de León conocida como la Reserva Nacional de los Ancares-Leoneses, 38.300 hectáreas de reserva de caza de ciervo rojo y corzo; anteriormente, el oso y el urogallo también eran presas legales.
*Montañismo:* Para escalar y pasear por la zona, solicite información a la Federación

Las cristalinas aguas y las blancas arenas de las Islas Cíes, aún no contaminadas por el hombre

Leonesa de Montañismo, Alcázar de Toledo 16 (Casa del Deporte), León, T: (987) 22 73 00.

*Pesca:* Hay muchos tramos fluviales aptos para la pesca. Se puede obtener permisos y más información en las oficinas de ICONA de Lugo y León (véase abajo).

*Excursiones:* Se pueden organizar excursiones en Landrover por las montañas desde Degrada, Castillo de Doiras, Candín y Vega de Espinareda. Consulte en las oficinas de turismo (véase abajo).

**Más información** *Información turística:* Pl. de Regla 4, León, T: (978) 23 70 82; y Pl. de España 27, Luego, T: (982) 21 13 61, ICONA, Avda. Ramón y Cajal 17, León, T: (978) 22 69 17; y Ronda del General Primo de Rivera 38, Lugo, T: (982) 21 49 40.

# Islas Cíes

*Archipiélago frente a la costa noroeste, junto a la ciudad de Vigo; importante paraje por las aves marinas*

Se supone que las primeras impresiones son las más importantes. A mediados de julio me fui de Vigo bajo la lluvia. La niebla cubría las colinas que rodean el estuario de esa ciudad y yo ni siquiera podía ver mi destino.

Fue una suerte visitar las Islas Cíes en un día lluvioso. Vagué durante horas entre los eucaliptos sin jamás ver a otra persona. Pasé una feliz media hora siguiendo a un gavilán de árbol en árbol en un pequeño bosque de pinos de Monterrey, en Punta Muxeiro; a pesar de los árboles plantados, la zona estaba llena de arbustos y hierbas nativos, tales como el cisto con hojas de salvia y la lobelia silvestre. La fragancia era maravillosa en ese día húmedo. Pasé otra media hora observando los corvejones que bajaban en busca de peces hacia las espumosas olas que rodeaban una roca cerca de Playa Cantareira; siempre había aves expectantes posadas lejos del mar, como pingüinos esperando pacientemente en una masa de hielo flotante.

Si yo me hubiera acercado a las islas desde el oeste, me habría formado una opinión muy distinta. Aquí los acantilados de granito reciben el embate del Océano Atlántico; aunque los acantilados se elevan a gran altura sobre el mar, las olas han tallado muchas cuevas en la base, y algunas son enormes.

Las Cíes están constituidas por tres islas principales, las dos del norte enlazadas artificialmente por una carretera y un banco de arena: de norte a sur, Isla del Norte, Isla del Faro e Isla del Sur o de San Martín. Se encuentran en la desembocadura de la Ría de Vigo, a unos 14,5 kilómetros de la ciudad. Me asombra que estén tan libres de contaminación a pesar de la cercanía de 300.000 personas. El archipiélago también incluye muchos islotes y protuberancias rocosas. Los cuatro principales son el Beriero o Agoeiro, Viños Popa Fragata y Pinelón da Cortella; el primero, a 1,3 kilómetros de la Isla del Sur, está coronado por una pequeña torre y alberga sólo diez especies vegetales en su árida superficie.

Desde que se designó parque natural a las Islas Cíes, en 1980, no hubo acceso al lluvioso lado oeste de Isla del Norte, cuyos acantilados albergan la mayor densidad de gaviotas y corvejones. Análogamente, no hay acceso a la triangular Isla del Sur, y en consecuencia existen óptimas condiciones para la vida silvestre.

La mayor atracción botánica de las Islas Cíes está en la vegetación de las playas y las dunas de arena. La camariña (*Corema album*), una rareza gallega, medra en las playas de Rodas y Figueiras; este arbusto enano es típico de la Península Ibérica y produce plantas macho y hembra. Con él florecen el cohete de mar, la barrilla, la grama de mar, la lanaria, la siempreviva de mar y el narciso de mar.

Buena parte del interior de las islas consiste en plantaciones de pino y eucalipto, con un sotobosque de aulaga europea, endrino, helecho y roble pirenaico. Aquí y allá, rosados puerros de cabeza redonda, celestes ejemplares de *Jasione montana*, rojas dedaleras y blancos asfodelos alivian el monótono verdor. Las especies nativas de árboles son pocas y esporádicas, pero algunos árbolos ornamentales y de huerto persisten en abandonados jardines domésticos. Es extraño que los brezos tan comunes en hábitats similares de la tierra firme estén aquí prácticamente ausentes. En las Islas Cíes se ha documentado un total de 260 especies vegetales, de las cuales 232 son de origen europeo.

Hay poca agua dulce en las islas, y el único anfibio que se encuentra aquí es la salamandra de fuego negro y oro, que sólo se ve después de la lluvia o de noche. Entre los reptiles, se ven el lagarto de pared de Bocage y el lagarto de pared ibérico (el primero es típico del noroeste de España y Portugal), así como los más grandes lagartos de Schreiber, ocelados y de cabeza roma.

Pero el mayor atractivo de las Islas Cíes son las aves, y con justicia. En la culminación de la temporada de empollamiento, aun el paseante más distraído repara en el clamor de las gaviotas luchando por un espacio para sus nidos en precarias salientes de los acantilados. Las más importantes aves marinas son la gaviota arenquera y la gaviota de lomo negro (la segunda ocupa aquí su colonia más meridional del mundo), así como los corvejones y alcas. Los corvejones, que habitan en cuevas y acantilados, se habían reducido a 300 parejas en 1981; esta colonia, sin duda la mayor de la Península Ibérica, es una de las razones primordiales para la creación del parque natural.

Aun más importante, sin embargo, es el alca ibérica, que empolla aquí. Está a punto de extinguirse en las Islas Cíes, y sólo dos o tres parejas regresan al nido cada año. No sólo este diminuto enclave está en peligro, sino que el ave es muy rara en toda la costa Atlántica, y así merece la mayor protección posible, aunque la Península Ibérica está en el extremo meridional del trayecto del ave.

También abundan las aves marinas, aunque no anidan aquí. Las plangas son un espectáculo frecuente, acompañadas en invierno por alcas, frailecillos y gaviotas. Aunque aves marinas migratorias semejantes a petreles y albatros se pueden ver frente a la costa a fines del verano, estas aves son más frecuentes al norte, frente a Cabo Finisterre.

Entre dos y cuatro mil patos pasan el invierno en la Ría de Vigo todos los años —en su mayoría, ánades silvestres, zarcetas, patos de mar y fojas —, y con el mal tiempo es frecuente verlos en las más protegidas bahías de las islas . También se ven garzas grises pescando, y en 1977 un grupo de 25 flamencos visitó el lugar en invierno. Las zancudas que pasan el invierno en la zona incluyen algunas limosas y avefrías grises, junto con el revuelvepiedras y un *Haematopus* cazador de ostras que solía empollar aquí pero no lo ha hecho durante muchos años. Se piensa que la única ave de las islas que anida en las costas es el avefría de Kent.

---

### ANTES DE SALIR
**Mapas:** SGE 1:50.000 Nos. 222, 223 y 261.
**Guías:** Estanislao Fernández de la Cigoña-Núñez, *Islas Cíes, Parque Natural de Galicia.*

### CÓMO LLEGAR
**Por mar:** El único modo de llegar a las Islas Cíes desde Vigo es con el Ferry que zarpa de la Estación Marítima de Ría, T: (986) 43 77 77.

### DÓNDE DORMIR
No escasean los hoteles ni las fondas en Vigo. Por ejemplo, el Ipanema, 3 estrellas, T: (986) 47 13 44; el Lepanto, 1 estrella, T: (986) 21 46 08. Solicite información sobre el hospedaje en las islas en la oficina de turismo (véase abajo).
**Vida al aire libre:** Hay un camping en la Isla del Faro, abierto desde mediados de junio hasta mediados de setiembre. T: (986) 42 16 22. Está prohibido acampar en otras partes de la isla.

### ACTIVIDADES
**Observación de aves:** Observatorio del Faro do Peito (Isla del Norte), para observar las colonias de corvejones; Observatorio de la Campana (Isla del Faro), para observar gaviotas arenqueras y corvejones.
**Pesca:** Solicite licencia e información a las oficinas de turismo (véase abajo) o ICONA, Michelena 1, Pontevedra, T: (986) 85 19 50.

### MÁS INFORMACIÓN
**Oficinas de turismo:** Estación Marítima, Vigo, T: (986) 21 30 57; y Michelena 1, Pontevedra, T: (986) 85 19 50. ICONA, Michelena 1, Pontevedra, T: (986) 85 19 50.

# El norte de la Meseta

L a Meseta central cubre casi la mitad de la superficie de España. Es una tierra chata con una altitud promedio de 700 metros en el sector norte y de 600 metros en el sector sur. La rodea una serie de cadenas montañosas que separan la Meseta de la Costa Verde, el valle del Ebro, el Mediterráneo y los valles de Andalucía.

La Meseta es una región vasta y engañosa. La he sobrevolado muchas veces preguntándome dónde se ocultaban las gentes; desde el aire parece un desierto sin caminos, ríos ni aldeas. Pero el cuadro cambia abruptamente cuando se recorre la superficie de la Meseta. Aparecen granjas y sembradíos; la tierra parda y gris está entrecruzada por sendas angostas y carreteras. En verano buena parte de la tierra cobra la consistencia de la terracota bajo el sol, pero también hay regiones asombrosamente fértiles que se han beneficiado con la moderna tecnología agrícola. Pero la Meseta aún posee buena cantidad de tierras agrestes que sólo son apropiadas para la cría de ovejas, o para los vagabundos y amantes de la naturaleza que buscan vestigios de la España pretecnológica. Su carácter desierto me parece una de sus principales atracciones, pero sé por experiencia que no todos comparten mi predilección por tales paisajes. Un amigo neoyorquino me pidió una vez que le recomendara un sitio en la campiña castellana para visitarla en un corto viaje desde Madrid, y le di el nombre de un pueblo derruido en medio de

Un barranco erosionado cerca de Zaragoza se calienta bajo el sol estival. A pesar de su apariencia inhóspita, este lugar alberga aves como el tordo y el triguero

una espléndida y desierta región de trigales. Cuando lo volví a ver meses más tarde, me reprochó haberle hecho perder el tiempo con ese destino alejado. «¡Qué le ves? —me preguntó desconcertado—. ¿Allí no hay absolutamente nada!»

La Meseta septentrional está separada de la meridional por una larga e irregular cadena montañosa, el Sistema Central, que corre en diagonal al norte de Madrid y se extiende desde la Sierra de Peña de Francia, en el oeste, hasta la Sierra de Ayllón, en el este. No se trata de una mera hilera de colinas. A mi entender, por el contrario, no hay en España montañas más imponentes que la Sierra de Gredos, que forma una gigantesca escarpa sobre el valle del río Tiétar, 14 km al oeste de Madrid. Desde el borde meridional de la Sierra de Gredos, a más de 2.000 metros de altura, se ve una vasta extensión de granjas y colinas boscosas, 1.700 metros más abajo. En los prados de montaña el ecosistema es alpino, y las cabras monteses brincan de saliente en saliente; en el valle de Tiétar la flora es semitropical, con palmeras y limoneros. Un ascenso de cuatro horas nos lleva desde los llanos subtropicales hasta las nevadas montañas. En los meses invernales se practica esquí en Gredos, y el montañismo se practica todo el año, pero ésta es también una región muy grata para los viajeros que desean vagabundear a pie por un soberbio macizo que, excepto por uno o dos sitios familiares, permanece desconocido para el turismo internacional.

En los extremos occidentales de este macizo montañoso uno se siente al borde del mundo conocido. Los peregrinos visitan el altar de la Virgen en la cima de la Peña de Francia, pero los turistas comunes rara vez vienen por aquí. Tal vez este aislamiento indujo al emperador Carlos V a retirarse a Yuste cuando abdicó en favor de su hijo.

La Sierra de Guadarrama, continuación oriental de Gredos, está muy cerca de Madrid, y en invierno se puebla de esquiadores madrileños y en verano de vacacionistas madrileños. Estos picos verdes y frescos siempre han servido como refugio estival para los sofocados habitantes de la capital. Aun los reyes y sus familias usaban Guadarrama como salida de emergencia. Mientras vagabundea por esos bosques altos, usted haría bien en visitar el jardín de 140 hectáreas de la Granja de San Idelfonso, el jardín real que contiene las mejores fuentes esculpidas del mundo. Felipe V amaba capturar los fríos manantiales que caen de esas montañas, y éste era su modo de perfeccionar la naturaleza: 26 fuentes que incorporan cientos de esculturas, estanques, cascadas, rociadores y surtidores. Aunque esté rodeada por la España salvaje, ésta es sin duda la España barroca, y ni siquiera Versalles puede competir con ella. En los baños de Diana, por ejemplo, 20 ninfas desnudas bailan en honor de la diosa de la cacería, mientras sus dóciles leones abren la boca en rugidos que son grandes corrientes de agua y las cascadas se despeñan por escalones de mármol. Hay una fuente que salta 40 metros en el aire; la Fuente del Canastillo teje un cesto de chorros que se entrecruzan; un dios marino conduce sus corceles a través de la Fuente de la Carrera de Caballos; Apolo mata a la pitón, cuya sangre es una espumosa corriente de agua. Asegúrese de que su visita coincida con los días y las horas en que abren las fuentes para los visitantes.

La Sierra de Ayllón, aún más al este, está muy lejos de las rutas convencionales y presenta algunos de los paisajes rurales más hermosos de la España septentrional. Uno de los sitios más comentados es el llamado Hayedo de la Tejera Negra, pero para mí su principal fascinación reside en sus colinas ondulantes y sus floridos henares. La región estuvo en un tiempo mucho más poblada que hoy, y en medio de una aldea de campesinos uno se puede topar con las ruinas de una iglesia medieval de proporciones realmente magníficas.

Aparte de estas montañas centrales, la Meseta septentrional consiste habitualmente en trigales y viñedos, pasturas para ovinos y colinas bajas cubiertas de pinares, hayedos y robledales. La ciudad amurallada de Avila es una base de operaciones natural en la parte sur de esta zona, y la única alternativa posible es Salamanca. Soria, Valladolid y Zamora son las ciudades principales de la región central.

El modo clásico de ver la campiña de la Castilla septentrional, entre Logroño y Ponferrada, consiste en seguir la senda de los peregrinos medievales, el Camino de Santiago. Recorrí por primera vez ese camino en los años 60 y me pareció indescriptiblemente bello. Era a principios del verano y las noches aún eran crudas, pero por la mañana el coro de pájaros residentes y visitantes cantaba a toda voz, y al entibiarse el día los grillos formaban una improvisada orquesta. Atravesamos trigales, marchamos por restos de viejas carreteras romanas y cruzamos ríos por puentes medievales. A menudo las aldeas aún tenían hospicios y monasterios, vestigios de la primera empresa de «turismo masivo» del mundo occidental, y en algunos casos los monasterios aún estaban habitados por monjes que realizaban tareas muy similares a las de sus predecesores de mil años atrás.

En esa oportunidad pensé que internarse en esa antigua ruta era tan estimulante como aventurarse en un páramo inexplorado; en verdad, esta particular combinación de naturaleza e historia parece más propia de la India que de Europa. Como escribe Walter Starkie en *El camino a Santiago*, «un peregrino reflexivo en el Camino de Santiago siempre hace un doble viaje..., el viaje hacia atrás en el tiempo y el viaje hacia adelante en el espacio». Cuando la dimensión histórica se añade a este viaje, y a la experiencia de recorrer campos fértiles y sitios semidesiertos, colinas ondulantes y profundos arroyos, cada paso del peregrino «evoca recuerdos de quienes transitaron por ese camino siglo tras siglo».

Las gentes solían caminar en el viaje de ida y vuelta a Santiago de Compostela, y colgaban sus zapatos destrozados en la iglesia local como prueba de su piedad, por no mencionar su resistencia. Hoy pocas personas llegan a tal extremo, y muchos excursionistas se contentan con recorrer un pequeño trecho del Camino (un indicio de la limitada capacidad de concentración que predomina en el siglo veinte). Si yo tuviera tiempo para un solo tramo, tal vez escogería los 90 kilómetros que van de Nájera a Burgos, un magnífico y típico sector del Camino que va desde una de las más viejas ciudades reales de Navarra hasta la otrora capital de Castilla. El Camino atraviesa una variedad de llanuras y colinas, incluidas las montañas de Oca con sus robledales, y diversas ciudades y aldeas medievales: Santo Domingo de la Calzada, con su catedral del siglo doce; Villafranca de los Montes de Oca, con su hospicio para peregrinos, que tiene 600 años; y Valdefuentes, otrora un escondrijo en la montaña para monjes y bandidos (los monjes dejaron el recordatorio más interesante, el derruido monasterio de San Félix de Oca).

A lo largo del Camino hay opotunidades para observar la flora y fauna de la Meseta septentrional. Por cierto verán ustedes las cigüeñas blancas que anidan en las torres de las iglesias, pero es más difícil avistar algunas de las especies en peligro: el águila imperial, con su envergadura de 2,25 metros y su vasto coto de caza de 27.500 hectáreas; el halcón peregrino, cuyos descensos en picada llegan a 400 kilómetros por hora; y el búho conocido localmente como «búho real» o «gran duque», la más poderosa de las aves de presa europeas. Los pájaros más pequeños también se encuentran cómodos en los ecosistemas de la Meseta septentrional, y también abundan en los jardines de los monasterios que jalonan el Camino. En Silos, John Gooders vio una vez cigüeñas empollando en el campanario y calandrias anidando en los edificios mismos; estorninos y melodiosas aves canoras en los jardines; herreruelo amarillo en los prados del valle cercano, con alcaudones, orioles dorados y verderón en los álamos que crecen allí; urracas de alas azules en las colinas cubiertas de pinares; tordos y trigueros negros sobre la línea de los árboles; y en los peñascos que dominan el valle, buitres, arrejaques alpinos, vencejos y chovas. También encontró el búho real, el chotacabras de cuello rojo y el trepador, «que no deberían estar en esta región de España».

Entre los olivos de Sierra de Peña de Francia, la vida pastoril no ha cambiado en siglos

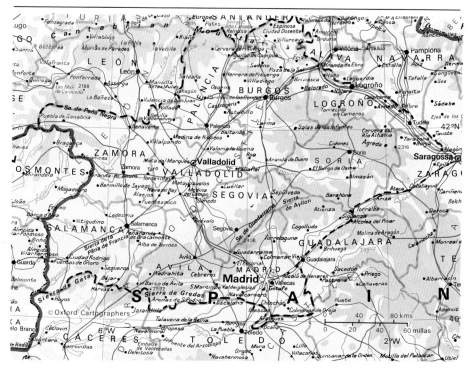

## CÓMO LLEGAR

**Por aire:** Madrid está bien conectada por aire con todas las capitales europeas y otras partes del mundo, además de ser el punto central de la red interna española. No hay otros aeropuertos importantes en la Meseta, ni en el norte ni en el sur, y las ciudades más cercanas adonde llega el servicio interno de Iberia están fuera del perímetro de la meseta: Vitoria, Santander, Oviedo, Valencia y Alicante.

**En automóvil:** La red de autopistas sale de Madrid como los rayos de una rueda, brindando un rápido acceso a la Sierra de Guadarrama, por ejemplo. Pero más lejos de Madrid las rutas nacionales son principalmente autopistas de dos carriles; cuando sea posible, siga las rutas alternativas marcadas en amarillo en los mapas. El mejor modo de viajar por la Meseta es por las rutas secundarias y terciarias que conducen por los lugares más remotos.

**En tren:** Hay excelentes conexiones de RENFE entre Madrid y las ciudades de la Meseta septentrional: 5 trenes diarios a Soria y Castejón; 2 a Logroño; 9 a Aranda de Duero, Burgos, Miranda del Ebro y Vitoria; 10 a Valladolid, Palencia, León y otras estaciones de la línea que va a Astorga y Ponferrada; y 6 a Salamnca y otros puntos al noroeste de Madrid. Los teléfonos de RENFE para reservas en Madrid tienen atención de 9 a 21 todos los días, T: (91) 429 82 28.

**En autobús:** Una compleja red de compañías locales cubre la mayoría de las ciudades, pueblos y aldeas de la Meseta. Para averiguar horarios y otros datos, llame a la Estación de Autobuses, T: (91) 46 84 00.

## CUÁNDO IR

Las temperaturas de Madrid, que está situada en la Meseta Central a 600 metros sobre el nivel del mar, son extremas pero típicas de esta región. Tiene inviernos muy crudos y veranos bochornosos que arrojan una temperatura media anual de 15 ° centígrados.

## DÓNDE DORMIR

Para el hospedaje en la región, consulte cada nota individual. Para una lista detallada de hoteles, póngase en contacto con la oficina de turismo de Madrid o cualquiera de las oficinas regionales enumeradas abajo.

## ACTIVIDADES

**Clubes de montañismo:** Federación Castellana de Montañismo, Apodaca 16, Madrid 4, T: (91) 448 07 24.
**Esquí:** Los principales centros de esquí de la Meseta

septentrional son el Puerto de Navacerrada, Valcotos y Valdesquí, en Madrid; y La Pinilla, en Segovia.

MÁS INFORMACIÓN
**Ávila** (918): Oficina de turismo, Pl. de la Catedral 5, T: 21 13 87. Cruz Roja, T: 22 48 48. Información caminera, San Roque 34-36, T: 22 01 00.
**Burgos** (947): Oficina de turismo, Pl. Alonso Martínez 7, T: 20 16 10. Cruz Roja, T: 21 23 11. Información caminera, Avda. del Cid, 52-54, T: 22 45 00.
**Guadalajara** (911): Oficina de turismo, Travesía de Beládiez 1, T: 22 06 98. Cruz Roja, T: 22 17 88. Información caminera, Cuesta de San Miguel 1, T: 22 30 66.
**León** (987): Oficina de turismo, Pl. de la Regla 3, T: 22 00 18; y C. General Sanjurjo 15, T: 22 77 12.

Cruz Roja, T: 25 25 35. Información caminera, Ordoño II 27, T: 25 02 12.
**Logroño** (941): Oficina de turismo, C. Miguel Villanueva 10, T: 25 54 97, y C. Portales 1, T: 25 60 60.
**Palencia** (988): Oficina de turismo, , C. Mayor 105, T: 72 00 68. Cruz Roja, T: 74 41 46. Información caminera, Avda. de Castilla 23, T: 75 45 00.
**Salamanca** (923): Gran Vía 41, T: 24 37 30. Cruz Roja, T: 21 56 42. Información caminera, La Rúa 20, T: 21 90 03/05.
**Segovia** (911) Oficina de turismo, Pl. Mayor 10, T: 41 16 02; y Pl. de San Facundo 1, T: 41 17 92. Cruz Roja, T: 41 14 30. Información caminera, Alhóndiga 4, T: 41 42 90.
**Soria** (975): Oficina de turismo, Pl. Ramón y Cajal, T: 21 20 52; y C. Alfonso

VIII 1, T: 22 48 55. Cruz Roja, T: 21 26 36. Información caminera, Mosquera de Barnuevo sn, T: 22 12 50.
**Valladolid** (983): Oficina de turismo, , Pl. de Zorrilla 3, T: 45 18 01. Cruz Roja, T: 26 19 82. Información caminera, José Luis Arrese 3, T: 33 91 00/66
**Zamora** (988): Oficina de turismo, C. Santa Clara 20, T: 51 18 45; y Avda. de Italia 25, T: 52 20 20. Cruz Roja, T: 52 33 00. Información caminera, Avda. de Italia 20, T: 52 24 00.

OTRAS LECTURAS
P. Barrett y J. N. Gurgand, *La Aventura del Camino de Santiago* (Vigo, 1982); Eusebio Goicechea Arrondo, *El Camino de Santiago* (Madrid, 1982); Ernest Hemingway, *For Whom the Bell Tolls* (Nueva York, 1940).

# Sierra de Gredos

*Macizo de montañas al oeste de Madrid, uno los mejores reductos de aves de presa en toda España*

**N**o había un verdadero camino, sólo unos hitos de piedra en la cima de las rocas más prominentes. Yo ascendía gradualmente por un ancho valle sembrado de pedrejones que habían caído desde las alturas de los flancos, las toscas superficies cubiertas de liquen en delicados tonos de verde, amarillo y rosado. El cielo estaba despejado, la brisa era agradable y la temperatura perfecta para caminar. Como contrapunto al omnipresente gorjeo de las aves, se olía por doquier la penetrante y dulce fragancia del tomillo y la lavanda; sin duda todo estaba bien en el mundo. Al fin crucé el principal manantial que atravesaba el centro del valle, subí por una empinada cuesta y llegué al alto

risco del sur, mi meta durante esa última hora. A mi izquierda se elevaban los picos de Los Campanarios (2.152 m). Pero de pronto no había nada bajo mis pies salvo un hondo abismo de más de 1.000 m.

Había descubierto el evidente encanto de la Sierra de Gredos, la majestuosa cadena montañosa que atraviesa el centro de España como una muralla titánica. Hasta hace poco, las bellezas del lugar eran un secreto bien guardado, conocido principalmente por cazadores, montañistas y esquiadores. Sin embargo, durante la pasada década —desde la construcción de una autopista hasta un sitio apropiadamente llamado la Plataforma— el centro de la estribación ha quedado abierto a todos los que sean capaces de poner un pie delante del otro. En consecuencia, hay domingos de verano en que la senda que sube a la montaña más alta (Pico Almanzor: 2.590 m) está casi tan atestada como las Ramblas de Barcelona.

El Circo justifica todos los superlativos que se han escrito sobre él, y constituye una de las razones por la cual tantos turistas de fin de semana hacen el viaje. Pero vale la pena señalar que éste es virtualmente el único lugar de la Sierra donde usted encontrará gente en exceso.

Hacia el este, el codo que forma el río Alberche en su camino hacia el Tajo separa a la Sierra de Gredos de la Sierra de Guadarrama; en el oeste, la fisura de Aravalle separa a Gredos de la Sierra de Béjar (a veces considerada la extensión occidental de Gredos). Los picos de la Sierra se vuelven cada vez más altos de este a oeste: Cerro Guisando (1.320 m); El Cabrero (2.188 m); La Mira, 2.348 m); Almanzor (2.592 m). Luego declinan ligeramente antes del abrupto final de la majestuosa Covacha, que se yergue sobre la Sierra de Tormantos a 2.399 m. Como los cursos de latín de segundo año, la Sierra de Gredos se suele dividir en tres partes: el Macizo Oriental, entre la Peña del Cadalso y el Puerto del Pico; el Macizo Central, que incluye el Almanzor, reducto favorito del buitre; y el Macizo Occidental, que comprende las montañas que están al oeste del Puerto de Tornavacas.

Las diferencias más notables, sin embargo, no son entre el este y el oeste sino entre la ladera norte y la ladera sur de la Sierra, que se zambulle abruptamente desde los picos más altos (más de 2.100-2.500 m) hasta los 300 m del valle de Tiétar. El lado norte consiste en colinas que se elevan gradualmente desde los 1.400 m.

Aunque no es una gran altitud, la Cordillera se encuentra en una de las regiones más frías de España, y las temperaturas semejan las de regiones mucho más alpinas. Curio-

La cigüeña negra, al contrario de la blanca, anida en los bosques, lejos de los seres humanos

samente, la ladera norte alberga una flora subalpina, con grandes pinares (especialmente en Hoyos de Espino, Navarredonda, Hoyo Casero y todo el Macizo Oriental), grandes tramos de *Genista purgans* y los ricos prados que una vaca parda suiza instantáneamente reconocería como su hogar, mientras que la ladera sur toma su flora subtropical del Valle del Tiétar y La Vera (la llamada «Andalucía de Avila»), con sus encinas, olivos y cítricos. En la Sierra de Gredos, pues, el botánico de pie firme puede tener lo mejor de ambos mundos.

El Macizo Central comienza en Arenas de San Pedro, la verdadera capital de la Sierra de Gredos, una ciudad que sufrió muchos asedios y cuyo escudo de armas la define como siempre ardiente y siempre fiel. Se yer-

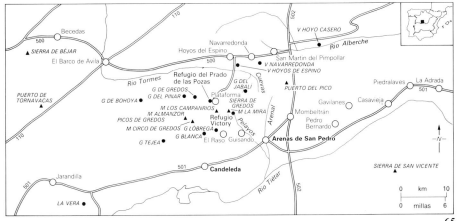

gue en la confluencia de los ríos Arenal y Cuevas, y está rodeada por un inmenso círculo de montañas. En el Macizo Central hay unas 23.000 hectáreas designadas coto nacional, pero la caza está estrictamente controlada y sólo unos pocos animales selectos son escogidos todos los años. Originalmente esto era el Coto Real de Gredos, establecido en 1905 por Alfonso XIII como un modo de impedir la extinción de la cabra montés. Los sucesivos gobiernos han tenido tanto éxito en esta empresa que la población de dichas cabras se estima actualmente en 5.000 ejemplares, y es imposible caminar por la sierra sin ver una de cerca.

A 300 metros sobre La Apretura —un estrecho desfiladero entre el Galayos y el Risco Enebro, donde una alta cascada indica el nacimiento del río Pelayos— se eleva el pico de La Mira (2.343 m). Aquí a menudo vemos cabras con su prole en los altos prados conocidos como «cervunales». Se considera que La Mira es el mejor punto de observación de toda la cadena; la derruida torre de la cumbre es una reliquia de una antigua estación telegráfica óptica que enviaba y recibía mensajes a enormes distancias gracias a su inmenso campo visual.

Se puede disfrutar de esta comarca de muchas maneras que no siempre son excesivamente agotadoras. En todas partes de la Cordillera hay antiguas ciudades y aldeas desde las cuales se pueden emprender breves excursiones hacia los campos circundantes. En el extremo oriental está el Cerro de Guisando (1.303 metros), y el Paso de los Caballos, uno de los más antiguos de España, que conecta Toledo con Valladolid. A poca distancia se yerguen misteriosos toros de piedra que deben haber pertenecido a algún rito celta, los famosos Toros de Guisando. El río Tiétar se eleva hacia el oeste, y uno puede hacer un idílico paseo por las aldeas del valle, alerta a los pájaros cantores que abundan en la zona. Otras aves de la región incluyen la codorniz, el chorlito, el abejaruco, el estornino, el oriol dorado y la urraca de alas azules.

Pero la Sierra de Gredos es ante todo uno de los principales reductos de aves de presa de toda España. Aquí se puede ver a la rara subespecie española del águila imperial, una raza en peligro de extinción, remontándose en sus anchas y chatas alas. Ha desarrollado una corona blanca y un manto que se extiende sobre la parte delantera de las alas, con lo cual la identificación es simple por tratarse de un ave de presa. Habitan las grandes laderas boscosas, aunque a veces sobrevuelan las cumbres tan fácilmente como los buitres.

También abunda en Gredos la igualmente elusiva águila de Bonelli, que anida en riscos y contrafuertes y es casi tan grande como la imperial. También hallamos águilas doradas, de pie corto y con botas, de modo que es posible avistar en un solo día las cinco águilas españolas. El camino que une Avila y Arenas pasando por Puerto del Pico es un buen punto de partida, pero también conviene explorar los valles remotos.

Aparte de las águilas, Gredos tiene milanos negros, azores, chovas y, oculta en los peñascos más remotos, la muy elusiva cigüe-

El río Arbillas nace como un manantial cerca de Arenas de San Pedro, en la zona central de la Sierra de Gredos, luego sigue hacia el sur para unirse al río Tietar

En el Coto Nacional de Gredos, la cabra montés vive a más de 2.000 metros de altura en los peñascos, alimentándose de hierbas y líquenes

ña negra. Abrumadoramente superada en número por su prima blanca, es un ave de bosque que atraviesa el estrecho de Gibraltar para pasar el invierno en al sur del Sahara africano.

Las copiosas lluvias y los templados inviernos de la Sierra de Gredos han creado un espeso manto de bosques de roble pirenaico *(Quercus pyrenaica)* y pino marítimo *(Pinus pinaster),* especialmente en la zona de Arenas de San Pablo.

Una de las más interesantes especies endémicas de la España central occidental es el *Echium lusitanicum ssp polycaulon,* que tiene tallos y hojas suaves y velludas que lo resguardan contra la radiación ultravioleta, y hojas pequeñas color azul claro. Análogamente, el lupino español *(Lupinus hispanicus)* sólo se conoce en Portugal y la España occidental; sus pálidas hojas color crema cobran un tono lila al madurar.

Los ácidos suelos de las graníticas tierras altas albergan una amplia gama de arbus-tos, tales como el *Cistus ladanifer,* el *C. populifolius* y el *C. psilosepalus.* Los arbustos leguminosos incluyen el *Genista florida,* de hojas plateadas, y dos especies de retama, el *Cytisus multiflorus* y el *C. striatus;* el primero con flores con forma de guisante, el segundo con los más característicos capullos amarillos.

En el bosque de pinos escoceses de Hoyocasero se encuentra la pálida raza amarilla de la pulsatila alpina *(Pulsatilla alpina ssp apiifolia).* Luego, dos especies carmesíes de peonías y el menos conspicuo pero muy fragante lirio del valle *(Convallaria majalis)* colorean estos bosques. Sin embargo, este bosque debe su fama a la enorme centaura negra, *Centaurea rhaponticoides,* que florece en verano, con flósculos purpúreos que brotan de un cáliz que parece un hollejo; es una especie originaria. También tenemos aquí el lirio de San Bernardo *(Anthericum liliago),* el lirio martagón *(Lilium martagon)* y el endémico y rosado *Dianthus laricifolius,* que está restringido a la España central.

Otras plantas interesantes de la Sierra de Gredos incluyen la muy localizada compuesta *Hispidella hispanica,* con flores chatas y amarillas de corazón púrpura, y una estrella de Belén *(Ornithogalum concinnum)* más habitual en Portual, así como la aguileña azul y blanca *Aquilegia dichroa,* conocida en las montañas del noroeste de España y Portugal. Dos especies endémicas de la Sierra de Gredos son el dragón de flores claras y amarillas, *Antirrhinum grosii, y la Reseda gredensis,* con pinchos delgados de flores blancas; la segunda planta sólo se ha visto, aparte de aquí, en la Sierra de Estrëla de Portugal, de nuevo en pasturas de montaña. Una de las más atractivas especies aquí halladas es el geranio *Erodium carvifolium,* con flores profundamente carmesíes y dos pétalos más grandes que los otros tres.

La mariposa argos española *(Aricia morronensis navarredondae)* es una raza específica de la Sierra de Gredos. Otras razas españolas incluyen las *ramburi* de la Sierra nevada; las *elsae* de Riaño, al sur de los Picos de Europa; y las *ordesiae* del Valle de Ordesa, en los Pirineos. La localidad propia de Aricia *morronensis morronensis* es la Sierra de Espuña.

El águila culebrera se especializa en la caza de culebras y lagartos

---

## ANTES DE SALIR
**Mapas:** SGE 1:50.000 Nos. 530, 531, 554, 555, 556, 577, 578, 579; IGN 1:200.000 Mapa provincial de Avila; y Sierra de Gredos, Cordillera Central, 1: 40.000 (Editorial Alpina).
**Guías:** C. Enríquez, Gredos, por dentro y por fuera (Madrid, 1981); M. A. Adrados y otros, La Sierra de Gredos (Madrid, 1981); y E. Sánchez, La ruta de Yuste (1981).

## CÓMO LLEGAR
**En automóvil:** La carretera C501 Madrid-Plasencia nos lleva al lado sur del Macizo Central, a Arenas de San Pedro, pasando por el valle de Tiétar. Para entrar en la Cordillera desde el norte, tome la carretera Madrid-Avila, luego la carretera N110 hasta El Barco de Avila o la C502, y vire a la derecha en la intersección con la C500,

hacia El Barco de Avila: este es el camino hacia las aldeas más elevadas de la estribación, así como hacia el parador nacional.
**En tren:** En toda España abundan los servicios ferroviarios que van a Avila. Desde allí, tome un autobús hasta Arenas de San Pedro o El Barco de Avila (véase abajo).
**En autobús:** Un servicio diario conecta Madrid con El Barco de Avila, con paradas en Navarredonda y Navacepeda; tarda 4 horas en llegar a las alturas de la Sierra de Gredos. El autobús parte de la Estación de Autobuses Sur, en Palos de la Frontera, Madrid.

De lunes a viernes, desde Avila, hay un autobús hasta Arenas de San Pedro que tarda 2 horas y media; también uno hasta El Barco de Avila, que tarda poco menos de 3 horas y para en Venta del Obispo y Parador

de Gredos. Otro autobús va desde Avila hasta El Barco pasando por Piedrahita.

## DÓNDE DORMIR
Hay gran variedad de opciones para hospedarse en la Sierra de Gredos, incluidos 2 «paradores», el Parador Nacional de Gredos, 3 estrellas, T: (918) 34 80 48, en Navarredonda de Gredos, y en Jarandilla de la Vera, T: (976) 56 01 17. Sin embargo, muchos hoteles sólo están abiertos en verano. En el valle de Tiétar y en la zona adyacente hay hoteles en La Adrada, Piedralaves, Casavieja, Pedro Bernardo, Mombeltrán, Arenas de San Pedro, Candeleda, Gavilanes y Guisando; y en la ladera norte, en Navarredonda de Gredos, Navacepeda, El Barco de Avila y Hoyos del Espino. Hay 5 hoteles en Gredos, incluido el Colón, T: (923) 40 06 50.

**Vida al aire libre:** Se permite acampar en el coto nacional y en varios campings oficiales: se pueden obtener detalles en la oficina de turismo de Avila.
**Refugios:** A veces están derruidos pero son útiles en caso de apuro. Los mejores están bien cuidados por clubes de montañismo que los patrocinan: el Albergue José Antonio Elola, en la Laguna Grande; propiedad de la Federación Española de Montañismo. Refugio Victory (2.000 m) en La Apretura, al pie de La Mira y Los Galayos. Refugio de La Mira (2.250 m), en el prado de Los Pelaos, 800 metros del pico de La Mira; en malas condiciones. El Refugio-Hermitage de Nuestra Señora de las Nieves, en el Collado Alto, Guijo de Santa Bárbara. El refugio del Prado de las Pozas está en muy malas condiciones. Todos los demás refugios de montaña indicados en los mapas existentes, incluido el Refugio del Rey, en Majasomera, están en ruinas.

La *Hispidella hispanica* florece en las áridas laderas del Gredos

ACTIVIDADES
**Excursiones a pie:** Esta es una bella comarca para caminar, aunque hay relativamente pocos senderos. Al margen de la vieja trocha real construida por Alfonso XIII como senda desde Candeleda hasta el Venteadero a través del Macizo Central, sólo hay veredas marcadas en las Gargantas de Gredos, del Pinar y de Bohoyo, y una recientemente inaugurada por ICONA, que comienza en El Raso (cerca de Candeleda) y lleva por la Garganta de Chilla hasta Portilla Bermeja, debajo de Almanzor.
**Montañismo:** Buen sitio para escalar rocas. Junto a la aldea de Guisando, una senda atraviesa el Nogal del Barranco y asciende hasta La Apretura; aquí el refugio se usa como base para escalar al cercano Galayar, una imponente conjunto de agujas de granito que se elevan desde una base de 300 metros hasta un promedio de más de 2.200 metros. Entre las más atractivas se cuentan la Punta Amezua, la Aguja Negra, el Diedro de la María Luisa, el Risco de la Ventana (que ofrece la mejor vista del Galayar) y el muy dificultoso Torreón.

Candeleda, al sur del Macizo Central, constituye un punto de partida ideal para quienes desean abordar los picos más altos desde la base más baja. Varias sendas conducen desde la aldea hasta las montañas: los puntos de interés incluyen la piscina natural formada por la Garganta de Santa María y una construcción romana, el Puente del Puerto.

Las siguientes organizaciones brindan información detallada sobre muchos otros paseos y excursiones en la región: Federación Castellana de Montañismo, Apodaca 16, Madrid 4, T: (91) 448 07 24; Federación Española de

Montañismo, Alberto Aguilera 3, 4izda. Madrid 15, T: (91) 445 13 82; Real Sociedad Española de Alpinismo Peñalara, Avda. José Antonio 27, Madrid 13, T: (91) 222 87 43.
**Cuevas:** Las cuevas de Aguila están 4 kilómetros al sur de la aldea de Ramacastañas; excursiones guiadas de 10.30 a 18.00.
**Pesca:** Hay excelente pesca de trucha en las aguas que rodean Arenas de San Pedro; se pueden obtener permisos en la oficina de ICONA en Méndez Vigo 6/8, Avila, T: (918) 22 16 86.
**Excursiones a caballo:** Constituyen un modo de ver la Cordillera. Varios establos locales ofrecen excursiones que duran de 4 a 8 horas.

Para solicitar informes y reservas, telefonee al (91) 416 65 92 en Madrid, o al Hostal Almanzor de Navarredonda, T: (918) 34 80 10.

MÁS INFORMACIÓN
**Información turística:** Pl. de la Catedral, Avila, T: (918) 21 13 87. ICONA, Méndez Vigo 6/8, Avila, T: (918) 22 16 86.

# Sierra de Guadarrama

*Una continuación de la Cordillera
Central, al noroeste de Madrid, famosa
por sus bosques, arroyos y aves de
presa*

**G**uadarrama figura en los mapas topo-
gráficos como una suerte de alero sobre
Madrid. Se eleva desde la Meseta Central y
se extiende por Castilla durante 100 kilómetros, desde el Puerto de Somosierra hasta el
pico de San Benito, situado entre los pode-
rosos ríos Tajo y Duero, separando Castilla la Nueva de Castilla la Vieja. En verano, al venir de la bochornosa Meseta, uno
recibe la fresca bocanada de aire alpino de
una estribación montañosa rica en bosques
y aguas de manantial. Aquí Felipe V, el primer monarca Borbón de España, construyó el palacio de verano, cuyos jardines albergan el mayor despliegue de fuentes y
surtidores del mundo, la Granja de San Idelfonso.

En la antigüedad la Sierra era conocida
como Mons Carpetani, centinela y protector
de Madrid, aunque el efecto que tiene sobre el clima de la ciudad dista de ser benéfi-
co. Ráfagas del norte soplan desde las alturas de Guadarrama en invierno, causando
un intenso frío y a veces trayendo nieve,
mientras que en verano el risco intercepta la
humedad acarreada por las corrientes del
Atlántico, manteniendo la ciudad caliente y
seca. Más de una vez se ha comparado Madrid en agosto con un horno de cemento.

Las zonas a las que aún es difícil llegar con
auto están todavía en la edad de oro ecológica. En los picos menos accesibles, con sus
bosques y sus campos cubiertos de tomillo,
rosas y lavanda, predominan los animales
salvajes: corzo, jabalí, zorro, nutria, tejón.
Aun los lobos y las águilas ofrecen su apor-
te al equilibrio ecológico.

La Sierra de Guadarrama se subdivide naturalmente en tres zonas que convergen en
Siete Picos, entre los pasos de Navacerrada
y Fuenfría. La zona occidental comienza en
la Sierra de la Mujer Muerta y se dirige hacia el sudoeste, hacia el Risco San Benito.

70

La Sierra de Guadarrama, con sus extensiones de
hierbas silvestres, se encuentra a 56 kilómetros de
Madrid

La región oriental está formada por Cabezas de Hierro, Cuerda Larga y La Najarra,
y llega hasta el paso de Morcuera. La saliente
nordeste forma un espinazo de 2.000 metros
o más entre el valle de Valsaín, con su río
Eresma, y el valle del río Lozoya. Estos picos boscosos crean una importante cuenca,

res y Guadarrama son tributarios del Tajo, mientras que el Eresma, el Pirón, el Cega y el Duratón, nacidos en el macizo mismo, se unen eventualmente al Duero.

El pico más alto es Peñalara (2.430 m), decorado en la cumbre por un megalito, y el paso más famoso, Navacerrada, enlaza Segovia con Madrid. El aspecto general es menos accidentado que la Sierra de Gredos, pero Guadarrama tiene casi la misma altura. Esta cadena de montañas es célebre por sus aves de presa, entre ellas: buitres, águilas doradas, con botas, de Bonelli e imperiales, azores, milanos rojos y negros y gallinazos.

Hay extensos bosques de pino escocés tanto en la ladera norte como en la sur, con un sotobosque habitualmente conformado por *Genista florida* y otra leguminosa, *Adenocarpus telonensis,* además de junípero y brezo. Abundan pinares con hierbas que se regodean en el microclima más húmedo que hay a la sombra de los árboles, e incluyen tres especies de linaria *(Linaria nivea, L. incarnata, y L. triornithophora),* un zuzón de hojas labradas *(Senecio adonidifolius),* campanillas españolas *(Endymion hispanicus),* juncos, hierbas y los dulzones y esféricos capullos rosados de una valeriana de montaña *(Valeriana tuberosa).* Los suelos secos y ácidos que hay por encima del nivel boscoso constituyen un reducto de la retama pirenaica *(Cytisus purgans).*

No hay aldeas en la Sierra: excepto por los centros de esquí, de reciente construcción, todos los establecimientos humanos están construidos, por buenas razones, en los valles periféricos. Parece que sólo los ere-

mitas y los bandidos podían afrontar las crudezas de Guadarrama, pero por cierto sacaron buen partido de la situación.

Desde luego, muchos de los panoramas más espectaculares de la Sierra se pueden disfrutar sin necesidad de esfuerzo físico. Pero el visitante motorizado de estas colinas perderá el placer duramente ganado por el excursionista que recorre a pie esta escarpada cadena de montañas.

---

ANTES DE SALIR
**Mapas:** SGE 1:50.000 Nos 483, 484, 485, 486, 507, 508, 509, 511, 532 y 533; IGN 1:200.000 Mapas provinciales de Madrid y Segovia; y Sierra de Guadarrama, Mapa montañero 1:50.000 de Cayetano Enríquez de Salamanca.
**Guías:** Guía del Guadarrama (Ministerio de Transportes, Madrid); C. Enríquez de Salamanca, Por la Sierra de Guadarrama (Madrid, 1981); y J. Benítez y M. Cortés, Guadarrama, paraíso olvidado (Madrid, 1984).

CÓMO LLEGAR
**En automóvil:** La ladera sur del Guadarrama está a 50 kilómetros de Madrid, y desde allí hay 2 autopistas principales: A6 Madrid-León, virar al nortee en la N601, hacia Navacerrada; y C607, que se dirige al norte desde Madrid antes de virar al oeste, hacia Navacerrada. La segunda también brinda acceso a Manzanares el Real y Miraflores de la Sierra, luego a Rascafría a través del Puerto de la Morcuera. Desde Segovia se puede llegar al corazón de la Sierra por la N601, que sigue el valle de Valsaín hasta el Puerto de Navacerrada.

**En tren:** Cercedilla, la aldea que está al pie del paso de Navacerrada y los Siete Picos, es una parada de la línea Madrid-Segovia. Desde allí, un funicular asciende hasta una parada en Navacerrada; es un hermoso viaje en tren.

DÓNDE DORMIR
Sólo el centro de esquí de Navacerrada ofrece hospedaje: la Venta Arias, 3 estrellas, T: (91) 852 11 00, y el Hotel Pasadoiro, 1 estrella, T: (91) 856 02 97; están

abiertos todo el año. Las cercanas aldeas de Navacerrada y Guadarrama ofrecen sin embargo una amplia variedad en materia de alojameinto. También hay hoteles en Guadarrama, Rascafría, Buitrago de Lozoya y Cercedilla.
**Vida al aire libre:** Hay un camping fuera de Segovia, en el camino a La Granja.
**Refugios:** Hay una serie de refugios desperdigados en toda la Sierra: Albergue del Club Alpino Español, a. de la R.S.E.A. Peñalara, A. del

El águila imperial construye su gran nido en árboles altos y aislados

Club Alpino Guadarrama, A. «Dos Castillas», A. «Cumbres» y Residencia José Antonio. Todos están cerca de Navacerrada, a unos 1.800 metros de altura. El Albergue Coppel está situado en el Puerto de Cotos, el Refugio Zabala (2.100 metros) cerca de la Laguna de Peñalara, el Refugio de Navafría en el Puerto de Navafría, y el Refugio Diego de Ordás en el Valdesquí.

## ACTIVIDADES

**Excursiones a pie/escaladas:** El Valle de la Acebada, con sus arroyos y pinares, ofrece hermosos paseos. El camino que bordea la Sierra de Guadarrama va desde Cercedilla hasta Estación del Pinar sobre 5 cumbres altas, ofreciendo panoramas asombrosos. Con una tardanza de 9 horas, ida solamente, uno puede llegar a la estación ferroviaria de la línea Segovia-Madrid.
**Pesca:** El río Angostura es bien conocido por las truchas. Solicite información detallada sobre permisos de pesca, etc. a la oficina de turismo de Madrid.
**Sendas históricas:** El antiguo camino que va desde Miraflores de la Sierra, en la ladera sur, hasta el Monasterio El Paular, en el valle, es un paseo de 5 horas recorrido durante siglos por los monjes cartujos para quienes Juan I construyó la primera cartuja de España. El monasterio estuvo en ruinas durante casi 2 siglos pero ahora lo han restaurado como parador nacional; allí puede usted tomar jerez con galletas en el patio después de llegar, con los pies doloridos pero con olor a flores silvestres, desde el Puerto de la Morcuera, a 1.800 metros.
Otra ruta histórica cruza el paso de Malagosto (o Reventón), que en la Edad Media constituía la principal avenida de comunicación entre las dos Castillas, Castilla la Nueva y Castilla la Vieja.

## MÁS INFORMACIÓN
**Información turística:** C. Floridablanca, El Escorial, T: (91) 896 07 09; pl. Mayor, Segovia, T: (911) 43 03 28; Torre de Madrid, Pl. de España, Madrid, T: (91) 241 23 25. ICONA, Pl. de Guevara 1, Segovia, T: (911) 41 25 95]; y General Sanjurjo 47, Madrid 1, T: (91) 442 05 00.

# La Cuenca Alta del Manzanares

*Parque natural (4.000 hectáreas)*

La Cuenca Alta del Manzarares contiene una asombrosa estribación de montañas de piedra caliza: la erosión las ha esculpido hasta infundirles una notable variedad de formas abstractas. Si el parque estuviera situado en el corazón de la España rural, se lo consideraría tal vez una maravilla geológica —y lo es— pero como el Pedriza del Manzanares (su nombre más conocido) está a sólo 50 kilómetros de Madrid, se ha convertido en una popular zona de excursiones para los madrileños, que no parecen advertir que no se trata de una mera cadena de montañas.

Limitado por la Sierra de los Porrones, el pico La Maliciosa y la estribación Cuerda Larga, el parque natural se divide en 2 zonas: el Pedriza Anterior y el Circo Posterior, separados por las colinas conocidas como el Collado de la Dehesilla y la Hoya Calderón. La vegetación es rala y algunas zonas se podrían usar como trasfondo para un filme sobre la vida en la Luna. En las laderas bajas crecen encinas y encinas enanas; en las zonas altas, enebro, acebo, y los pinos recién plantados por el servicio forestal, especialmente en la Sierra de los Porrones y las Cabezas de Hierro.

Pero las rocas desnudas son más fascinantes que la flora y la fauna. El Yelmo, por ejemplo, es una masa desnuda de piedra caliza pulida con forma de yelmo o de coronilla calva, que se eleva a 150 metros; en un día claro se puede ver desde los suburbios del norte de Madrid. Hay una rugosa escarpa conocida como Las Buitreras, cuyas cuevas y fisuras altas están blanqueadas por el guano de las muchas parejas de buitres que anidan allí. El macizo entero está lleno de rajaduras, cavidades y cuevas, con pedrejones que parecen a punto de precipitarse al abismo en cualquier momento, y «estatuas» de piedra caliza que semejan el Balzac de Rodin o aun los heroicos abrazos de Gustav Vigeland.

El río Manzanares serpea por los valles adyacentes, alegremente inconsciente de haber creado una de las grandes galerías de arte al aire libre del mundo. Recibe ayuda de tributarios tales como el Garganta, el Cuervo, el Majadilla y el Hoya Calderón. Una vez que el Manzanares se une a todas estas aguas, entra en la Garganta de la Camorza, deja atrás la Peña Sacra, atraviesa la aldea de Manzanares y forma un lago artificial en el Embalse de Santillana.

Muchos senderos empinados suben por las rocas desde el Arroyo de la Dehesilla, y si seguimos alguno de ellos hasta las alturas de La Pedriza encontramos docenas de formaciones rocosas de extraña configuración. A veces las rocas caídas bloquean el camino, y ocasionalmente hay que sortear zarzales, pero también encontramos pequeños prados; en primavera están cubiertos de flores silvestres tales como iris y narcisos.

**Antes de salir** *Mapas:* SGE 1:50.000 Nos. 508 y 509; IGN 1:200.000 Mapa provincial de Madrid.

**Cómo llegar.** *En automóvil:* El modo más simple de llegar hasta allí desde Madrid consiste en tomar la carretera del Colmenar Viejo y continuar hasta Manzanares; 1 kilómetro después de la aldea, un camino conduce al puesto de control de las puertas de La Pedriza.

*En autobús:* Hay un servicio regular desde Madrid hasta la aldea, pero no hay transporte público hasta las puertas del parque.

**Dónde dormir:** Hay 1 hotel en Manzanares el Real —El Tranco, T: (91) 853 00 63— y una vieja ermita en la Peña Sacra.

**Vida al aire libre:** Se permite sólo en la zona de camping cercana al Embalse de Santillana.

**Refugios:** Hay un pequeño refugio dentro del parque, más allá del Canto Cochino.

**Actividades** *Excursiones a pie/escaladas:* Hasta hace poco era muy difícil llegar al corazón de La Pedriza; el único acceso era un camino sin pavimentar que sigue el río Manzanares y sube hasta la ermita del Peña Sacra, y una senda que atraviesa la Garganta Carmoza hasta la Pradera de los Lobos y Canto Cochino. En la actualidad se puede llegar al Canto Cochino en pocos minutos, gracias al camino pavimentado que atraviesa el Collado de Quebrantaherraduras. En el otro lado de este establecimiento hay sendas

que conducen más allá de la civilización, hasta el Peña Siro, los imponentes picos de El Pájaro, Las Buitreras y El Cocodrilo; a lo lejos se yergue la cumbre de Las Torres.

Solicite información a la Real Sociedad Española de Alpinismo Peñalara, Avda. José Antonio 27, Madrid 13, T: (91) 222 87 43.

**Más información:** Evite visitar el parque en fines de semana y días de fiesta, cuando la cantidad de admisiones está limitada por los guardianes del parque.

## Sierra de Ayllón

*Se encuentra 30 kilómetros al sur de Ayllón, y comprende el parque natural del Hayedo de Tejera Negra*

La Sierra de Ayllón comienza muy al sur de la ciudad medieval amurallada de ese nombre, que es uno de los lugares históricos de la provincia de Segovia. Buena parte de la Sierra se encuentra, en realidad, en la provincia de Guadalajara, y grandes extensiones de la Sierra pertenecieron a los señores feudales de Ayllón, 30 kilómetros al norte.

Tal vez la base más conveniente para explorar esta Sierra medio olvidada y no contaminada sea la aldea de Galve de Sorbe, una somnolienta comunidad de pastores y granjeros en el extremo oriental de la Sierra de Ayllón. La aldea y su ruinoso castillo pertenecen a Guadalajara, y también a otro mundo. Arquitectónicamente hablando, todavía está en la Edad Media, y la vida

continúa como antes de la era de las máquinas.

Uno puede caminar durante kilómetros en la campiña abierta, a través de praderas en flor y de bosques que ascienden por las colinas vecinas. Éstas son bajas, y el punto más alto es el Pico de Ocejón (2.056 m).

Desde el punto de vista del naturalista, la parte más importante de la Sierra es el Hayedo de Tejera Negra, un parque natural constituido por un bosque de hayas de 1.391 hectáreas. El parque pertenece al ayuntamiento de Cantalojas e incluye partes del valle del río Sorbe y el valle del río Lillas. Su límite norte es el Pico de la Buitrera, que se eleva a 2.000 metros sobre el nivel del mar. Las hayas, sin embargo, se restringen a las laderas más frescas y húmedas de la Sierra, entre los 1.300 y los 1.800 metros. En otras partes de la misma estribación hay otros bosques importantes: el Hayedo de Puerto de la Quesera y el Hayedo de Montejo.

**Antes de salir** *Mapas:* SGE 1:50.000 Nos.432 y 459; IGN 1:200.000 Mapas provinciales de Segovia y Guadalajara.

*Guías:* Miguel Angel López Miguel, Guía del Macizo de Ayllón (Madrid, 1982).

**Cómo llegar** *En automóvil:* Cantalojas, la aldea más cercana al Hayedo de Tejera Negra, está al sur de la carretera C114.

Dentro del parque, un camino sin pavimentar lleva desde Cantalojas al parque natural, a 12 kilómetros de la villa, aunque puede ser intransitable después de grandes precipitaciones de lluvia o nieve.

*En autobús:* Hay un servicio diario a Guadalajara y Madrid; el autobús para en cada aldea.

**Dónde dormir:** Hay 2 hoteles cerca del parque: en Cantalojas, el Hayedo de

La Sierra de la Demanda se eleva sobre el valle del majestuoso río Najerilla, en la región vinera de La Rioja

Tejera Negra, T: (911) 30 30 28; y en Galve de Sorbe (10 kilómetros al este), Nuestra Señora del Pinar, T: (911) 30 30 24. **Más información** *Información turística:* Guadalajara, T (911) 22 19 00; Ayuntamiento, Cantalojas, T: (911) 30 30 78. ICONA, C. Marqués Villaverde 2, Guadalajara, T: (911) 22 33 04.

De noche las puertas del parque se cierran con llave.

# Sierra de la Demanda

*Una estribación montañosa que corre de este a oeste con picos de hasta 2.000 metros*

La Rioja tiene el mejor vino y algunos de los lugares más mágicos de España. Viajando hacia el sur desde Nájera, donde una iglesia con cripta propia conserva los restos de algunos reyes medievales de Navarra, me detuve para ver otra cripta histórica, en una ladera del Cerro de San Lorenzo, donde San Millán de la Congolla, el santo del siglo sexto, pasó 40 años rezando y obrando milagros. Su cripta, conocida como el Monasterio de Suso, conserva su sarcófago vacío, los huesos secos de algunos monjes, y una hilera de magníficas arcadas moriscas.

Un poco más allá, las ondulantes colinas cubiertas de viñas y trigo se detienen de pronto, y una hilera de picos mil metros más altos que las colinas se yergue bloqueando el camino. Es la Sierra de la Demanda, cuyas montañas de 2.000 metros son tan imponentes como inesperadas. Uno atraviesa 2 aldeas que se aferran a las laderas de los picos más sobresalientes de la estribación, y la carretera se sumerge en un umbrío bosque de abedules, hayas, álamos y pinos. Durante 15 kilómetros no se encuentra un alma en este camino, dominado por la montaña Pancrudos; la senda conduce al más importante hayedo de la provincia de La Rioja. Si uno quiere alejarse de todo, difícilmente hallará un sitio más agreste y menos habitado en la Península Ibérica.

La Sierra de la Demanda corre de este a oeste: San Lorenzo (2.265 m) es el pico más alto de La Rioja, y San Millán (2.131 m) es la montaña más alta en la vecina provincia de Burgos. Es una cadena muy antigua —más de 500 millones de años— y por ello los picos son más redondeados que de costumbre.

Es una región ideal para las excursiones apacibles y para vagar de aldea en aldea a través de bosques ininterrumpidos. Hacia el este los árboles ralean y son reemplazados por matorrales, pero aun allí se encuentran muchos puntos de interés para el naturalista. El camino que bordea el río Najerilla hacia Anguiano, por ejemplo, es una maraña de arbustos de hojas anchas sobre los esquistos de la Sierra. Las flores de franjas lilas de la linaria pálida *(Linaria repens)* semejan cabecitas de conejo, aunque los tallos que las sostienen pueden alcanzar hasta un metro de altura. El clavel lusitano *(Dianthus lusitanus)* forma cojines verdes y rosados bajo los matorrales de Genista florida, tachonados de flores plateadas y amarillas.

En Enciso, más allá del extremo oriental de la Reserva de Cameros, se pueden seguir las huellas de los dinosaurios: la llamada Ruta de los Dinosaurios exhibe una serie de rastros de hace 130 millones de años.

**Antes de salir:** *Mapas:* SGE 1:50.000 Nos.200, 201 y 239; SGE 1:150.000 Mapa provincial de La Rioja; SGE 1:200.000 Mapa provincial de Burgos; e IGN 1:50.000 Nos. 202, 240 y 277.

*Guías:* Leopoldo Valdivielso Gómez, Las Sierras de la Demanda y de Neila (Federación Española de Montañismo, Madrid, 1982).

**Cómo llegar** *En automóvil:* Hay 2 carreteras que atraviesan la Sierra de la Demanda de norte a sur. Desde la N120 (Logroño-Burgos) se puede virar hacia el sur en Nájera, por la C113, que sigue el valle del Najerilla hasta Tierra de Cameros, o virar en la N120 en Santo Domingo de la Calzada, y seguir una carretera secundaria por el valle del río Oja hasta Ezcaray y el pico de San Lorenzo, que se encuentra en el corazón de la Sierra. Otra posibilidad es la carretera Logroño-Soria, que conduce a Sierra de Cameros a través del valle de Iregua. *En autobús:* Un servicio regular conecta Logroño con todas las aldeas de la región. Para solicitar información sobre el Valle del Iregua, telefonee al (941) 23 71 68; para Valle del Oja, incluidos Ezcaray y San Lorenzo, T: (941) 24 35 72 y 22 70 45; para San Juan Millán, T: (941) 22 42 78; para Valle del Leza, T: (941) 23 81 49 y 22 26 53.

**Dónde dormir:** Santo Domingo de la Calzada tiene un parador nacional de 3 estrellas, T: (941) 34 03 00. En Excaray hay un hotel y 4 hostales. El Monasterio de Valvanera, cerca de Anguiano, ofrece hospedaje en su Hostal Abadía de Valvanera, 2 estrellas, T: (941) 37 70 44.

**Actividades** *Excursiones a pie:* La Sierra de la Demanda es una zona muy bonita con muchos paseos, y los hay desde muy livianos hasta muy agotadores. Solicite información en las oficinas de turismo de Burgos o Logroño. **Más información** *Información turística:* Pl. de Alonso Martínez 7, Burgos, T: (947) 20 18 46; Miguel Villanueve 10, Logroño (941) 25 54 97. ICONA, Belchite 2-1, Logroño, T: (941) 23 66 00.

# Sierra de Peña de Francia

*El aislado extremo occidental de la Cordillera Central, que se extiende hacia el este, desde Béjar hasta Ciudad Rodrigo*

**E**stas montañas «de Francia» constituyen el segmento más occidental del sistema central español (las otras cuatro partes son Ayllón, Guadarrama, Gredos y Béjar). Portugal se encuentra a 50 kilómetros al oeste, Francia 600 kilómetros al nordeste. Se llaman Sierra de Peña de Francia porque en el siglo once, después de la reconquista cristiana, fueron repobladas con colonos franceses. Esta tenue conexión francesa está evocada en nombres como río Francia, Soto de Francia y Peña de Francia.

La Sierra de Peña de Francia es un paraje poco recorrido: el desarrollo agrícola tardó en llegar a este oscuro rincón de España, y durante siglos siguió siendo una aislada y misteriosa región de bosques impenetrables y pequeñas aldeas campesinas. Sin embargo, hoy ofrece una extraordinaria mezcla de naturaleza y folclore: vastas reservas forestales, pasturas de montaña, aldeas con casas medievales parcialmente hechas con madera, asentamientos de la Edad de Piedra decorados con pinturas rupestres, y reservas de caza donde abundan el ciervo, el jabalí y los animales pequeños.

Entre Salamanca y el corazón de la Sierra se eleva una cadena externa de montañas, la más alta de las cuales es el Pico Cervero (1.463 m). Aquí las praderas y los picos alternan con densos bosques como el de La Honfría, en el municipio de Linares de Ríofrío, que está atravesado sólo por senderos y una carretera sin pavimentar. En la ladera sur el sotobosque es tan tupido que los bosques de Las Quilanas son casi intransitables; son magníficos ejemplos de vegetación ibérica en estado natural casi puro. Esta es la divisoria del río Quilana, que desemboca en el Alagón, uno de los muchos ríos de esta región que son tributarios del Tajo.

La Peña de Francia (1.723 m) es el pico más alto de la Sierra, y se eleva sobre los demás como una pirámide gigante que brinda magníficas vistas en todas las direcciones.

Buena parte del pico es granito desnudo, y aquí y allá brota un narciso muy amarillo *(Narcissus rupicola),* pero las laderas más bajas están cubiertas por los bosques de roble, álamo y helecho que son característicos de la zona. Los valles circundantes se alfombran con flores amarillas y rojas a fines de primavera. Más allá de la memorable aldea

El lince español caza en el crepúsculo, emboscándose para sorprender a sus presas, principalmente conejos

medieval de La Alberca comienza el valle de Las Batuecas, una reserva nacional de 20.976 hectáreas. En 1599 unas monjas carmelitas escogieron este sitio remoto para un convento. Hoy ese antiguo retiro, San José de Batuecas, es una hermita de monjes carmelitas que no admiten visitantes. Se dice que hay 18 hermitas desperdigadas en las montañas, y 24 en el valle, pero todas las que llegué a ver estaban en ruinas. Hay lobos y linces en la hondura de la reserva, así como corzos y jabalíes, águilas imperiales y buitres negros.

ANTES DE SALIR
**Mapas:** SGE 1:50.000 Nos. 526, 527, 551 y 552; e IGN 1:200.000 Mapa provincial de Salamanca.
**Guías:** J. M. Cervantes, La Alberca, monumento nacional (1981); L. González, La Casa Albercana (Salamanca, 1982).

CÓMO LLEGAR
**En automóvil:** Desde el norte, coja la carretera N260, Salamanca-Ciudad Rodrigo, y vire al sur en la C525 en dirección de Tamames, la primera aldea de la Sierra. Desde el este, desde Béjar, coja la carretera C515 hasta San Esteban de la Sierra y Sequeros, y así llegará al centro de la Sierra; puede virar en la C512 hacia Linares de Ríofrío, en el nordeste.
**En autobús:** En los fines de semana, un autobús diario conecta Salamanca con La Alberca; el viaje dura 1 hora y media. Solicite información a la Estación de Autobuses, Avda. Filiberto Villalobos 79, en Salamanca.

DÓNDE DORMIR
En la Alberca, el hotel Las Batuecas, 2 estrellas, T: (923) 43 70 09, y el París, 1 estrella, T: (923) 43 70 56. En Cepeda, el San Marcos, T: (923) 43 22 32; en Miranda del Castañar, el Condado de Mirando, T: (923) 43 20 26; y en Sequeros, el Los Alamos, T: (923) 43 75 22.
MÁS INFORMACIÓN
**Información turística:** Arco de las Amayuelas 6, Ciudad Rodrigo, T: (923) 46 05 61; en Béjar, Pl. Mayor.

# Camino de Satiago

Matas de retama realzan esta fortaleza de roca en el valle de Las Batuecas

*La ruta de los peregrinos medievales serpentea a lo largo de los límites septentrionales de la Meseta hasta Santiago de Compostela, en Galicia*

Hay unos 800 kilómetros desde Roncesvalles, en los Pirineos, hasta Santiago de Compostela, en la distante Galicia. En la Edad Media era una de las grandes rutas de peregrinación, y muchos la recorrían a pie, los más piadosos de rodillas. Durante siglos hubo milagros y apariciones en cada recodo de Camino de Santiago; uno se topaba con ángeles, mendigos, reyes y buscadores

de prestigio: el rey Eduardo I Plantagenet a caballo, san Francisco de Asís caminando descalzo, y cierto marino flamenco que, según la fama, viajaba llevando una sirena en una bañera.

En la actualidad no encontramos muchos peregrinos a la usanza antigua en el Camino de Santiago, pero más de medio millón de personas recorren esa ruta cada año. Y sigue siendo uno de los viajes más bellos de Europa. El milagro es que haya habido tan pocos cambios desde la Edad Media y que todavía podamos recorrer largos trechos en caminos sin pavimentar que atraviesan campos y bosques, u ocasionalmente en tramos pavimentados construidos por los romanos para facilitar el desplazamiento de sus legiones por la ilimitada expansión de su colonia ibérica. El camino entra en España desde Francia por los altos Pirineos, y zigzaguea por una campiña inolvidable hasta el borde occidental del continente. Según las viejas crónicas, aquí se descubrieron los huesos del apóstol Santiago a principios del siglo nueve. Los halló un obispo local que se asombró al ver la luz brillante que irradiaba el suelo y una estrella que señalaba el sitio donde estaba sepultado el santo.

Cuando el paradero del santo se conoció en el resto de Europa, miles de devotos peregrinos convergieron en la catedral que se construyó sobre su tumba; después de Roma, el lugar más sacro de la Europa medieval. Era un sitio tan sagrado que estaba «honrado por incesantes milagros, y con multitud de palmatorias del Cielo que arden día y noche, y divinos ángeles que sirven sin descanso». A principios del siglo once, un progresista rey de Navarra construyó una nueva carretera desde la frontera francesa:

Muchos valles de la Sierra de la Demanda presentan bosques mixtos, y los más bonitos crecen en la Reserva de Cameros

desde Roncesvàlles hasta Pamplona, Logroño, Burgos, León y puntos del oeste. Varias órdenes monásticas rivales, sobre todo los benedictinos de Cluny, establecieron hospicios y prioratos a lo largo de esta «ruta francesa». Algunos de los hospicios más eficaces tenían instalaciones para mil huéspedes, y el tránsito a lo largo del Camino alcanzó proporciones realmente notables, especialmente durante el verano, cuando la temporada de peregrinación alcanzaba su pico y el camino estaba atestado de gentes devotas (y, por cierto, de gentes ávidas de sensacionalismo).

Guiados por sus duques y obispos, venían desde Francia, Gran Bretaña, Alemania, Italia, los Países Bajos y los Balcanes. Inevitablemente, había muchos que no tenían «oficio ni profesión», y se los acusó de llevar la sífilis a Santiago. Pero, a pesar de los muchos riesgos, el viaje se consideraba imperativo. Como dice Dante en La Vita Nuova, «no es peregrino quien no viaja hasta la tumba de Santiago y regresa».

En los 60 recorrí todo el camino, en parte en coche y con frecuencia a pie, y quedé encantado por este modo lento e intenso de conocer el tercio norte de la Península Ibérica. Viajé con un grabador portátil, registrando vestigios de la música tradicional de esta comarca increíblemente musical. Bolsones de música antigua habían sobrevivido a lo largo de los tramos más remotos, y tuve la suerte de oír a campesinos que cantaban las viejas canciones de siega y trilla. Un granjero setentón castellano cantó una vieja canción de cosecha que debía de ser nueva en tiempos de Colón. «La tierra es pobre y la cosecha es mala y no tenemos por qué cantar», se quejaba su hija, pero el padre seguía cantando, una interminable salmodia sobre marineros y reyes y nuestra igualdad en la tumba.

El Camino de hoy atraviesa muchos centros urbanos importantes, pero buena parte del paisaje abierto es absolutamente magnífico.

El Camino desciende desde las colinas de Navarra para cruzar las llanuras de Castilla-León, enfrenta la comarca ondulante de Galicia antes de entrar en la ciudad de Santiago, una ciudad renacentista con calles que van de pared a pared y una catedral del siglo doce con una fachada barroca. Esos notables contrastes son comunes a lo largo de la ruta de los peregrinos.

La ruta de los peregrinos combina atisbos de un extinguido modo medieval de vida con largos paseos al aire libre. La ruta misma no es fija y ofrece muchas posibilidades y desvíos, tales como el del monasterio de Santo Domingo de Silos, que nos lleva unos 50 kilómetros al sur del Camino «estándar». Como manera de descubrir el pulso de esta tierra asombrosa, no hay nada mejor que recorrer a pie al menos un tramo de la ruta de los peregrinos, el histórico Camino de Santiago.

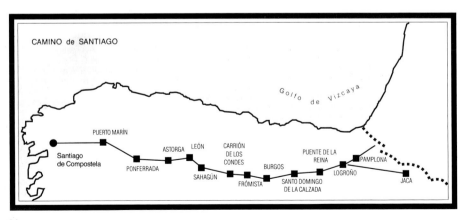

## ANTES DE SALIR

**Mapas:** Ministerio de Obras Públicas y Urbanismo: España, Mapa Oficial de Carreteras, 1:400.000; y Firestone España/Portugal 1:1.1000.000.

**Guías:** P. Barret y J. N. Gurgand, *La aventura del Camino de Santiago* (Vigo, 1982); Eusebio Goicoechea Arrondo, *El Camino de Santiago* (Madrid, 1982); Walter Starkie, *The Road to Santiago:* Pilgrims of St James (Londres, 1957); y (Codex Calixtinus) *Ruta de Santiago,* con notas de Enrique Barco Teruel y dibujos de Juan Commerleran (Barcelona, 1965).

## CÓMO LLEGAR

Tradicionalmente había 4 puntos de partida principales en Francia para el Camino de Santiago: París, Vezelay, Le Puy y Arles. Los peregrinos de las 3 ciudades del norte entraban en España por Roncesvalles; los de Arles atravesaban Toulouse, Auch y Oloron; entraban en España por el paso de Somport y Canfranc; bajaban por los Pirineos hasta Jaca; y llegaban a la ruta principal del Camino en Puente la Reina, 24 kilómetros al oeste de Pamplona, la primera ciudad importante de la ruta del norte. Los otros puntos principales del Camino eran Logroño, Santo Domingo de la Calzada, Burgos, Frómista, Carrión de los Condes, Cahagún, León, Astorga, Ponferrada, Puerto Marín y, por último, Santiago de Compostela.

**Por aire:** Los peregrinos modernos pueden, desde luego, volar directamente a Santiago, que es el aeropuerto más occidental de la red peninsular de Iberia, o pueden comenzar a caminar desde cualquiera de ambos extremos del Camino. Se puede recorrer en ambas direcciones, aunque por cierto el sentido histórico se pierde si uno empieza en el lugar de destino.

**Por mar:** Los ferries de Santander ofrecen un cómodo ingreso en el Camino; Santander está a 156 kilómetros de Burgos.

**En automóvil:** Todavía podemos conducir por las antiguas rutas que vienen desde Francia, usando los pasos de Roncesvalles o Somport para cruzar. Todas las ciudades y aldeas del Camino tienen señales camineras e históricas que indican la ruta hacia los monumentos importantes asociados con su historia; esta es la única ruta de España donde es imposible perderse.

**En tren:** La red ferroviara de RENFE se cruza con el Camino en diversos puntos. Desde Madrid, 4 trenes diarios (3 de Chamartín, 1 de la estación Atocha) van a Navarra: 2 a Pamplona, 2 a Logroño; hay 9 trenes diarios desde Madrid (Chamartín) a Burgos. Y de la estación P. Pío, Madrid, 2 trenes rápidos parten diariamente hacia Santiago de Compostela.

**En autobús:** Varioos autobuses públicos y privados conectan las principales ciudades del Camino, así que se puede recorrer la ruta entera cambiando de autobús, deteniéndose en pueblos pequeños y aldeas, así como en puntos terminales tales como Logroño, Burgos o León. Las agencias de viajes de Madrid y Barcelona también ofrecen excursiones conjuntas y/o autobuses de peregrinación que recorren parte del Camino de Santiago.

## DÓNDE DORMIR

Abunda el hospedaje a lo largo del Camino; solicite listas a la oficina de turismo pertinente (véase abajo). Pamplona tiene 6 hoteles, 9 hostales y 4 pensiones; Burgos tiene por lo menos el doble de esa cantidad. Logroño también está bien provista, mientras que la cercana Santo Domingo de la Calzada tiene un parador nacional, T: (941) 34 03 00, y 2 hostales. En Fromista hay una pensión y un hostal; en Carrión de los Condes hay 3 pensiones.

Sahagún, en Castilla-León, tiene 2 hostales —al igual que Astorga y Ponferrada— además de varios hoteles, mientras que León, con su San Marcos Hotel, 5 estrellas, sus hostales y pensiones, ofrece una amplia gama de opciones. En Puerto Marín hay un parador nacional. T: (982) 54 50 25. Por último, Santiago ofrece una amplia variedad de hospedaje para todos los bolsillos.

## MÁS INFORMACIÓN

**Burgos:** Paseo del Espolón 1, T: (947) 20 18 46.
**Canfranc:** Avda. de Fernando el Católico 3, T: (974) 37 31 41.
**La Coruña:** Dársena de la Marina, T: (981) 22 18 22.
**Irún:** Estación del Norte, T: (943) 61 15 24; y Puente de Santiago, T: (943) 61 22 22.
**Jaca:** Pl. de Calvo Sotelo, T: (974) 36 00 98.
**León:** Pl. de la Catedral, T: (987) 21 10 83.
**Logroño:** Miguel Villanueva 10 (centro comercial), T: (941) 21 54 97.
**Lugo:** Pl. de España 27, T: (982) 21 13 61.
**Oviedo:** Cabo Novál 5, T: (985) 21 33 85.
**Pamplona:** Duque de Ahumada 3, T: (948) 21 12 87.
**Port-Bou:** Estación Internacional, T: (972) 25 00 81.
**Sangüesa:** Mercado 2, T: (948) 87 03 39.
**Santiago de Compostela:** Rúa del Villar 43, T: (981) 58 11 32. Tuy: Aduana, T: (986) 252.
Viana: abril-setiembre, T: (988) 64 51 02.

# CAPÍTULO 4

# El sur de la Meseta

'**A**sí quiso, como buen caballero, añadir al suyo el nombre de la suya [su patria] y llamarse don Quijote de la Mancha.»

Las aventuras de don Quijote encierran el mismo significado simbólico para la Meseta meridional que el Camino de Santiago para la septentrional. La Mancha —originalmente: Al Mansha, «la tierra seca» o «el páramo»— era el nombre morisco de esa llanura vasta y calcinada que se extiende desde las montañas de Toledo hasta la Sierra Morena. Los mapas modernos la señalan como una franja de territorio al sur de Madrid y al este de Ciudad Real. Históricamente nunca fue una provincia ni una unidad territorial formal, pero la nueva constitución española ha unido las cinco provincias de Cuenca, Ciudad Real, Toledo, Guadalajara y Albacete bajo la designación de región autónoma de Castilla-La Mancha, y éste es el principal componente administrativo de la gran región topográfica conocida como Meseta sur.

Cervantes escogió La Mancha como ámbito de su obra maestra no sólo porque la conocía muy bien sino porque entonces era una retrógrada zona campesina cuyo solo nombre bastaba para hacer sonreír irónicamente a sus cultos lectores urbanos. Pero en el siglo veinte La Mancha no es lo que era en el siglo diecisiete, pues el páramo se ha convertido en una de las grandes regiones trigueras y viñateras de España, aunque apenas hay centros urbanos salvo algunas aldeas y un puñado de pueblos. Aunque la autopista sur que sale de Ma-

Las llanuras de La Mancha se extienden hasta el horizonte más allá de estos olivos, en la chata Meseta sur

drid atraviesa La Mancha, los turistas rara vez se detienen aquí cuando atraviesan la patria de don Quijote dirigiéndose a Jaén de Andalucía.

Huelga decir que el auténtico manchego no cambiaría ese paisaje monótono por todos los jardines colgantes de Granada. Pero como bien saben los lectores de Cervantes, la tierra no es invariablemente plana. Aquí y allá algunas colinas interrumpen la chatura de la Meseta, a veces coronadas por los famosos molinos que don Quijote confundió con gigantes. Sin embargo, rara vez atrae a visitantes que no sean literatos.

Los molinos de La Mancha no constituyen una parte antigua e inmutable del paisaje. Los primeros molinos se introdujeron en España desde los Países Bajos alrededor de 1570, unos veinte años antes de que Cervantes se pusiera a escribir el libro, y representaban un gran adelanto para la tecnología española. Cuando don Quijote embistió los molinos, pues, batallaba contra la amenaza de la máquina.

De los cientos de molinos construidos en La Mancha durante los siglos dieciséis y diecisiete, sólo existen un puñado, la mayoría cerca de Campo de Criptana, donde presuntamente ocurrió la imaginaria batalla de don Quijote. Desde que dejaron de girar a fines del siglo pasado, sólo han cumplido un propósito ornamental. Si usted quiere ver molinos mucho más auténticos, tome la ruta que se dirige al noroeste desde Campo de Criptana hasta la localidad de Consuegra, en la provincia de Toledo.

Los viñedos de la Meseta sur producen tres o cuatro vinos de primerísima calidad. Una botella de Valdepeñas blanco, enfriada en una fuente, es un probado antídoto contra el calor de la tarde, que derrite la médula de los hue-

sos. Sancho estaba seguro de que pronto no habría tabernas, ventas ni barberías donde no figurara la historia de las hazañas de don Quijote y su escudero. El Ministerio de Turismo ha ido más lejos, levantando un monumento a Sancho y al Quijote en cada pueblo y aldea relacionada con sus vagabundeos. Está la taberna de don Quijote, la posada de Sancho Panza y la vinería de Dulcinea. En la aldea del Toboso, los habitantes se enorgullecen de mostrarnos su «casa de Dulcinea», aunque la Dulcinea de Cervantes atraviesa el libro como el gran ideal inalcanzable, el espejismo del eterno femenino. Sin embargo, es una excelente excusa para recorrer la aldea que, aunque tiene un solo molino, es una de las más bellas de La Mancha.

Siguiendo los pasos del ingenioso hidalgo, podemos atravesar algunos de los paisajes más salvajes y olvidados de la Meseta sur. Pero, como siempre en España, los sitios verdaderamente agrestes comienzan en las montañas, en la periferia de las llanuras y valles. En el oeste, el Parque Natural de Monfragüe está a horcajadas de las márgenes del Tajo, que ahora tiene una represa y fluye entre dos cadenas montañosas, la Sierra de Gredos y la ladera norte de la Sierra de Guadalupe, antes de iniciar su descenso hacia el Atlántico a través de Portugal. En el este se encuentra el Parque Natural del Alto Tajo, que abraza las rápidas fuentes de este río en la provincia de Guadalajara. Más al sur, la Serranía de Cuenca forma parte del linde oriental de la Meseta: es una estribación llena de fuentes de agua mineral y el comienzo de arroyos tales como el río Cuervo, que se despeña por barrancas musgosas y cavernas antes de iniciar su travesía hacia la Guadiela y el Tajo.

En cambio, los cercanos Montes Universales se parecen más a una versión de las montañas de Marte o Júpiter imaginada por Julio Verne; aunque el Tajo aquí se eleva (reduciéndose a un riacho), estas montañas son muy secas y desnudas. Sin embargo, gracias a la ausencia de habitantes humanos, la región constituye un hábitat propicio para águilas, buitres, milanos y halcones. La vecina Sierra de Albarracín también está llena de lugares agrestes y aldeas de montaña, a tal altura que nos falta el oxígeno; en un tiempo todo esto perteneció a un diminuto reino árabe y aún hoy parece un mundo aparte. Lamentablemente, no basta con que una reserva natural esté lejos de los caminos convencionales para que sobreviva; las

Tablas de Daimiel, un ecosistema de tierras húmedas al que se atribuye tanta importancia como para designarlo el único parque nacional de la Meseta sur, corre peligro de secarse, pues la explotación agrícola utiliza las aguas subterráneas que antes llenaban estos lagos y pantanos hasta desbordarlos. Lo cual demuestra que hoy en día hay que administrar aun los lugares salvajes.

## CÓMO LLEGAR

**Por aire:** Madrid recibe gran cantidad de vuelos desde Europa y el resto del mundo. Hay aeropuertos regionales en Sevilla, Granada, Murcia, Alicante y Valencia, y todos forman parte de la red interna de Iberia, excepto Murcia, que depende principalmente de las aerolíneas Aviaco.

**En automóvil:** El sistema de carreteras que va desde Madrid hacia el sur todavía está en construcción. La supercarretera E25 nos lleva deprisa a Aranjuez y Ocaña, y también hay algunos tramos cortos de cuatro carriles en la E4, hacia Navalcarnero, y la E101, camino a Tarancón.

El resto de las rutas principales de la Meseta sur está constituido por autopistas de 2 carriles, y a menudo llevan tráfico pesado; es mejor tomar rutas menores, que nos llevan mucho más rápidamente a destino.

Algunos de los altos pasos de montaña de la Serranía de Cuenca están cubiertos de nieve en invierno: para pedir informes sobre la condición de las carreteras, telefonee a Madrid (91) 254 28 00 ó 254 50 05 y obtendrá anuncios grabados durante las veinticuatro horas. Hay operadores que brindan información caminera en el (91) 253 16 00 de 8:30 a 20:30 en invierno y hasta las 22 en verano.

**En tren:** Las líneas meridionales de RENFE son menos útiles que las septentrionales para los exploradores de la Meseta, pero se puede recorrer un buen trecho en ferrocarril. Desde Madrid salen frecuentes trenes con destino a Cuenca (en la línea de Valencia), Albacete (en la línea de Alicante), Ciudad Real, Cáceres y Badajoz (en la línea de Extremadura). También hay un útil tren expreso al sur: Barcelona-Ciudad Real-Mérida-Badajoz.

Para hacer reservas en RENFE, telefonee al (91) 429 82 28, abierto todos los días de 9 a 21, todo el año.

**En autobús:** Hay autobuses de larga distancia desde Madrid hasta las principales ciudades del sur de la Meseta, y muchas líneas locales prestan servicios que llegan hasta las aldeas y pueblos de la región. Los horarios varían con la temporada; para obtener información actualizada, llame a la Estación de Autobuses de Madrid, T: (91) 46 84 00.

## DÓNDE DORMIR

Los paradores nacionales de la Meseta sur resultan muy convenientes, pues la región no dispone de mucho hospedaje y en muchos casos el parador es el único hotel bueno disponible.

Solicite listas detalladas de hoteles a las oficinas locales de información turística (más abajo figuran las direcciones y los números telefónicos).

## ACTIVIDADES

**Clubes de montañismo:** Federación Castellana de Montañismo, Apodaca 16, Madrid 14, T: (91) 448 07 24. La federación nacional de montañismo tiene sus oficinas en Madrid: Federación Española de Montañismo (FEM), Alberto Aguilera 3-4º izda., Madrid 15, T: (91) 445 13 82.

**Excursiones guiadas:** Club de Viatjers, Rodríquez San Pedro 2, Madrid 15, T: (91) 445 11 45 y 445 59 62.

MÁS INFORMACIÓN
**Albacete** (967): Oficinas de turismo, C. Virrey Morcillo 1, T: 21 56 11; y C. Teodoro Camino 2, T: 21 25 68 y 21 19 38. Cruz Roja, T: 22 50 02. Información caminera, Tinte 35, T: 21 38 87.
**Aranjuez** (910): Oficina de turismo, Pasaje de San Juan, T: 22 27 63. Cruz Roja, T: 23 33 91. Información caminera, Avda. General Rodrigo 10, T: 23 24 90.
**Cáceres** (927): Oficina de turismo, Pl. Mayor, T: 24 63 47. Cruz Roja, T: 21 14 50. Información caminera, Pl. de los Golfines 4, T: 21 40 97.
**Ciudad Real** (926): Oficina de turismo, Avda. Alarcos 31,

T: 21 29 25. Cruz Roja, T: 22 33 22. Información caminera, Edificio Servicios Múltiples, T: 21 22 00.
**Cuenca** (966): Oficina de turismo, C. Colón 34, T: 22 22 31; y C. Dalmacio García Izcarra 8, T: 22 00 62 y 22 06 17. Cruz Roja, T: 21 11 45. Información caminera, Colón 67, T: 22 00 50.
**Guadalajara** (911): Oficina de turismo, Travesía de Beladiez 1, T: 22 06 98. Cruz Roja, T: 22 17 88. Información caminera, Cuesta de San Miguel 1, T: 22 30 66.
**Madrid** (91): Oficina de turismo, Princesa 1, Edificio Torre de Madrid, T: 241 23 25; también se puede obtener información turística en la estación ferroviaria Atocha. T: 228 52 37, y en la estación Chamartín, T: 733 11 22. Cruz Roja, T: 279 99 00.

Información caminera, Raimundo Fernández Villaverde 54, T: 233 11 00.
**Mérida** (924): Oficina de turismo, C. Puente 9, T: 31 53 53.
**Monfragüe** (927): Oficina de turismo, Avda. Gral. Primo de Rivera 2, T: 22 76 01, 22 05 04 y 22 46 62.
**Toledo** (925): Oficinas de turismo, Puerta de Bisagra, T: 22 08 43, y Pl. de Zocodover 11, T: 22 14 00 y 22 10 52. Cruz Roja, T: 22 29 00. Información caminera, Pl. de Santa Clara 6, T: 22 44 04. Información meteorológica, T: (91) 232 35 00.

OTRAS LECTURAS
Alister Boyd, *The Companion Guide to Madrid and Central Spain* (Londres, 1974); Fernando Chueca Goitia, *Madrid and Toledo* (Londres).

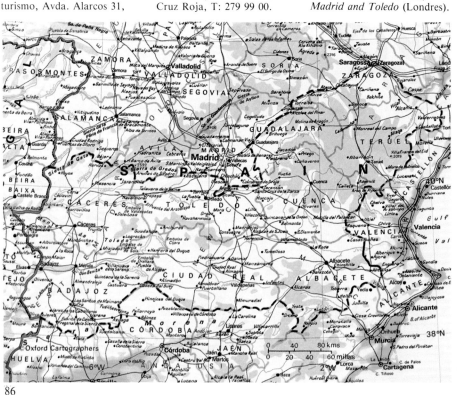

86

# Serranía de Cuenca

El río Cuervo es el más mágico de los muchos ríos que brotan de la Ciudad Encantada de la Serranía de Cuenca

*Cadena montañosa al este de Madrid, que incluye la Ciudad Encantada y varias zonas protegidas*

**S**obre las fuentes del Tajo se yerguen los picos de la Serranía de Cuenca, una estribación que ocupa el nordeste de la provincia de Cuenca. Configura la muralla occidental de un vasto macizo que también incluye los Montes Universales y la Sierra de Albarracín. La Serranía de Cuenca contiene varias sierras subordinadas: la Sierra de Tragacete, de los Palancares, de las Cuerdas, de Mira y de Bascuñana. El pico más alto del sistema es el Cerro de San Felipe (1.839 m), cerca de Tragacete.

Este macizo nos reserva rarezas y sorpresas: manantiales calientes, cavernas, aldeas a orillas de precipicios, una Ciudad Encan-tada de esculturas naturales, y ríos que brotan de las grietas de las laderas. La Ciudad Encantada semeja una ciudad prehistórica en ruinas: enormes bloques de piedra caliza esculpidos por la erosión yacen desperdigados en un bosque de 2.000 hectáreas donde uno puede ejercitar la imaginación identificando «El Teatro», el «Puente Romano», «Las Naves» y demás. Pero al margen de esta célebre atracción turística, la Serranía de Cuenca brinda otras recompensas al estudioso paciente y al caminante silencioso.

Las plantas interesantes incluyen la *Antirrhinum pulverulentum,* un velludo dragón amarillento de hojas correosas que crece en las fisuras de las rocas; la *Saxifraga corbariensis,* una saxífraga de hojas glaucas y resistentes que forman colchones; el *Tanacetum pallidum,* una compuesta de hojas velludas y plateadas de donde brotan tallos esbeltos, cada cual con un capullo amarillento; y la extraña crucífera *Sarcocapnos enneaphylla,* que trepa por abruptas paredes

87

de roca, un manojo de flores amarillentas e irregulares en un nido de hojas trifoliadas de color verde azulado.

La Serranía de Cuenca es rica en orquídeas, y la *Orphrys scolopax* y la *O. sphegodes* se cuentan entre las más exóticas. Hay siete especies emparentadas con los heléboros y procedentes de varios hábitats, como el *Epipactis palustris*, propio de los pantanos, y la *Cephalanthera rubra*, restringida a las tierras boscosas calcáreas. En los suelos calizos encontramos las violetas *Orchis ustulata y Coeloglossum viride*, así como la violeta *Limodorum abortivum*. Aquí se han avistado tres mariposas raras: la *Maculinea arion, la Erebia epistygne ssp andera* y la *Iolana iolas*.

Un día, en la aldea de Beteta (palabra que significa «espléndida» en árabe— fui a buscar una de las fuentes de agua mineral que brota bajo un altar de la Virgen del Rosal, y al fin la encontré en una granja abandonada cerca de la aldea. Cuesta abajo, sus aguas medicinales se usaban para irrigar un huerto. En las cercanías hay otro manantial, no menos terapéutico, de agua ferruginosa y rosada que según dicen cura la anemia. Montaña arriba se yerguen las ruinas de la ermita y un enmarañado pinar.

Hay fuentes de agua mineral en toda la región, e incluso un par de spas que todavía funcionan, sobre todo el de Solán de Cabras. El río Cuervo, que eventualmente desemboca en el Guadiela y el Tajo, también comienza en un manantial de agua mineral; su nacimiento en lo alto de la Serranía es un sitio mucho más interesante que el lugar donde el Tajo se eleva atravesando los Montes Uni-

versales. Una parte del río brota desde una cueva en la montaña; otra se despeña por una sucesión de rocas y cavernas, cubriendo sus entradas con una lluviosa cortina. Esta zona protegida no está lejos de uno de los sitios más famosos de la Serranía, el Parque Cinegético del Hosquillo, que ocupa unas 1.000 hectáreas en el centro de una vasta región conocida como la Reserva Nacional de la Serranía de Cuenca.

El Parque del Hosquillo está en un valle flanqueado por el Cerro Gordo, el Pajarero y El Barranco, y atravesado por el río Escabas; se ha convertido en uno de los principales criaderos de ciervos del país y está separado del resto de la reserva por una alta cerca (el ingreso en el parque es restringido). Allí viven ciervos rojos, corzos y paletos, osos y jabalíes; la zona también es conocida por sus nutrias, águilas y buitres. Más accesible es la reserva nacional de la Serranía, contigua a los Montes Universales. Abarca magníficos bosques y profundos valles habitados por ciervos, jabalíes y varies especies de aves rapaces; sus montañas y desfiladeros prácticamente no han sido hollados por los turistas, aunque los especialistas los conocen por su interés geológico y ecológico.

---

### ANTES DE SALIR
**Mapas:** SGE 1:50.000 Nos. 565, 587, 588, 610, 611 y 612; IGN 1:200.000 Mapa Provincial de Cuenca.

### CÓMO LLEGAR
**En automóvil:** No hay una sola ruta predilecta hacia la Serranía, adonde se puede llegar desde Guadalajara y Priego así como desde Molina de Aragón o Cuenca.
**En tren:** Desde Madrid hay trenes diarios a Guadalajara y Cuenca, y a Teruel.
**En autobús:** Diariamente salen autobuses que conectan Cuenca con las aldeas de la Serranía. La Empresa Campi, T: (966) 22 14 65, opera los autobuses que van a Beteta; la Empresa Rodríguez, T: (966) 22 64 87, opera los de Tragacete ; y la Empresa La Rápida, (T): (966) 22 27 51, opera los de Cañete. No hay transporte público para zonas más remotas tales como El

El *Antirrhinum pulverulentum* tiene una adorable corola amarillenta

La gran mariposa azul vuela en junio y julio sobre los desnudos Montes Universales

Hosquillo o la fuente del río Cuervo.

## DÓNDE DORMIR

La ciudad de Cuenca ofrece hospedaje variado, desde el Hotel Torremangana, 4 estrellas, T: (966) 22 33 51, hasta simples pensiones, pero a está a menos de una hora de coche del corazón de la Serranía.

Beteta tiene el cómodo Hotel Los Tilos, 2 estrellas, T: (966) 31 80 98, y el Balneario Solán de Cabras, 2 estrellas, al sur de la ciudad, uno de los tradicionales hoteles de la zona con aguas termales. Tanto Tragacete como Priego tienen varios hoteles pequeños de buena calidad.

**Vida al aire libre:** No está prohibida, pero si usted planea pasar más de un día en el mismo lugar, primero consulte a ICONA en Cuenca (véase abajo).

## ACTIVIDADES

**Excursiones:** Las sendas que atraviesan la Serranía no están marcadas pero aquí hay muchas ocasiones para caminar sin dificultades entre pinares y extrañas formaciones rocosas. Desde las montañas de Cuenca hay una espléndida vista de los llanos de La Mancha. Para averiguar detalles sobre las rutas, consulte a la Federación Castellana de Montañismo (véase abajo).

El mejor modo de ver la Ciudad Encantada, abierta desde el amanecer hasta el poniente, consiste en alejarse de los turistas. Es una zona excepcional llena de rocas gigantescas a las que el viento y el agua han dado formas extravagantes.

**Cuevas:** Cerca de la aldea de Villar del Humo hay interesantes pinturas rupestres paleolíticas.

## MÁS INFORMACIÓN

**Información turística:** C. Fermín Caballero, 3 cuadras al norte de la estación ferroviaria, en la esquina de García Izcara, Cuenca, T (966): 22 22 31. ICONA, 18 de julio, Cuenca, T (966): 21 15 00.

Para solicitar información sobre montañismo, exploración de cuevas y excursiones: Federación Castellana de Montañismo, Apodaca 16, Madrid 4, T: (91) 448 07 24.

## Montes Universales

*Fuente del río Tajo: montañas desnudas, cubiertas de nieve 8 meses del año*

El lugar presenta un pomposo monumento que sería más adecuado para el Rockefeller Center, pero no importa: detrás del nacimiento del Tajo se extiende una maravillosa zona, una feliz comarca para ovinos que parece diseñada por un maestro japonés en el arte de la arquitectura de paisajes. Arbustos bajos crecen en círculos color verde oscuro contra un trasfondo de piedra caliza gris, como los lunares de una gigantesca bata de lunares, el vestido de la bailadora flamenca. Aquí y allá una cabaña de pastor de techo rojo se perfila contra los verdes lunares, o un corral de ovejas igualmente cubista.

El viento barre las bellas y desnudas montañas, que se elevan hasta unos 1.800 metros. Aquí encontramos la gran mariposa azul *(Maculinea arion),* que tiene la más famosa y estudiada relación simbiótica con las hormigas (de la especie *Myrmica sabuleti* en España): las hormigas llevan las larvas de mariposa al hormiguero, y las larvas pasan allí su etapa final, durante el invierno. Sobre el nacimiento del Tajo se yergue la maciza Muela de San Juan, cuyas alturas están cubiertas de nieve durante 8 meses del año. ICONA ha plantado pinares en los Montes Universales, pero los paisajes más fascinantes son las despojadas laderas, con sus hierbas fragantes y sus flores silvestres. Allí viven ciervos, jabalíes, liebres, conejos, perdices y grandes aves rapaces. Es uno de los pocos lugares del mundo (aparte de Alaska) donde he visto un águila devorando una liebre a poca distancia de un sendero habitualmente recorrido por seres humanos. Para los amantes de la soledad, este paisaje casi tibetano es un verdadero regalo.

**Antes de salir** *Mapas:* SGE 1:50.000 Nos. 565, 566, 588 y 589; IGN 1:200.000 Mapas provinciales de Teruel y Cuenca.

*Cómo llegar:* No hay modo de llegar a las montañas con transporte público.

*En automóvil:* Se puede llegar a los Montes Universales desde Albarracín o Guadalaviar, provincia de Teruel, o desde Tragacete,

Cuenca. La carretera Tragacete-Frías de Albarracín atraviesa los Montes Universales y va más allá del nacimiento del Tajo; hay muchas sendas de ICONA a lo largo de esta carretera.

Sólo una carretera atraviesa de veras los Montes, aunque otras conducen a sus laderas y luego se interrumpen. Entre esos caminos sin salida está el que sale de Toril (al sur de Albarracín, en la provincia de Teruel) hasta las aldeas de Masegoso y El Vallecillo, donde parcelas cuidadosamente aradas alternan con agrestes paisajes de montaña. A media distancia entre las 2 aldeas un camino lleva hasta las cascadas del río Gabriel, junto al Molino de San Pedro. Cerca hay algunos de los pinos más viejos de la sierra, con enormes troncos de casi 4 metros de circunferencia.

**Dónde dormir:** Hay hoteles en Albarracín, Frías de Albarracín y Bronchales. Por ejemplo, el Montes Universales, 1 estrella, T: (974) 71 01 58, en Albarracín, o El Gallo, T: (974) 71 00 32.

**Actividades** *Excursiones:* Muchos senderos de ICONA parten de la carretera Tragacete-Frías de Albarracín. Las sendas no están marcadas; solicite información a la Federación Castellana de Montañismo o la Federación Aragonesa de Montañismo (abajo están las direcciones).

**Más información** *Información turística:* C. Tomás Nogues, Teruel, T: (974) 60 22 79, y C. Fermín Caballero, Cuenca, T: (966) 22 22 31. ICONA, San Francisco 29, Teruel, T: (974) 60 22 50; y 18 de Julio, Cuenca, T: (966) 21 15 00.

Solicite información a la Federación Aragonesa de Montañismo, Albareda 7, 4º, Zaragoza, T: (976) 22 79 71; y a la Federación Castellana de Montañismo, Apodaca 16, Madrid 4, T: (91) 448 07 24.

# Sierra de Albarracín

*Una escabrosa reserva nacional con antiguos pinares y prados cerca de la ciudad de Teruel*

La Sierra de Albarracín siempre fue un mundo aparte, tanto histórica como geográficamente. En la España musulmana, Albarracín era un reino independiente gobernado por la familia de Aben Racin —de allí el nombre— como estado vasallo del califato de Córdoba. Hoy forma parte de la provincia de Teruel, en Aragón, pero es un enclave aparte que no parece aragonés ni castellano. La sierra se extiende desde la frontera de Cuenca hasta la ciudad de Gea de Albarracín, pero su punto focal es Albarracín misma, una ciudad amurallada de la Edad Media en perfecto estado de conservación.

Tramacastilla, 18 kilómetros al oeste de la ciudad, es el punto de partida para excursiones hacia montañas revestidas de pinos y al valle de Noguera, al norte, o las aldeas de piedra de Villar del Cobo y Griegos, ambas de las cuales afirman ser aún más altas que Trevélez de Alpujarras (Andalucía). Para llegar a ellas hay que atravesar algunos de los desfiladeros más abruptos y el paisaje más escabroso de toda España.

Hacia Orihuela del Tremedal se extiende una gran meseta a más de 1.600 metros, que contiene antiguos pinares y fértiles prados donde es común ver ciervos rojos. La tierra se eleva gradualmente hacia la Sierra Alta (1.855 metros). Aquí las desnudas franjas de piedra caliza están cubiertas por un manto rojizo en verano: las flores del geranio *Ero-*

Desde la ciudad medieval de Albarracín se puede llegar a los contrastantes paisajes de los Montes Universales (izquierda) y la Sierra de Albarracín (página siguiente)

*dium daucoides.* El *Ranunculus gregarius*, un ranúnculo amarillo con hojas de forma de riñón en una roseta basal, también crece a esta altura. Más inusitado es el *Astragalus turolensis,* un astrágalo que habitualmente se encuentra en Africa del Norte. Estos son los únicos ejemplares españoles de esta leguminosa de crecimiento lento y flores amarillas, y albergan las larvas de la rara mariposa azul zafiro de la raza *hespericus* de Albarracín. La mariposa azul zafiro vuela en mayo sobre gentiles laderas, habitualmente sobre piedra caliza, a una altitud de 400-1.100 metros, y forma colonias muy pequeñas. Otras especies raras y en peligro que se encuentran en la Sierra son la dama pintada americana *(Cynthia virginiensis)*, que medra en laderas cubiertas de flores y aparentemente se reproduce aquí; y la Iolas azul *(Iolana iolas thomasi)*, una gran mariposa de alas plateadas y azules que mantiene una relación simbiótica con hormigas del género *Myrmica*, a veces en conjunción con las larvas de la más común mariposa azul de cola larga. Desde la Sierra Alta hay una vista panorámica de la reserva nacional establecida por ICONA en 1973, 59.000 hectáreas

de bosques y praderas con 11 aldeas. Pero los habitantes de algunas de estas aldeas no están conformes con los resultados. Los granjeros de Guadalaviar y Villar del Cobo alegan que los ciervos les destruyen los huertos y sembradíos. En un referendo para decidir a favor o en contra de la reserva, el 98 por ciento de los aldeanos votó en contra de la reserva, que todavía constituye un problema políticamente espinoso. Los pastores locales declaran que la ley les prohíbe dejar sus cabras sueltas para que no destruyan los pinos jóvenes, pero aducen que de todos modos los ciervos jóvenes igual destruyen los pinos. Al margen de esta situación, un paseo por la Sierra de Albarracín es casi una visita a la Edad Media, cuando las comunidades de labriegos aún buscaban un equilibrio ecológico con el ámbito natural que los rodeaba.

---

ANTES DE SALIR
**Mapas:** SGE 1:50.000 Nos. 565, 566, 588, 589; IGN 1:200.000 Mapa provincial de Teruel.
**Guía:** J. Albi, Albarracín y su Serranía (Everest, 1976).

CÓMO LLEGAR
**En automóvil:** Si uno va desde el oeste, el camino más directo es la ruta Teruel-Albarracín .
**En tren:** La estación ferroviaria más cercana es Teruel, en las líneas Madrid-Valencia y Alicante-Irún.
**En autobús:** Hay un servicio diario de Teruel a Albarracín y un circuito de la sierra; solicite información al (974) 60 20 72.

DÓNDE DORMIR
Sólo 3 comunidades de la zona ofrecen hoteles: Albarracín, Frías de Albarracín y Bronchales.

ACTIVIDADES
**Excursiones a pie:** La zona presenta una infinidad de paseos. Póngase en contacto con la Federación Aragonesa de Montañismo (véase abajo).

MÁS INFORMACIÓN
**Información turística:**

El *Erodium daucoides,* con sus flores liláceas, puebla los pedregales

C. Tomás Nogues, Teruel, T: (974) 60 22 79, ICONA, 18 de Julio, Cuenca, T: (966) 21 15 00.
 Para pedir información sobre montañismo, excursiones, etc., póngase en contacto con la Federación Aragonesa de Montañismo, Albareda 7-4º, Zaragoza, T: (976) 22 79 71.

## Parque Natural del Alto Tajo

*Un parque natural de 16.940 hectáreas frente a Molina de Aragón*

Una noche viajé desde Sacecorbo hasta Molina de Aragón, una distancia de más de 100 kilómetros, y no encontre otro automóvil en la ruta hasta que llegué a los alrededores de Molina. Me sentía muy solo, rodeado únicamente por los árboles y el cielo en este parque provincial casi desconocido.

El Tajo se eleva en los Montes Universales, al sudeste del parque natural, pero cuando llega a esta parte de Guadalajara ya tiene la fuerza de un joven gigante, y suficiente vigor para cavar grandes gargantas en los macizos de piedra caliza que antes le cerraban el paso.

Reuniendo nuevos tributarios a cada recodo, pronto adquiere tanta fuerza como para arrastrar pesados troncos corriente abajo, desde Peralejos hasta el real puerto de Aranjuez. Los hombres conocidos como «gancheros del Tajo» realizaban una peligrosa tarea: construían balsas de troncos que luego conducían río abajo; se los llamaba así porque usaban un gancho de mango largo con el cual guiaban los troncos por los tramos angostos del río.

Recorrer el Alto Tajo puede ser una experiencia inolvidable para excursionistas con botas gruesas y piernas fuertes. La mayor parte de la comarca es tan pura y virginal como en el octavo día de la Creación, con valles de montaña, prados y ríos, e incontables sendas que rara vez son holladas por nadie. Más allá del parque hay un antiguo balneario, La Esperanza. En este punto, el Tajo entra en el Embalse de Entrepeñas.

**Antes de salir** *Mapas:* SGE 1:50.000 Nos. 488, 489, 513, 514 y 539; IGN 1:200.000 Mapa provincial de Guadalajara.
*Nota:* Ninguno de estos mapas muestra la recién construida autopista que va desde Peralejos de las Truchas (supuestamente al final de una carretera de un carril) y a través del Tajo hasta la Serranía de Cuenca y el otro lado del río, conectando con la alta carretera de montaña que conduce a Beteta en el norte y Poyatos en el sur.

**Cómo llegar** *En automóvil:* Para llegar a Molina de Aragón, conviene coger la N211, que sale de la carretera Madrid-Barcelona en Alcolea del Pinar.
*En autobús:* Hay un servicio regular desde Barcelona y Lérida (Lleida) hasta Molina de Aragón vía Zaragoza. Pida detalles al (93) 318 38 95.

Desde el punto de vista del transporte público, ésta es una de las zonas más aisladas de España. El mejor medio para recorrer las largas distancias que separan una aldea de otra es el automóvil, y estas simples comunidades agrícolas habitualmente carecen de hospedaje para turistas.

*Dónde dormir:* Molina de Aragón tiene 4 hostales de 1 estrella, entre ellos el Rosants, T: (911) 83 08 36. En Cifuentes hay un hotel de 2 estrellas, el San Roque, T: (911) 81 00 28. Es posible pernoctar en Priego, en la provincia de Cuenca, al sur de los límites del parque: tiene 2 hostales de 1 estrella.

**Actividades** *Excursiones a pie:* Las 2 mejores bases de operaciones para salir a explorar son Cifuentes, al oeste del parque, y Molina de Aragón, no lejos del extremo nordeste.

Se puede seguir la ruta del río, partiendo del extremo sur del parque y caminando hacia el norte hasta que el Tajo vira hacia el oeste formando un extenso arco. Se puede llegar a Peralejos de las Truchas (famosa, precisamente, por sus truchas) en 2 días de viaje desde Molina de Aragón, sede del condado, pero quizá usted desee desviarse un día más para visitar el Barranco de la Hoz, donde altos peñascos se yerguen sobre los álamos que bordean el río Gallo. Hay un pequeño altar de la Virgen de la Hoz, una imagen sencilla en un templo que es mitad caverna y mitad capilla.

Si usted tiene tiempo para una excursión de un solo día, un buen lugar es Villanueva de Alcorón, conocida por su pico local, La Zapatilla —fácil de trepar— y por la cascada conocida como el Hundido de Armallones, otro paisaje sobresaliente. No hay posada en Villanueva de Alcorón.
**Más información** *Información turística: Paseo Doctor F.* Iparraguirre 24, Guadalajara, T: (911) 22 86 14, ICONA, Marqués Villaverde 2, Bloque B, Guadalajara, T: (911) 22 33 00.

Una advertencia: por alguna razón este magnífico paisaje está más plagado de insectos que el resto de España; asegúrese de llevar un frasco de repelente contra mosquitos.

## Laguna de Gallocanta

*Mayor lago natural de España (1.400 hectáreas) en la zona más meridional de Zaragoza*

Este desolado paisaje es uno de los mejores lugares para observar aves en la Península Ibérica. Durante las grandes migraciones invernales el cielo del lago a menudo se cubre de pájaros. Aquí se han avistado ochenta especies de aves acuáticas, y Gallocanta es famosa por ser uno de los reductos de la grulla europea. Hasta 8.000 ejemplares de estas grandes aves se alimentan durante el día en los campos circundantes y van a anidar al lago todas las noches, de noviembre a febrero. A comienzos de marzo vuelan hacia el norte, por una ruta tradicional que las lleva hasta las costas meridionales del Báltico.

La laguna constituye también el principal refugio europeo del pato de cresta roja, y hay aves de rapiña en los juncales y milanos rojos en el cielo. Guacos de cola de aguja, aves parecidas a palomas y procedentes de regiones áridas, vienen a beber, y abundan las alondras.

La cantidad de aves fluctúa drásticamente de un año al otro. En 1978 se estimó que unas 200.000 aves usaron el lago como parada; en 1981 el número había bajado a 50.000.

La Laguna de Gallocanta, situada a 1.000 metros sobre el nivel del mar en la zona más meridinal de la provincia de Zaragoza, a poca distancia de Daroca, tiene también interés geológico. Tiene 1.400 hectáreas, lo cual la convierte en la mayor laguna natural de España. Está conectada con un lagunazo subsidiario en el extremo septentrional, y en el lado opuesto, a un laberíntico apéndice de juncales y laguitos conocidos como Lagunazos de Tornos. Los granjeros locales siembran girasol y trigo en los campos circundantes, aunque también abundan las tierras secas y hay algunos campos de tomillo. Los árboles que otrora rodeaban el lago han desaparecido, pero hay pinos y encinas en las colinas cercanas.

**Antes de salir** *Mapas:* SGE 1:50.000 Nos. 464, 465, 490 y 491; IGN Mapa provincial de Zaragoza.

**Cómo llegar** *En automóvil:* Daroca está 86 kilómetros al sudoeste de Zaragoza, cerca de la intersección de la carretera N330, desde Zaragoza, y la N234, que va de norte a sur, desde Soria hasta Teruel. Desde Daroca tome la C211 hacia Molina de

En las aguas de las lagunas de Ruidera abundan las anguilas y otros peces, alimento de garzas y airones que merodean en los densos juncales

Aragón y llegue hasta Santedo, desde donde una ruta conduce a la Laguna de Gallocanta.

*En autobús:* Hay servicios regulares desde Barcelona y Lérida hasta Molina de Aragón, pasando por Zaragoza. Solicite información al (93) 318 38 95 (Barcelona).

**Dónde dormir:** Daroca tiene varios locales de 2 estrellas, el Hotel Daroca, T: (976) 80 00 00, y los hostales Agiria, T: (976) 80 07 31, y Legido, T: (976) 80 02 28, así como la Pensión El Ruejo, T: (976) 80 03 35.

**Más información** *Información turística:* Paseo Doctor F. Iparraguirre 24, Guadalajara, T: (911) 22 86 14, ICONA, Marqués Villaverde 2, Bloque B. Guadalajara, T: (911) 22 33 00.

La remota región del Alto Tajo preserva paisajes primitivos y un modo de vida igualmente primitivo

# Parque Natural de las Lagunas de Ruidera

*Un grupo de once lagunas alrededor de la ciudad de Ruidera*

En el Quijote, Cervantes dice que hay siete de estas lagunas, pero en realidad son 11. Sentimos su presencia antes de verlas, tras conducir por una de las comarcas más secas de España. Estamos en el territorio de don Quijote, La Mancha, el calcinado páramo arábigo donde las ondas de calor surten un poderoso efecto alucinógeno. El camino de Argamasilla de Alba a Ruidera está bordeado de álamos y las suaves ondulaciones de la llanura manchega anuncian un inminente cambio de paisaje.

En el Embalse de Peñarroya la planicie se transforma en colinas y uno se encuentra en un hábitat más hospitalario. La primera laguna natural a lo largo de la ruta es Cenagosa, acompañada por un incesante clamoreo de aves, para las cuales esta zona húmeda manchega es un oasis en el desierto (sobre todo porque las Tablas de Daimiel se están secando). Los juncos de la orilla albergan muchas especies de patos. Más allá, ya habituados al aire refrescante que rodea estas inesperadas extensiones de agua, nos topamos con otra laguna, La Colgadilla, que recibe buena parte del agua por filtración subterránea, desde el gran depósito conocido como Cueva de la Morenilla.

A poca distancia de la somnolienta aldea de Ruidera se encuentran las dos lagunas más grandes, la Laguna del Rey y la Gran Colgada. La pérfida mano del turismo se ha hecho sentir, y han surgido pequeños hoteles, campamentos y villas privadas, aunque no han conseguido ahuyentar las aves que vuelan hacia estas lagunas notablemente claras.

La carretera de Ruidera serpea a lo largo de las orillas y asciende gradualmente de una laguna a la siguiente, pues cada cual está un poco más alta que su vecina. Al cago de varias lagunas pequeñas —Batana, Santo Amorcillo y Salvadora— está La Lengua, que tiene forma de salchicha y está llena de peces, de modo que es muy frecuentada por los pescadores. Recibe la mayor parte de sus aguas a través de pequeñas cascadas que se derraman en ella desde el siguiente eslabón de la cadena, Redonddilla. Esta, a su vez, recibe sus aguas de San Pedro, cuya orilla presenta algunas casas y viveros. Al fin se llega a la más alta y menos visitada, la Laguna Conceja, con su costa pantanosa, rodeada de colinas boscosas.

He pasado noches muy agradables a orillas de la laguna Redondilla, y desperté al alba para oír un coro filarmónico de aves que rara vez encontré en otras partes. Su entusiasmo vocal es perfectamente comprensible, pues estas lagunas cristalinas contrastan notablemente con el reseco *maquis* de las colinas circundantes.

Se dice que el nombre Ruidera deriva del ruido que hace el agua al correr de una laguna a otra; las lagunas se extienden unos 25 kilómetros, con una diferencia de 128 metros de altura entre la más meridional, La Blanca, y la más septentrional, Cenagosa. Los geólogos han demostrado que, aunque parte del agua circula de laguna en laguna

Entre los juncos, el colimbo de cresta grande construye un nido rodeado de agua

por arroyos y cascadas de superficie, también fluye subterráneamente, a través de capas de arcilla, yeso y piedra arenisca.

La zona protegida del Parque Natural de Ruidera incluye no sólo las lagunas sino también el valle tributario de San Pedro, con su cueva de Montesinos, que desempeña un papel tan importante en la segunda parte del Quijote. En las cercanías, las ruinas del castillo de Rochafrida se yerguen sobre un reducto de piedra caliza que da sobre un sembradío que debió de ser una laguna de escasa profundidad antes de que las mulas y el arado la transformaran.

Son hitos literarios, pues Rochafrida figura en romances medievales españoles, aunque ya estaba en ruinas cuando Cervantes recorría la región como procurador de los Caballeros de San Juan de Argamasilla. Por ello don Quijote debe hacer un descenso subterráneo para encontrar a los héroes de su romántica imaginación: Montesinos, Belerma, Durandarte. Aquí se entera de que los habitantes de la caverna, Guadiana y Ruidera, junto con sus siete hijas y dos sobrinas, han sido transformados en un río y varias lagunas por Merlín el mago.

La explicación tradicional es que un lago del fondo de la cueva de Montesinos, que al parecer se comunica con la Laguna de San Pedro mediante un arroyo subterráneo, constituye la verdadera fuente del río Guadiana. Las Lagunas de Ruidera tenían fama de ser la fuente de un arroyo excéntrico y reclacitrante que volvía a ser subterráneo después de la Cenagosa, sólo para reaparecer 40 kilómetros al oeste, en Daimiel. Algunos geólogos han cuestionado recientemente la hipótesis de que éste sea el Guadiana subterráneo, y algunos de los mejores científicos de España aún continúan la controversia. Las bombas de los viñateros de Tomelloso han extraído agua del gran embalse subterráneo, a través del cual el río presuntamente fluía hacia el oeste, y las Tablas de Daimiel han dejado de ser el gran parque nacional de otros tiempos. Pero las Lagunas de Ruidera se encuentran corriente arriba respecto de las bombas, y son por ello más preciosas que nunca.

## ANTES DE IR
**Mapas:** SGE 1:50.000 Nos. 762, 763, 787 y 788; IGN 1:200.000 Mapas provinciales de Albacete y Ciudad Real.

## CÓMO LLEGAR
**En automóvil:** La aldea de Ruidera está en la carretera N430, a medio camino entre Albacete y Manzanares. Desde Madrid, tome la carretera N-IV hacia Andalucía. En Puerto Lápice vire hacia el este, tome la N420 hasta Alcázar de San Juan y luego la C400 hacia Tomelloso y Ruidera.
**En autobús:** Servicios regulares diarios conectan Albacete con Ossa de Montiel, la aldea más cercana a las lagunas más orientales. Solicite información al (967) 21 60 12, Albacete.

No hay transporte público para la ruta de las lagunas.

## DÓNDE DORMIR
Hay varios hoteles modestos en la zona, sobre todo en la costa de las grandes lagunas. El Hotel La Colgada, 1 estrella, T: (926) 52 80 25, está junto a la laguna del mismo nombre; El Molino, 1 estrella, T: (926) 52 80 81, está frente a la Laguna Redondilla; el Hotel Albamanjon, 3 estrellas, T: (926) 52 80 88 está cerca de la Laguna de San Pedro. En Ruidera hay 3 hoteles de 1 estrella. Cerca de Ossa de Montiel, el pueblo más grande cerca de las lagunas, está el Hotel Montesinos, 1 estrella, T: (926) 37 71 05.

## ACTIVIDADES
**Pesca:** Se pueden obtener licencias para pescar en las oficinas de turismo de Ciudad Real y Albacete.
**Cueva:** El camino de la cueva de Montesinos comienza en la Laguna de San Pedro y nos lleva casi hasta la boca; las consideradas autoridades construyeron allí escalones para descender sin inconvenientes. En un tiempo también había iluminación interna a ciertas horas del día, pero ya no es así: lleve su propia linterna eléctrica.

## MÁS INFORMACIÓN
**Oficinas de turismo:** Avda. de los Mártires 31, Ciudad Real, T: (926) 21 33 02; y Tesifonte Gallego 1, Albacete (967) 21 33 90.

# Tablas de Daimiel

*Este parque nacional fue
en un tiempo una de las
grandes zonas lacustres de
Europa; está a 40
kilómetros de Ciudad Real*

Las Tablas de Daimiel alcanzaron reputación internacional como una de las reservas lacustres más importantes de España. En 1966 se las declaró reserva nacional, y en 1973 parque nacional, pero ello no logró salvarlas de las consecuencias de devastadores cambios ecológicos y económicos.

Al acercarnos a la aldea de Daimiel desde cualquier punto cardinal, atravesamos vastas zonas de viñedos recién plantados e irrigados con agua bombeada por pozos artesianos. Los viñedos medran bajo el candente sol de La Mancha, y hay indicios de

florecientes granjas modernas y cooperativas agrícolas. Sin embargo, el resultado acumulativo es que el río Guadiana se ha secado y el Cigüela está desviado y contaminado. En 1982 el Guadiana se secó por primera vez; ahora las Tablas de Daimiel casi han dejado de existir como estación de tránsito de muchas aves acuáticas. A comienzos del verano, cuesta creer que el parque haya sido sido una de las grandes comarcas lacustres europeas, pues sólo las aguas estancadas nos recuerdan esto era algo más que un páramo de cardos y arbustos achaparrados.

Las autoridades del parque hacional han declarado una emergencia ambiental e intentan implementar medidas para la conservación del agua, con el propósito de devolver a las tablas algo semejante a su estado original.

Los manchegos usan la palabra «tablas» para describir las lagunas de escasa profundidad que se forman cuando el río desborda en invierno. La mayoría de las tablas siempre se secaban durante las sequías estivales, pero varias lagunas sobrevivían todo el año y se poblaban de aves hasta que las lluvias otoñales volvían a llenar el río. Cuatro fuentes alimentaban las tablas, el Guadiana, el Cigüela, el Zancares y el Riansa-

Las empequeñecidas lagunas de las Tablas de Daimiel, otrora la Venecia de la Mancha, atraían a gran cantidad de patos

res, y los dos primeros suministraban la mayor parte del agua. Las ligeramente saladas aguas del Cigüela vienen de la Serranía de Cuenca, mientras que el Guadiana emerge de su curso subterráneo 15 kilómetros al norte de las tablas para formar lagunas llamadas «ojos», de donde viene el nombre de la aldea de Villarrubia de los Ojos.

El escabroso paisaje del parque está compuesto por cinco elementos principales: las tablas; los juncales circundantes; el masiegal, que consiste en un terreno ligeramente más elevado y cubierto de barrilla y arbustos achaparrados; las islas; y por último los pequeños y fértiles valles conocidos como vegas. De todos estos elementos, el masiegal es el único al que no ha tocado la sequía: es una de las zonas más extensas de su tipo en Europa Occidental, y recorrerlo es una experiencia estimulante. Aún se ven las pequeñas islas que motean los pantanos: la Isla de Pan, la Isla de los Asnos, la Isla de los Generales, la Isla de Algeciras, la Isla del Descanso, y demás. Encontrar las vegas es más difícil; se hallan en el rincón sudoeste de las 1.812 hectáreas del parque, entre las zonas conocidas como Prado Ancho y Suer-

te de Don Félix, y sufren (o sufrían) breves inundaciones anuales.

Si las aguas vuelven a las Tablas, sin duda un ejército de aves regresará allí. Entre las que empollaban allí, predominaban el ánade silvestre y los patos de cresta roja. También había patos marinos, y algunas parejas de pato ferruginoso. Los juncales de Rosaleo eran famosos por sus garzas púrpuras, así como por sus negretas, pollas de agua, rascones y colimbos de cresta grande.

La larga lista de aves invernales estaba encabezada por colas de aguja y patos pico de pala, así como por contingentes de ánades nórdicos y patos de mar que se unían todos los años a sus parientes de la zona. La población migratoria incluía también limosas, becardones, milanos negros y águilas imperiales. Los mamíferos estaban encabezados por el jabalí, el zorro rojo y grandes familias de nutrias.

---

**ANTES DE SALIR**
**Mapas:** SGE 1:50.000 Nos. 737, 738 y 760; IGN 1:200.000 Mapa provincial de Ciudad Real; ICONA 1:20.000 Mapa del Parque Nacional de las Tablas de Daimiel.

CÓMO LLEGAR
El Parque Nacional de las Tablas de Daimiel está situado a unos 180 kilómetros de Madrid y a unos 40 kilómetros de Ciudad Real, capital de la provincia.
**En automóvil:** La ruta habitual desde Madrid comprende la N-IV (Madrid-Cádiz) hasta Puerto Lápice, luego hasta Villarrubia de los Ojos o Daimiel. El único modo de llegar al corazón de las tablas consiste en tomar la ruta que va desde Daimiel hasta el centro de información del parque, 11 kilómetros al noroeste.
**En autobús:** No hay

transporte público desde Daimiel hasta el parque, pero hay autobuses que van regularmente a Daimiel desde Ciudad Real y Madrid.

DÓNDE DORMIR
Abunda el hospedaje. En Almagro, a 23 kilómetros de Daimiel, hay un parador nacional de 4 estrellas, T: (926) 86 01 00. Ciudad real tiene 2 hoteles de 3 estrellas y varias hosterías de 2 estrellas. En Daimiel hay hoteles de 2 estrellas y una pensión. Fuente del Fresno, al oeste del parque, tiene un hotel de 2 estrellas.

MAS INFORMACION
El parque está abierto todos los días de 9 a 20 en verano y de 10 a 17 en invierno. El Centro de Visitantes está cerrado los lunes y martes. Para solicitar información, telefonee a ICONA de Ciudad

Real, T: (926) 21 37 40.
El clima de Daimiel es muy caluroso en verano y crudamente frío en invierno. También sufre violentas fluctuaciones durante el día.

---

El empequeñecimiento de las tablas ha afectado a la limosa de cola negra

# Monfragüe

*Parque natural a unos 25 kilómetros al sur de Plasencia, con 218 especies de vertebrados*

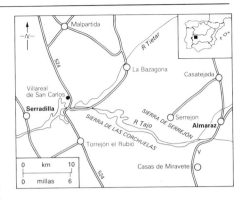

Una mañana fui a caminar por la dehesa de alcornoques que rodea el cortijo de Las Cansinas, en el corazón de Monfragüe. Ya hacía calor. El zumbido de los insectos poblaba el aire, y abubillas y orioles dorados emitían sus primeros trinos de la mañana mientras un alcaudón brincaba de árbol en árbol. Entonces reparé en la águila de dedos cortos (aquí conocida como águila culebrera) plantada en una loma rocosa a poca distancia. Me agazapé y estudié esa ancha cabeza que semeja la de un búho, con cejas prominentes y ojos muy grandes. Curiosamente, los dedos parecían tener una longitud normal. El águila no se movió, salvo para recular cuando media docena de urracas de alas azules se lanzaron sobre ella desde las ramas de un árbol cercano, un enfrentamiento entre David y Goliat.

Luego me enteré de que el día anterior habían soltado el ave en Las Cansinas, tras cierta convalescencia causada por lesiones que había sufrido. Como al parecer aún no podía readaptarse a la libertad, mandaron a un guardián para encontrarla. Tardó casi dos días en ganar su confianza, y al fin fuimos recompensados con el espectáculo de un ave algo humillada e irritada, encapuchada y cogida de esos feroces garras, cabeza abajo como una gallina liada. Habían cancelado su libertad, al menos por el momento.

El Parque Natural de Monfragüe recibe su nombre del Castillo y Ermita de Monfragüe, que da sobre el extremo occidental de la reserva. Los bereberes construyeron el castillo en la cima de la Sierra de las Corchuelas para vigilar el antiguo cruce del Tajo en Puente Cardenal, y recibió el nombre de Al-Mofrag. Los romanos llamaban Monsfragorum a este terreno difícil, desparejo e inhóspito.

El origen y la composición de esta formación rocosa tiene su reflejo casi exacto en la Sierra de Ancares, al oeste de la Cordillera Cantábrica. Esta comarca es una plataforma paleozoica que se elevó y fisuró durante las orogenias —elevaciones— hercinianas y caledonias. Ahora configura una meseta seca que se inclina hacia el oeste y el Océano Atlántico. Los valles están compuestos por pizarras de la era siluriana, cruzados con cierta regularidad por riscos de cuarzita que van del noroeste hacia el sudeste. Los macizos más majestuosos y prominentes son la Sierra de las Corchuelas, al sur de los ríos, y la Sierra de Serrejón, al norte, saliendo del parque.

Las cristalinas rocas madres se han desgastado lentamente, produciendo suelos secos, ácidos y muy sensibles a la erosión, por lo cual es muy importante mantener la vegetación natural. Lamentablemente, han forestado casi el 20 por ciento del parque con pino marítimo y eucalipto, dos especies no nativas; sin embargo, las autoridades se han comprometido a restaurar los más estables hábitats de la dehesa y los bosques, que son mucho más valiosos para la vida silvestre.

Las dehesas están restringidas a la Península Ibérica y el noroeste de Africa; están compuestas por ralas arboledas de alcornoque y encina, tradicionalmente explotadas por los frutos, la madera, el corcho y el carbón. La rica tierra es utilizada como pastura, según una práctica centenaria que está reconocida como el mejor modo de aprovechar este áspero terreno. En consecuencia, aquí ha evolucionado una fauna y una flora muy típicas, desconocidas en el resto del mundo.

El segundo hábitat importante es el bosque mediterráneo original. Está dominado por arbustos siempre verdes y árboles, a menudo especies que producen aceites aromáticos para disuadir a los herbívoros. Desde las laderas del Castillo y Ermita de Monfragüe, vemos una maravillosa maraña de almácigos y terebintos, olivos silvestres, durillos, madroños, pinos y encinas. Debajo de este dosel verde están los cistos típicos de Monfragüe —las variedades gomosa, de hojas grises, y hojas de álamo— junto con el brezo español rosado, la fragante lavanda francesa, la retama de flores amarillas y la espantalobos.

Doscientas dieciocho especies de vertebrados habitan el Parque Natural de Monfragüe, y muchos más visitan el lugar en sus viajes migratorios. Unas veinte especies de ave rapaz anidan y crían aquí a sus pequeños, con sustanciales porcentajes de la población global de buitres negros y águilas imperiales españolas. Ambas especies están amenazadas por la extinción, y la presencia de este último baluarte constituye una de las justificaciones del parque natural: las águilas imperiales se multiplican aquí más en su más célebre refugio del Coto Doñana.

El buitre negro y el águila imperial anidan en las copas de añejos alcornoques y encinas, así como los azores, gavilanes, águilas con botas y la mayoría de las especies de búhos que habitan el lugar. Otras aves de rapiña se han instalado en distantes salientes de roca, tales como los buitres de Peñafalcon, un enorme peñasco junto al puente Cardenal, también habitado por los pequeños

El hábitat de la víbora de Lataste se extiende desde Túnez hasta los Pirineos

buitres egipcios. Hay milanos en el parque, y a menudo se los ve buscando terrenos más abiertos, controlando el rumbo con un hábil movimiento de las colas bifurcadas. Las águilas doradas, las de Bonelli y las de los dedos cortos o culebreras, así como los halcones peregrinos y los cernícalos, se hallan a gusto en Monfragüe así como otras aves rapaces y esos grandes maestros del aire, los cuervos y las chovas.

El conjunto de pájaros pequeños típico de la dehesa y del bosque mediterráneo es uno de los más coloridos de cualquier parte. Las abubillas y alcaudones representan a los miembros más conservadores de un clan que incluye a criaturas emplumadas tales como el abejaruco, el oriol dorado, la urraca de alas azules y ciertas corácidas. Con excepción de éstas, que se ven con poca frecuencia, hay tal profusión de pájaros que uno se puede sumergir en sus gorjeos y colores mientras revolotean casi indiferentes —aunque no del todo— a nuestra presencia.

Pero el ave más memorable de Monfragüe es la cigüeña negra. También se trata de una especie constantemente amenazada por las actividades humanas, y es cada vez menos numerosa; aun así, unas siete parejas regresan todos los veranos a Monfragüe para criar su prole.

Para ver muchas de estas aves, basta con aparcar junto al camino, frente a Peñafalcon, y observar cómo giran en el cielo para posarse en el macizo. Águilas, halcones y cigüeñas negras regresan a sus nidos en una de las grietas, cerca de las aguas del embalse. A veces se les unen buitres negros, aunque son más comunes en los robledales del sur, camino a Trujillo. También las águilas abundan más en otras partes. Si cruzamos el embalse y vamos hacia el este, veremos las cinco águilas y los tres buitres típicos de españa. Una de las aves especiales de Monfragüe es el milano de alas negras. Es una de las aves de presa más bellas y raras de Europa, y anida entre los alcornoques al norte y al sur de los grandes sistemas fluviales, pero siempre es difícil de localizar. En las zonas donde aparecen, vale la pena investigar cada ave que revolotea, pues, como el cernícalo, estas espléndidas aves suelen buscar su alimento mediante esta técnica.

Los mamíferos de Monfragüe son igualmente interesantes. La especialidad del parque es el lince español, aunque la naturaleza esquiva de este animal impide verlo a menudo. También hay aquí 15 especies de murciélagos, igualmente elusivos.

El ciervo rojo y el más pequeño paleto figuran entre las presas permitidas para los cazadores, pues las autoridades razonan que una caza limitada de estos recursos sostenibles traerá dinero adicional para conservar otras especies. Los abundantes jabalíes de la dehesa también son populares entre los cazadores.

Felinos salvajes, mangostas egipcias y gi-

netas habitan el bosque mediterráneo, y todos ellos huyen ante el menor ruido; las nutrias patrullan los arroyos que conducen a los embalses. También residen en Monfragüe zorros, tejones, corzos, turones y martas, así como el importado musmón, el lirón de jardín, un arborícola, y el topo subterráneo. Se ha explotado cada nicho ecológico.

Las 19 especies de reptil que habitan el parque natural incluyen criaturas tan exóticas como la salamanquesa morisca, a menudo adherida a una pared junto a la ventana de noche, alimentándose de insectos atraídos por la luz. Menos frecuente es el amphisbaenian o lagarto gusano, cuya forma es precisamente la de un gusano grande

La avutarda es una de las maravillas naturales de Monfragüe, mientras que Peñafalcon (página siguiente) alberga, como sugiere el nombre, muchas aves de presa

y rosado, y ocupa un territorio similar. También hay en Monfragüe esquincos de tres dedos y de Bedriaga, los últimos limitados a la Península Ibérica en su distribución mundial; sus patas diminutas son un resabio evolutivo de los días en que parecían verdaderos lagartos y no habían desarrollado su actual costumbre de reptar.

Nueve especies de serpientes acechan en la maleza; tres son venenosas: la víbora de Lataste, la falsa serpiente suave y la serpiente Montpellier. Ninguna es fatal, y las dos primeras tienen los colmillos en la parte posterior de la boca, así que no pueden inyectar el veneno a menos que hayan mordido muy bien. Otras especies menos amenazadoras son la serpiente látigo herradura y la serpiente escalerilla.

Los hábitats más húmedos de Monfragüe, los embalses del Tajo, el Tiétar y sus tributarios menores, albergan una comunidad animal igualmente variada, particularmente en lo que respecta a anfibios y aves invernales y migratorias. En verano vemos colimbos de cresta grande y pratíncolas de hermoso cuello, los primeros con su cargamento de plumosos pichones, los segundos sobrevolando ruidosamente los cenagales que quedan cuando bajan las aguas. En mayo estos cenagales se llenan de vencejos que juntan material para construir sus pequeños iglúes de barro bajo el borde del embalse del Tajo. La fauna avícola invernal incluye airones, espátulas y gansos grises, así como garzas que merodean por los bajíos, mientras hileras de cormoranes observan desde los restos podridos de árboles parcialmente sumergidos.

La salamanquesa morisca se suele ver de noche en las aldeas, agazapada en las paredes para atrapar los insectos atraídos por la luz

Los anfibios que habitan los riachos y barrancos que rodean los embalses incluyen salamandras negras y amarillas, y el tritón marmolado camuflado de caqui. Ranas verdes y brillantes habitan los árboles, mientras que diversos sapos merodean por el lugar. Otras especies incluyen la rana pintada, la rana perejil y la salamandra de costillas filosas, una criatura fea y verrugosa típica de la península, y uno de los anfibios con cola más grandes de Europa, pues alcanza casi 30 centímetros de longitud.

ANTES DE SALIR
**Mapas:** SGE 1:50.000 Nos.
631, 652, 670 y 679, mapa
Michelin No. 447 1:400.000.
Guía: José Luis Rodríguez,
Guía del Parque Natural de
Monfragüe (Ediciones Fondo
Natural, 1985).

CÓMO LLEGAR
**En automóvil:** Desde
Plasencia o Trujillo, tome la
C524, que conduce a las
aldeas de Castillo de
Monfragüe y Villarreal de San
Carlos. Hay una carretera
menor que se dirige al este y
sale de la C524 al norte de
Villarreal de San Carlos.
**En tren:** La estación
ferroviaria más cercana es
Palazuelo, al sur de Plasencia,
y a unos 20 kilómetros de la
sección más cercana de
Monfragüe. Hay pocos trenes
para Palazuelo, pues la
estación está en un tramo
lateral de la principal línea
Madrid-Cáceres; quizá sea
aconsejable viajar primero a
Cáceres, y luego en autobús a
Plasencia (véase abajo).
Para ir a Cáceres, hay 5
trenes diarios desde Madrid y
1 desde Sevilla; ambos viajes
tardan unas 7 horas. La
estación de Cáceres está a
bastante distancia del centro
de la ciudad, pero está
conectada con la plaza
principal por un autobús que
se detiene aquí cada 20
minutos.
**En autobús:** Desde Madrid,
los autobuses tardan 3-5 horas
en llegar a Cáceres, y hay 5
por día. La estación de
autobuses de Cáceres está
situada fuera del centro de la
ciudad, en la ciudad nueva,
calle Gil Cordero,
T: (927) 22 06 00.
Las principales ciudades de
la región tienen un razonable
servicio de interconexión por
autobús, sobre todo con
Guadalupe desde Talavera,
Navalmoral y Cáceres, vía
Trujillo; de Plasencia a
Cáceres; también al norte

hacia Salamanca, y de Cáceres
a Trujillo.

DÓNDE DORMIR
Esta es una de las regiones
menos pobladas de España y
algunas localidades ni siquiera
tienen bar, y mucho menos
hotel. Plasencia tiene varios;
recomiendo el Rincón
Extremeño, T: (927) 41 11 50,
o el Alfonso VIII, 3 estrellas,
T: (927) 41 02 50. Hay
hospedaje de diversa calidad
en las cercanas aldeas de
Torrejón el Rubio (a sólo
unos kilómetros de
Monfragüe) y Malpartida de
plasencia, así como en
Trujillo. Sin embargo, hay 4
paradores nacionales en la
zona: el Parador de Trujillo,
4 estrellas, T: (927) 32 13 50;
el Parador Zurbarán, 3
estrellas, T: (976) 36 70 75, en
Guadalupe; el Parador Carlos
V, 3 estrellas,
T: (976) 56 01 17, en
Jarandilla de la Vera; y en
Oropesa, Parador Virrey
Toledo, T: (923) 43 00 00.
**Vida al aire libre:** Permitida
dentro del parque en zonas
estrictamente designadas. Pida
detalles en el centro de
información de Villarreal de
San Carlos. También hay un
camping en Jarandilla, al
norte del parque.

ACTIVIDADES
**Excursiones a pie:** Varias
sendas conducen al interior
del parque. El camino que va
a la cima de Castillo y Ermita
de Monfragüe comienza en el
puente del río Tajo (Puente
Cardenal); desde allí siga la
pequeña y serpenteante senda que
sube al castillo. En las
cercanías hay una cueva con
pinturas de arqueros y cabras
monteses realizadas en la
Edad del Bronce;
lamentablemente no se puede
ver mucho porque en la
entrada de la cueva han
puesto una reja para impedir
que los grafiti arruinen las
pinturas.

Al sur de Castillo hay una
angosta hendedura en el risco
de cuarzita y piedra arenisca,
a través de la cual avanzan el
río y la carretera, aunque en
direcciones distintas. Un magnífico
pináculo de cuarzita se eleva
abruptamente desde el agua a
la derecha: es el Peñafalcon,
uno de los lugares más
visitados y populares del
parque, en gran medida
gracias a sus pájaros. A casi
toda hora el cielo está
cubierto de aves, tales como
buitres que vuelan hacia la
Sierra de las Corchuelas. En
los días cálidos y soleados, si
uno tiene binoculares a mano,
podrá ver algunas de la media
docena de parejas de cigüeñas
negras de Monfragüe, posadas
en el lado sur de la pared de
roca y contemplando la escena
con aire regio.
**Pesca:** Para conseguir un
permiso que lo autorice a
pescar una de las 9 especies
que frecuentan los embalses,
consulte a ICONA en Cáceres
(véase abajo).

MÁS INFORMACIÓN
**Información turística:**
Pl. General Mola, Cáceres,
T: (927) 24 63 47; C. Trujillo
17, Casa de la Cultura,
Plasencia, T: (927) 41 27 66; y
Pl. de España, Trujillo,
T: (927) 32 06 53. ICONA,
Argentina 1, Cáceres,
T: (927) 22 51 30.
En Villarreal de San Carlos
hay un centro que brinda
información sobre el parque.
Dentro del parque hay una
reserva integral, que está
cerrada al público en todo
momento, así que las más
raras aves de Monfragüe
pueden empollar y criar a sus
pichones sin perturbaciones.
Por razones de seguridad, no
se da a conocer su ubicación
exacta. Respete todas las
cercas que hay dentro del
parque: usted puede obtener
vistas espectaculares de todas
las especies de aves desde la
zona de acceso libre.

# La costa mediterránea

La costa mediterránea española ha tenido un efecto decisivo en la historia del país. En la antigüedad, el Mar Mediterráneo trajo a los griegos, cartagineses y romanos a estas atractivas costas. Luego, cuando España expulsó al fin a los invasores moros, fue por un tiempo la primera potencia marítima del Mediterráneo occidental. Cuando Colón descubrió América, todo eso cambió: por razones económicas, el interés de España se volcó hacia el Atlántico, y el Mediterráneo quedó relegado.

Pero en nuestros días, las somnolientas aldeas pesqueras y las comunidades agrícolas de esta costa han recibido una nueva invasión, no menos problemática: los turistas que vienen desde el norte a estas latitudes en busca del sol y las cálidas aguas saladas que no tienen en su patria. Así, muchas de las virginales playas del Mediterráneo español se han transformado en un solarium masivo, con espacio apenas suficiente, junto a cada cuerpo excesivamente expuesto al sol, para un frasco de loción protectora, un best-seller y un par de sandalias. Más allá de las playas se elevan las apiñadas hileras de hoteles cuadrangulares que albergan a los adoradores del sol cuando no están en la playa: todos parecen convenir en que estos hoteles no ofrecen un bonito espectáculo, pero que es demasiado tarde para hacer algo al respecto. Sin embargo hay lugares agrestes, y a menudo comienzan detrás de los pueblos turísticos, en el lado interior de las montañas, que normal-

Las arenas, marismas y salinas del Delta del Ebro, entre Barcelona y Valencia, constituyen la zona virgen más vasta de la España mediterránea

mente forman una especie de muralla al oeste de las playas, separando a la verdadera España de las biquinis y los parasoles. A menudo los paisajes más desiertos de la sierra están a pocas horas de automóvil —e incluso se puede llegar a pie, aunque no es aconsejable hacerlo bajo el aplastante calor de agosto— de algunas de las ciudades más activas de la costa. Un buen ejemplo es la Sierra del Maestrazgo, que empieza a unos 30 kilómetros de las atestadas playas de Castellón de la Plana y sin embargo es uno de los sitios más olvidados de España, la Shangri-la de las ciudades construidas sobre cerros y las aldeas fortificadas, las tierras altas y ventosas y los vastos bosques mediterráneos.

Murcia, que antes era una de las provincias más pobres de España, se ha vuelto muy próspera gracias a su nueva categoría de «huerta de Europa». A poca distancia de su capital se yergue la Sierra Espuña, en una estribación costera que contiene algunos paisajes asombrosamente salvajes y una reserva nacional. Para tener una idea de lo que eran las zonas agrestes mediterráneas, es aconsejable acampar unos días en la Sierra Espuña.

Los que viven a orillas de este gran mar siempre han tenido buenas y diversas razones para escalar los picos de las montañas cercanas. En tiempos de los romanos había un templo de Venus en Montserrat, la montaña sagrada que se eleva abruptamente desde la llanura catalana para alcanzar una altura de 1.237 metros. Desde el siglo nueve ha sido el altar de la Virgen Negra del mismo lugar, y cada año decenas de miles de peregrinos visitan el templo y el vecino monasterio benedictino. Pero también acuden a la montaña escaladores de Barcelona y otras ciudades cercanas,

quienes practican sus técnicas de descenso en los fascinantes peñascos del macizo de Montserrat. Así, mientras el monasterio sufre el asedio de una constante oleada de visitantes que llegan en automóvil y autobús, las montañas contiguas se yerguen tan desafiantes y virginales como cualquier estribación del interior.

De paso, Montserrat se ve mejor desde el pueblo de Vic, al norte de la montaña misma. Una de las características especiales de esta «catalanísima montaña» es que presenta una forma fantástica desde dondequiera se la vea: una serie de siluetas irregulares. Desde la cumbre vemos hasta las montañas de Aragón, así como buena parte de la Cataluña cercana; en días muy claros distinguimos Mallorca en el horizonte. Dos cataclismos geológicos explican las asombrosas formaciones rocosas de este famoso macizo: el primero arrojó toda la región al fondo de un vasto lago eoceno; el segundo la elevó por encima de lo que ahora es el valle del río Llobregat. La acción glacial cuaternaria esculpió una serie de peñascos y barrancos, de modo que sus perfiles sugirieron el nombre Montserrat, la «montaña con dientes de sierra».

Más al norte, entre Granollers y La Selva, y también muy cerca de la costa, la Sierra de Montseny ofrece un paisaje menos estremecedor pero oportunidades aun más variadas para los caminantes, excursionistas y escaladores. En verdad toda la estribación costera que hay detrás de la Costa Brava de Cataluña tiene cumbres y escarpas que presentan espectaculares vistas del vinoso mediterráneo, del cual rara vez está separada por más de 30-40 kilómetros de llanura costera.

Al sudoeste de Tortosa se extiende una zona de exploración diferente,

Puertos de Tortosa y Beceite (Beseit), una región de montañas boscosas y gentiles valles que en parte es huerto y en parte páramo. Este es otro de los rincones totalmente desconocidos de España, y una excursión a pie por los Puertos de Benceite bien se puede combinar con una excursión al Delta del Ebro, menos de 50 kilómetros al este, para mirar aves. El delta es distinto de todas las demás regiones de España, excepto la cercana Albufera de Valencia. En buena parte consiste en una sucesión de cuencas de escasa profundidad donde se cultiva arroz, las cuales constituyen sitios ideales para que las aves invernales y migratorias se alimenten y se bañen. En cuanto a los seres humanos, nada mejor que el delta como isla de calma psicológica a años-luz de las playas apiñadas que se extienden al norte y al sur por toda la costa.

Desde la desembocadura del Ebro hasta la Albufera, al sur de Valencia, hay sólo 180 kilómetros, y esta famosa laguna de agua dulce al borde del Mediterráneo también ofrece su hábitat para las aves acuáticas, tanto para las que se reproducen entre sus juncales como las que sólo la habitan transitoriamente. La Albufera y sus inmediaciones no son verdaderamente «salvajes», pero constituyen una importante zona para observar aves y por esa razón la incluimos aquí.

Esencialmente hay dos Españas, la húmeda y la seca, y es notable encontrar estas dos grandes comarcas húmedas en la costa del Mediterráneo, que pertenece sin duda a la España seca. En ambos casos, sin embargo, el agua proviene de las regiones altas que reciben muchas más lluvias que la franja costera. En todo caso, la vegetación de esta costa ha aprendido a convivir con lo que los franceses llaman la *grande chaleur*:

el bochornoso y seco período que va de junio a setiembre, cuando casi no llueve y el sol calienta durante un promedio de más de diez horas diarias. La mayoría de los cultivos de plantas cesan durante el caluroso verano y se reinician sólo cuando llegan las primeras lluvias, normalmente a fines de octubre. Lo cual no significa que el Mediterráneo tenga una previsible estación de lluvias, como los monzones de la India; imprevistos chubascos estivales pueden causar estragos en los huertos, los jardines escalonados y los cauces secos apropiadamente llamados «torrentes». Estos chubascos anormales también pueden confundir a las semillas que esperan el otoño; si engañan a las hierbas, haciéndolas brotar en julio o agosto, el sol pronto las calcina y priva al granjero de forraje para la temporada invernal.

Cuando llegan las lluvias otoñales, todo despierta del profundo sueño estival que es como la hibernación de los países nórdicos. De la noche a la mañana la vegetación reverdece la tierra y la decora con brillantes amapolas rojas. Esta es la «segunda primavera» del Mediterráneo. Algunas especies florecen a fines del otoño y principios del invierno, y algunas siguen creciendo durante los meses de lluvia. La mayoría de las perennes florecen a principios de primavera y el período de florecimiento alcanza un crescendo a fines de abril, cuando una gran variedad de plantas anuales también puebla las tierras bajas y las laderas. En junio ya han muerto ante la cercanía del verano, y la mayoría han propagado sus semillas: sólo los abrojos y los miembros de la familia de la menta siguen en flor.

La costa mediterránea es célebre por la riqueza y variedad de su vida vegetal, con su notable amalgama de lo silvestre con lo cultivado, las especies na-

tivas con las exóticas. Las espinosas paletas verdes de la tuna, que constituyen un rasgo tan ambiental del paisaje, vinieron originalmente del Nuevo Mundo; se dice que Colón las trajo de uno de sus viajes. El maguey o agave americano, otro centinela ornamental de tantos jardines secos y zonas de *maquis*, también vino de ultramar. En realidad, las palmeras, cactos, mimosas, eucaliptos, naranjos y limosneros son todos foráneos.

El importante olivo también parece haber venido desde el Asia. En la clásica cultura mediterránea, suministra el aceite para cocinar, untar el pan y cargar las lámparas, y sirve para toda clase de usos medicinales; sus frutos, tanto verdes como maduros, se conservan en salmuera; su madera se usa para el fuego y para tallar cuencos y cucharas. Pero nadie jamás taló un olivo: en la antigua Grecia talar un olivo era un crimen capital. La madera para el combustible y las tallas se obtiene de las ramas y trozos de tronco que deja la poda anual.

Muchas de las plantas realmente nativas (algunas de las cuales fueron domesticadas a través de siglos de horticultura mediterránea) nacieron aquí en tiempos terciarios, mientras que el mirto, la adelfa, la viña y el lentisco sobrevivieron a la Era Glacial del período cuaternario. El algarrobo, único sobreviviente de una familia previa a la Era Glacial, da las judías negras conocidas como pan de San Juan, y se dice que el santo se alimentó de ellas mientras vivía en el desierto. Su relleno rico en fructosa puede, en efecto, saber como caramelo cuando la habichuela ha madurado cobrando un color pardo oscuro, pero mientras está verde el gusto es horrendo, y ni siquiera las ovejas la prueban.

En valles como los Puertos de Beceite, todo el brillante espectro de la vida vegetal mediterránea se puede desplegar durante la primavera, el otoño y el invierno: los olivos y algarrobos de los huertos; los árboles frutales de muchas variedades; las palmeras que se elevan orgullosamente junto a las granjas y susurran en el viento; los pinares y encinares de las montañas; las flores silvestres desperdigadas entre las rocas. El sensual placer que brindan estas frutas y flores, con sus sabores y olores, basta para que cualquiera olvide los arenosos deleites de las playas que están a tan poca distancia.

CÓMO LLEGAR
**Por aire:** Los aeropuertos de la costa mediterránea son Barcelona, T: (93) 317 01 78, Valencia, T: (96) 370 95 00 y Alicante, T: (965) 28 50 11, todos los cuales están conectados por frecuentes vuelos con las principales ciudades europeas. También hay vuelos internos regulares.
**Por mar:** Los principales puertos de la región son Barcelona y Valencia, y ambos tienen servicios regulares de ferry —con transporte de automóviles— a las Baleares y conexiones marítimas esporádicas con otros puertos españoles. Las líneas navieras internacionales están concentradas en Barcelona, desde donde hay tráfico permanente con Italia, Yugoslavia, Turquía, etc. Solicite información al Puerto de Barcelona, T: (93) 318 87 50, o la Estación Marítima Internacional, T: (93) 301 25 98. El número del Puerto de Valencia es (96) 323 09 91; el número de Alicante es (965) 20 22 55.
**En automóvil:** Hay fácil acceso a la costa desde la frontera francesa, hasta Murcia y Cartagena. Una supercarretera conocida como Autopista del Mediterráneo va paralela a la costa; constituye un rápido modo de llegar a los lugares agrestes y alejarse de los centros turísticos. Solicite información caminera al (93) 204 22 47.
**En tren:** Un excelente servicio opera a lo largo de la costa

mediterránea, en la línea Barcelona-Valencia-Alicante de RENFE. Ocho trenes diarios van de Barcelona a Valencia (estación Sants), con paradas en Tarragona, Tortosa y Castellón; la mitad de ellos también tienen paradas locales a lo largo de la línea. Desde Valencia hay 7 trenes diarios a Alicante; las principales estaciones son

Aiguamolls de l'Empordà es el único lugar de España donde se reproduce el tordo gris

Játira (Xàtira), Villena y Elda. Sólo 1 tren diario viaja de Alicante a Murcia, el que va desde Portbou-Cerbère en la frontera francesa hasta el Levante, y Murcia es la última parada.

Desde Madrid hay trenes frecuentes a Valencia y Castellón o Gandía. Sin embargo, es complicado ir de Andalucía hasta la región costera mediterránea, y hay que pasar de la línea Madrid-Andalucía a la línea Madrid-Alicante en Alcázar de San Juan. Para informes y reservas, telefonee a Madrid (91) 429 82 28, abierto todos los días del año de 9 a 21.

**En autobús:** Hay servicios regulares desde Barcelona y Gerona (Girona) que abarcan toda la costa mediterránea al norte de Barcelona. Estos servicios dependen principalmente de 3 compañías: Compañía de Ferrocarril San Felio de Guixols a Girona, T: (972) 20 77 70 (Gerona), y T: (972) 320 05 76 (San Felíu de Guixols); la Línea Regular de Viajeros, entre Lloret de Mar, Vidreros y Gerona, en Gerona T: (972) 20 10 18, y en Lloret, T: (972) 33 41 42, 33 40 72, y 33 58 32; y la Línea Sarfa, que conecta Barcelona, Gerona y la Costa Brava, T: (972) 20 17 96 (Gerona).

Muchas compañías cubren la costa sur de Barcelona; solicite información al (93) 329 06 06 (Barcelona); (965) 22 07 00 (Alicante); (968) 29 22 11 (Murcia); y (96) 349 72 22 (Valencia).

## CUÁNDO IR
Huelga decir que los centros turísticos son deprimentes cuando no están atestados de turistas. Pero si uno se mantiene alejado de la costa, no hay mucho problema de apiñamiento.

## DÓNDE DORMIR
Se han construido miles de hoteles en la costa mediterránea española, pero los lugares agrestes que hay detrás de las playas y en la Sierra suelen estar en zonas donde los hoteles son escasos y están alejados entre sí. Para el hospedaje cerca de las zonas naturales, consulte los artículos específicos o pregunte en las oficinas de turismo (véase abajo).

## ACTIVIDADES
**Clubes de montañismo:** Federació d'Entitats Excursionistes de Catalunya, Ramblas 61-1º, Barcelona 2, T: (93) 302 64 16; y Federación Valenciana de Montañismo, Castellón 12-4º, 16a, Valencia 4, T: (96) 321 93 58.

**Esquí:** El centro de esquí más cercano está en Teruel: Sierra de Gúdar.

## MÁS INFORMACIÓN
**Alicante** (965): Oficina de turismo, Esplanada de España, 2, T: 21 22 85. Cruz Roja, T: 23 07 02. Información caminera, Pl. de la Montañeta, T: 21 22 29.
**Barcelona** (93): Oficina de turismo, Gram Vía de las Coertes Catalanas, 658, T: 304 74 43. Cruz Roja, T: 205 14 14. Información caminera, Roux 80, T: 205 13 13.
**Castellón** (964): Oficina de turismo, Pl. María Agustina 5, T: 22 74 04. Cruz Roja, T: 22 48 50. Información caminera, Avda. del Mar 16, T: 22 05 54.
**Gerona** (972): Oficina de turismo, C. Ciudadanos 12, T: 20 16 94; información hotelera, T: 20 45 49; información turística para la Costa Brava, T: 20 84 03. Cruz Roja, T: 20 04 15. Información caminera, Gran Vía Jaume I 41, T: 20 92 58.
**Murcia** (986): Oficina de turismo, C. Alejandro Seiquier 4, T: 21 37 16. Cruz Roja, T: 21 88 93. Información caminera, Avda. de Perea 1, T: 25 45 00.
**Valencia** (96): Oficina de turismo, C. de la Paz 46, T: 352 28 97, 334 56 04 y 334 56 05. Cruz Roja, T: 360 62 11. Información caminera, Blasco Ibéñez 50, T: 360 06 60.

## OTRAS LECTURAS
Rose Macauley, *Fabled Shore* (Londres, 1949); George Orwell, *Homage to Catalonia* (Londres, 1938).

# Aiguamolls de L'Empordà

*Uno de los refugios húmedos de la España mediterránea, a 25 kilómetros de la frontera francesa*

**D**esde el aire, el Golfo de Rosas, encerrado por las colinas de los Pirineos, da la impresión de que una enorme y mítica bestia marina hubiera arrancado un pedazo de tierra de una dentellada. Aunque es una de las zonas menos arruinadas de la Costa Brava, invadida por los turistas, está llena de hoteles, y la gran carretera Perpignan-Barcelona serpea a través de la llanura a menos de 10 kilómetros del mar. Pero entre el mar y los veloces automóviles, en el corazón de esta esporádica pero creciente urbanización, se extiende uno de los últimos refugios costeros de la España mediterránea: Aiguamolls de L'Empordà.

Las ruinas de tres grandes ciudades construidas una encima de la otra —vestigios de las culturas griega, ibérica y romana— señalan el extremo meridional de Aiguamolls de L'Empordà. Se la conoció en diversas etapas de la historia como Emporion, Empurias, Ampuñas y hoy como Ampurias (Empúries); el nombre deriva de una palabra griega que significa «estación mercante». Hoy sólo queda un laberinto de cimientos parcialmente excavados. Aun a principios del siglo dieciocho, la mayoría de las tierras costeras de Empordà constituían una agreste extensión de lagos de agua dulce y salada, mechados de marismas y bosques ribereños. En esa época Castelló d'Ampurias, a orillas del río Muga, al norte de la bahía, estaba rodeado por pantanos y lagunas. Cuando esta ciudad perdió importancia, los pantanos desaparecieron gradualmente. Originalmente se usaban para cultivar arroz y criar ganado, pero más recientemente para el cultivo intensivo de cereales como maíz, girasol y cebada. Ahora sólo persisten lagunas fragmentarias, y las restantes zonas agrestes están cada vez más amenazadas por el turismo.

El Golfo de Rosas está separado de Francia por un antiguo espetón de granito y pizarra, la península Cadqués, hacia el norte. La depresión costera se arquea hacia el sur y el oeste en una serie de colinas truncas de la era terciaria, antes de elevarse para salir al encuentro de las oscuras regiones de los Pirineos; el promontorio sur, sobre el cual se yergue L'Estartit, está compuesto de piedra caliza y tiene en la punta espectaculares cavernas submarinas.

En respuesta a las obvias amenazas de intensificación agrícola y desarrollo turístico, y como resultado de ciertas presiones políticas de los ecologistas, en 1983 el parlamento catalán declaró *parc natural* a una vasta superficie de esta zona. Hay tres reservas «integrales» dentro del parque: una de ellas es una zona de marismas saladas, un gran bloque pentagonal que avanza tierra adentro desde la playa, entre los ríos Muga y Fluvià, donde el sistema de lagunas se extenderá para atraer más aves. Hay ocho de esas lagunas o *llaunes*, que están conectadas con ambos ríos cuando se eleva el nivel del agua, pero también están muy cerca del mar y se inundan varias veces por año cuando las tormentas empujan el Mediterráneo por encima de las dunas.

La segunda reserva está más al norte, donde antes se encontraba el lago de Castelló d'Ampurías. Se trata de varios *estanys* y *closes* —prados y marismas— que reciben agua dulce de las montañas de Alberes y St Pere de Roda, que están al norte, todo el año. L'Aigua Clara es lo único que queda del gran lago, y ahora está cubierto de juncos y espadañas. Alrededor de esta reserva central hay una gran campiña, incluida La Rovina, que abarca diminutas franjas de tierra o peces, bordeadas por canales de irrigación y setos de tamarisco. Esta comarca parece más propia del centro de Francia o del sur de Inglaterra, con sus pequeñas parcelas rodeadas de olmos y fresnos y sus angostas zanjas bordeadas por toda clase de plantas amantes del agua. El pantano de agua dulce desborda de juncias y espadañas, gladiolos amarillos y salicarias rojas, con los enormes capullos rojizos de la malva de pantano.

La más pequeña de las reservas es la Illa de Caramany, sobre el río Fluvià. En 1979 se lo aisló dragando el cauce, y en consecuencia tiene gran valor como tierra boscosa ribereña y virginal que sirve como refugio para la vida silvestre. En la primavera de 1987 se descubrió una especie de iris que era nueva en Empordà.

Las «estepas» de los pantanos de agua salada forman un complejo mosaico de vegetación halofítica, mechada de irregulares lagunas salobres. Las extensiones de suculento plátano de mar, planas como una cancha de fútbol, están punteadas aquí y allá de hinojo marino y *artemisia*. Las zonas más húmedas tienen juncos, verdolaga marina, varias especies de almarjo y limonio, mientras que del lado que da al mar, en verano, las movedizas dunas son un estallido de rosa y alba: la floreciente roqueta de mar y el alhelí, el cardo corredor y la correhuela de mar. Las lagunas están pobladas de plantas acuáticas, entre ellas las aquileas, que atraen gran cantidad de aves acuáticas durante el invierno. Uno de los espectáculos más memorables son las extensiones de agua salobre tachonadas de arañuelas blancas que florecen en el lago de Vilaüt en primavera.

Más de 20 especies de mamíferos frecuentan el parque, aunque algunos, como la nutria, son tan poco comunes que se teme que se hayan extinguido, a pesar de que procrean corriente arriba en ambos ríos. De las criaturas más pequeñas, aquí se han avistado lirones, musarañas europeas de dientes blancos, musarañas etruscas, ratones de agua, ratones de cola larga, ratones campestres de cola corta, topos y erizos, así como conejos, liebres, comadrejas y zorros. A veces se ven martas, y los turones son muy comunes en los pantanos. Las 11 especies de murciélago ayudan a controlar la próspera población de mosquitos; incluyen tres especies de murciélago herradura, así como los murciélagos de Daubenton, de alas curvas. En invierno, las familias de jabalíes dejan a veces las colinas circundantes para alimentarse en los *closes*.

Los anfibios y reptiles no son menos variados. En las marismas vibran los llamados de la rana pintada, y se pueden observar distintos tipos de sapo, tritones marmolados y palmeados y ranas arbóreas sin franjas; la última tiene apenas la longitud de un meñi-

El sol se pone detrás de las dunas, esenciales para preservar las marismas de Aiguamolls

que y cojines con forma de disco en los pies. Tuve la suerte de ver un terrapene de cuello rayado que se deslizaba silenciosamente en un charco; también se ha visto aquí el terrapene europeo. Los lugares más secos y rocosos albergan lagartos de pared, ambas especies de *psammodromus* y la salamanquesa morisca, y se puede atisbar el mucho más grande lagarto ocelado, verde y amarillo. También hay serpientes Montpellier y escalerilla, la primera un poco venenosa, así como culebras, víboras, lagartos sin patas y esquincos de tres dedos.

Pero la principal atracción de Aiguamolls de L'Empordà es la variedad de aves: es un paraíso ornitológico, particularmente en las temporadas migratorias de la primavera y el otoño. La presencia del *Anas querquedula* tan al sur de su residencia normal es uno de los misterios fascinantes de este parque. Entre las aves que empollan aquí tenemos chorlitos, zancudas de alas negras y aves rapaces. En la vegetación más mediterránea de las protuberancias de granito, en la parte norte de la reserva, es habitual ver abejarucos y grandes cuclillos manchados que cazan entre las hortigas y los fragantes cistos de hojas angostas.

Aunque la playa forma parte de la reserva integral, es muy visitada por adoradores del sol, y en consecuencia sólo algunas parejas de frailecillos de Kent logran anidar aquí. Se habla de restringir el acceso durante la temporada de cría para que los frailecillos y golondrinas de mar regresen aquí a criar sus pichones.

En invierno, los somorgujos de garganta negra son habituales en la bahía, y ocasionalmente se ven somorgujos de garganta roja y los grandes somorgujos del norte. El invierno es también la estación en que cormoranes, alcas, eideros, patos comunes y fojas, así como mergánsares, mergos y mergánsares de pecho rojo, usan las protegidas aguas del Golfo de Rosas como lugar de reposo. Si uno tiene suerte, puede ver una pequeña bandada de flamencos, que visitan la marisma en tiempos de migración; algunos ejemplares a veces permanecen el invierno entero.

Sin embargo, estas marismas cobran su aspecto más propio durante las migraciones de primavera y otoño. Algunas de las especies más exóticas que han visitado Aiguamolls de L'Empordà son las espátulas y el ibis lustroso, el pato de cresta roja, los colimbos de cuello negro y eslavo, los búhos de orejas cortas y las grullas comunes. Aquí se han avistado casi todos los miembros europeos de la familia de las garzas, así como algunos raros visitantes del Africa: el gran airón blanco, el avetoro, la garza sguacco, el pequeño airón y el airón de ganado. Aquí empollan las garzas púrpura, nocturna y gris, así como el avetoro, y hay esperanzas de atraer a algunos de los airones silvestres hacia un lugar cerrado que contiene algunas parejas, para que estas especies regresen aquí para anidar.

Las aves pequeñas son tan interesantes como estos gigantes de los pantanos; en todo momento uno oye pájaros cantores que frecuentan los matorrales más densos. El paro empolla en los ríos Fluvià y Muga, relativamente poco contaminados. Otros paserinos que empollan aquí incluyen el bigotudo de Savi y los grandes pájaros cantores de los juncales, así como los ruiseñores y los herreruelos amarillos. Las tres o cuatro parejas de alcaudones grises que empollan en la marisma de agua dulce representan las únicas parejas regulares de la Península Ibérica. Se ha registrado un total de 300 especies de aves en el parque, y se sabe que aproximadamente unas 90 empollan aquí.

---

ANTES DE SALIR
**Mapas:** SGE 1:50.000 Nos. 258 y 259; y Michelin No. 443, 1:400.000.
**Guía:** Rose Macaulay, Fabled Shore (Londres, 1949).

CÓMO LLEGAR
**Por aire:** Hay una amplia variedad de vuelos internacionales a Barcelona, que está muy bien conectada, por cierto, con la red interna de Iberia.
**En automóvil:** Si usted viaja desde Gerona o Francia, salga de la Autopista del Mediterráneo en Figuras y tome la carretera 260, que continúa por esa zona hasta Rosas.
**En tren:** Desde Barcelona salen 6 trenes diarios hacia Gerona y el norte, y tardan 2 horas y media en llegar a Figueras. Si usted toma la línea Portbou-Barcelona, las estaciones más cercanas al parque son Camallera, Sant Miguel de Fluvià, Vilamalla, Figueras y Vilajuïga.

**En autobús:** Desde Barcelona uno puede tomar la línea Lancha Litoral, que para en casi todas las playas. Desde Figuras, la compañía SAFRA envía unos 6 autobuses diarios a Rosas y Cadaqués, desde la estación de la calle Méndez Núñez; debe usted apearse en el desvío a San Pedro Pescador (Sant Pere Pescador) y caminar hacia el parque, al cual llegará en media hora.

DÓNDE DORMIR
La ciudad más cercana es Castelló dAmpurías donde hay varios hoteles buenos, entre ellos el All Ioli, T: (972) 25 03 00. En San Pedro Pescador está el Hostal Collverd, T: (972) 52 00 75. Vida al aire libre: Hay cinco campings dentro de Aiguamolls de L'Empordà: el Camping Almatà, en el camino a San Pedro Pescador desde Castelló d'Ampurías; el Camping Laguna, en la encrucijada de las mismas aldeas; y el Camping

Internacional, el Camping Castell Mar y el Camping La Estrella, todos situados en el camino entre Figueras y Rosas, cerca de Castelló d'Ampurías.

ACTIVIDADES
Excursiones a pie: Las mejores épocas para visitar Aiguamolls de L'Empordà para observar pájaros son marzo-mayo y agosto, cuando gran cantidad de zancudas y aves silvestres usan el parque como una parada en su ruta migratoria. La mañana y el atardecer son los momentos más propicios para verlas. Botánicamente, el parque está en pleno auge en mayo. En primavera, Empordà sufre los embates del mistral, que a veces sopla una semana entera.

MÁS INFORMACIÓN
**Información turística:** Avda. de Rhode, Rosas, T: (972) 25 73 31; y Pl. del Sol, Figueras,

T: 9972) 50 31 55.

El centro de información del parque está en El Cortalet, en la entrada del parque que se encuentra cerca de Castelló d'Ampurías (en el camino a San Pedro Pescador), T: (972) 25 03 22.

Cuando camine por la reserva, repare en todos los letreros que indican la ruta o prohíben la entrada, pues éstos están destinados a proteger las zonas donde empollan las aves.

Se recomienda llevar repelente para mosquitos.

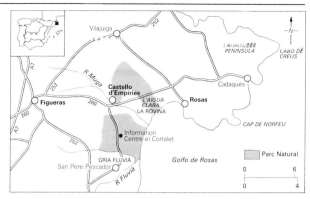

## Islas Medes

*Pequeño arquipielágo de islas deshabitadas, a 2 kilómetros de la aldea de L'Estartit*

Hay dos islas (*illes*), Meda Gran y Meda Xica, y 3 islotes (*illots*): Magallot, Cavall Bernat y Tascons. Constituyen una prolongación del macizo de Montgrí, cuya piedra caliza ha sufrido la profunda erosión del mar. Durante muchos años han existido aquí

Los cormoranes son los principales beneficiarios de la prohibición de pesca en las aguas que rodean las Islas Medes

importantes colonias de gaviotas, así como parejas de cormoranes y halcones. Todavía se está estudiando un proyecto para designar parque natural a las Islas (Illes) Medes; entretanto, la Generalitat de Catalunya ha prohibido la pesca en el archipiélago y ha restringido el acceso.

Algunas islas presentan gran cantidad de cuevas y túneles submarinos. Hay una amplia variedad de vida marina, lechos coralinos y una pequeña cantidad de vegetación de superficie, incluyendo el hinojo marino.

La única isla que se puede visitar es Meda Gran, que tiene un pequeño muelle conocido como Cos de Guardia, pues en otros tiempos la guarnición militar de la isla lo usaba para

desembarcar. Pero la intención del gobierno es reducir al mínimo la presencia humana.

**Antes de ir** *Mapas:* SGE 1:50.000 No. 335; IGN 1:200.000 Mapa provincial de Gerona.

**Cómo llegar** *Por mar:* Durante los meses de verano hay un servicio regular de barcos que va desde L'Estartit hasta la Meda Gran.

**Dónde alojarse:** L'Estartit es un balneario; hay más de 20 hoteles para escoger, desde el Bell Aire, 3 estrellas, T: (972) 75 81 62, hasta el Medas II, 1 estrella, T: (972) 75 84 80.

**Más información** *Información turística:* C. Ciudadanos 12, Gerona, T: (972) 20 16 94. ICONA, Avda. San Francisco 29, Gerona, T: (972) 20 09 87.

# Montseny

*Representativa zona boscosa europea
en los picos más orientales de los Pirineos*

El macizo de Montseny parece un castillo geológico bordeado por un foso que hace las veces de divisoria de aguas. Las cuatro torres del castillo son el Turó de l'Home («pico del hombre», 1.714 metros); Les Agudes («los filosos», 1.707 metros); Matagalls («matagallos», 1.694 metros); y Puigdrau (1.350 metros). Junto con la meseta conocida como El Pla de la Calma («la llanura de la tranquilidad»), forman una zona ecológica bien definida que está a poca distancia de la costa mediterránea, a medio camino entre Gerona y Barcelona. Montseny —«la montaña de la sensatez»— fue designada parque natural en 1978, y poco después la UNESCO la declaró reserva biosférica.

El paisaje de montaña no es abrupto sino suave, con cimas redondeadas y laderas boscosas a veces cruzadas por empinados barrancos. Así como la cultura catalana combina las influencias española y europea septentrional, el ecosistema de esta región

Diversos árboles crecen en las irrigadas laderas de Montseny, cerca de Barcelona

combina casi todos los árboles de la Europa occidental: los pinos mediterráneos y encinas están en la base de las montañas, y la haya y el abeto del norte en las partes más altas, junto con el pino escocés, el arce de los bosques bohemios y el castaño de Italia.

Para llegar a uno de los pasos más elevados de Montseny, Col Pregón (1.600 metros), hay que atravesar uno de los hayedos más extensos de esta región de España. Al llegar a la cumnbre, la flora cambia abruptamente y presenta especies enanas de gran altura, y la variedad queda algo limitada por el granito acídico y el lecho rocoso de gneis. Una planta digna de mención es la típica *Saxifraga vayredana*, una especie aromática de hojas resinosas que tiene, como la mayoría de las saxífragas, pequeñas flores blancas. Crece junto con la ubica saxífraga del prado, una planta que indica suelos ácidos, pero también con el aciano de montaña (*Centaurea montana*), que habitualmente prefiere un ámbito más calcáreo. Una orquídea típica de la España meridional y la región del Mediterráneo, la *Limodorum abortivum*, crece en los pinares que bordean las laderas más bajas de Montseny, y sus erguidas espigas están tachonadas de capullos curvos y rojizos.

Quizá la especie más interesante de Montseny, y de las zonas montañosas adyacentes, sea la típica mariposa *Erebia epistygne ribasi*, una criatura parda que prefiere las zonas abiertas de las montañas, entre 1.000 y 2.400 metros, y vuela entre mayo y junio. Las montañas están llenas de ruinas románicas, pero entre las iglesias que aún perduran está el milenario monasterio de Sant Marçal, cerca del centro del macizo: desde allí se tarda dos horas en llegar caminando hasta la cumbre de Matagalls. Como se han hallado amatistas en esta región, los poetas han llamado «la montaña de las amatistas» a Montseny. Es una exageración, pero quizá resulte aconsejable andar con los ojos gachos mientras se vagabundea por el parque.

ANTES DE SALIR
**Mapas:** 3OE 1.50.000 Nos
332 y 364; IGN 1:200.000
Mapas provinciales de
Barcelona y Gerona.
**Guías:** *Montseny* (Editorial
Alpina, Barcelona); A. Jonch,
*El Montseny, parc natural*
(Barcelona).

CÓMO LLEGAR
**En automóvil:** Salga de la
A17 (Autopista Barcelona-
Perpignan) hacia Vich y luego
escoja entre las aldeas del
macizo, que está al oeste de la
autopista.
**En tren:** Hay un servicio
regular desde Barcelona hasta
Sant Celoni en la línea a
Gerona y a Vich, en el

Los dentados peñascos de
Montserrat se yerguen sobre
ordenados bosques

ferrocarril Barcelona-Ripoll.
**En autobús:** Hay varios
autobuses diarios desde Sant
Celoni hasta la mayoría de las
aldeas del macizo, T: (93) 867
10 38.

DÓNDE DORMIR
En Montseny está el hotel San
Bernat, 3 estrellas,
T: (93) 847 30 11, y hay dos
hostales de 1 estrella.
Viladrau, una encantadora
aldea hacia el norte, tiene 6
hostales, entre ellos el de la
Gloria, T: (972) 884 90 34.
También hay hospedaje en
Tona y Taradell.

MÁS INFORMACIÓN
**Información turística:** C.
Ciudadanos 12, Gerona, T:
(972) 20 16 94. ICONA,
Avda. San Francisco 29,
Gerona, T: (972) 20 09 87.

# Montserrat

*Zona de paisajes inusitados
y rara vegetación,
a 50 kilómetros
de Barcelona*

Célebre por sus connotaciones
religiosas y su silueta dentada,
Montserrat ha atraído a
millones de visitantes a su
montasterio y altar de la
Virgen Negra, construidos en
el siglo nueve. El punto más
alto de la montaña es San
Jerónimo (Sant Jeroni, 1.238
metros); las imponentes
columnas, transformadas por
la erosión en fascinantes
pináculos de paredes lisas,
sugieren una altitud mayor.

Los conglomerados del Oligoceno que constituyen buena parte de este paisaje surrealista explican también la acidez del suelo y la escasa diversidad botánica. Las laderas medias están revestidas por pinares y robledales, con un denso sotobosque de junípero, Amelanchier ovalis, madroño, brezo, boj, *Bupleurum fruticosum* y durillo. Entre tantas siempre verdes se destacan las brillantes flores amarillas de la sena escorpión (*Coronilla ermerus*).

En las laderas meridionales hay una vegetación más mediterránea, caracterizada por menor cantidad de árboles y más arbustos aromáticos, tales como el cisto y el romero, así como achaparrados robles de Kermes (*Quecus coccifera*). Este roble es también el organismo huésped del insecto escamoso *Coccus ilicis*, cuya hembra produce una tintura roja cuando se seca.

Las zonas más abiertas de este matorral están colonizadas por hierbas tales como el *Ranunculus gramineus*, fácil de distinguir por sus hojas lineales y glaucas y sus grandes flores doradas, así como tomillo y dragón, con tallos rastreros de la lanuda *Convulvulus lanuginosus* de flores blancas, a veces moteada de flores acampanadas rosadas y rayadas. Las retamas y jacintos se refugian bajo los altos tallos del *Thalictrum tuberosum*, coronado por espectaculares e hirsutas flores color crema.

Otras partes de Montserrat albergan especies más típicas del nordeste de España y los Pirineos. En la rocosa cumbre, por ejemplo, florecen la Genista *hispanica* y el *Lithospermum fruticosum*.

**Antes de salir** *Mapas:* SGE 1:50.000 Nos. 420 y 421.
**Cómo llegar** *En automóvil:* Montserrat está a 50 kilómetros de Barcelona por la autopista N-II Barcelona-Lérida. Vire a la derecha hacia la C1411, con rumbo a Monistrol, o bien, un poco más al norte, hacia una pequeña carretera que va a Guardiola.
*En tren:* Hay un servicio ferroviario regular entre Barcelona y Montserrat, los Ferrocarriles Catalanes, que parten de Pl. d'Espanya. El tren se conecta con un cablecarril que asciende hasta la montaña, un paseo popular pero espléndido por sus paisajes.
*En autobús:* Los autobuses Barcelona-Montserrat parten de la Pl. de la Universitat.
**Dónde dormir:** Como es fácil explorar Montserrat en un día y está muy cerca de Barcelona, usted puede alojarse en la ciudad. Montserrat tiene hospedaje limitado.
*Vida al aire libre:* Hay un camping cerca del monasterio de Montserrat.
**Más información** *Información turística:* Sant Cugat: Pl. de Barcelona 17, Barcelona, T: (93) 674 09 50, ICONA, Roberto Bassas 22, Barcelona 14, T: (93) 321 13 29.

# Delta del Ebro

*Esta vasta comarca húmeda en la desembocadura del Ebro, cerca de Tortosa, atrae a decenas de miles de aves*

El Ebro —el antiguo río Iberus, que dio su nombre a toda la península— es el único de los cinco grandes ríos de España que desemboca en el Mediterráneo. Atravesando una vasta cuenca, llega al mar cerca del límite meridional de Cataluña, donde el delta sobresale de una costa que por lo demás es regular: desde el aire semeja una gigantesca punta de flecha verde y parda.

Es una zona de arrozales y tierras húmedas que atrae decenas de miles de pájaros. Un censo ornitológico realizado en 1980-81 determinó que la población otoñal incluía 53.000 patos y 13.000 negretas; en cada caso, poco menos de la mitad de ese número pasaba el invierno en la región. Entre las especies más observadas y protegidas del delta se encuentra el pato de cresta roja, que figura en la lista de especies en peligro. Los ánades son realmente espectaculares: grandes pájaros de pico, ojos y patas brillantes y carmesíes, que contrastan con la cabeza anaranjada y el pecho negro. Las colonias de flamencos de Salinés y Punta de la Banya constituyen una de las mayores atracciones del Parc Natural del Delta de L'Ebre, nombre oficial del parque local.

Diversas zancudas —gallineta, frailecillo, becardón, chorlito y ave fría— también están a gusto en este hábitat. Miles de ellas emigran aquí desde el Báltico y otras regiones nórdicas, mientras que otras permanecen aquí todo el año. La cantidad de aves residentes oscila entre 50.000 y 100.000 ejemplares de 250 especies, lo cual es notable considerando que el delta tiene una superficie de sólo 32.000 hectáreas.

El Delta del Ebro me recuerda a Holanda, no sólo por sus extensiones chatas barridas por el viento sino por sus diminutas casas y aldeas, sus canales y barcos fluviales. Aquí todo parece moverse tan despacio como el agua de las zanjas y canales. A lo largo de los angostos caminos que van junto a los canales y arrozales uno ve carros tirados por ponies, con cascabeles tintineando en sus arneses. Todo el paisaje tiene el aire de algo hecho a mano, y lo cierto es que, aunque los tractores realizan muchas faenas, muchos granjeros aún trabajan encorvados, un espectáculo más asiático que europeo. A menudo hay cañaverales entre los campos y los lagos de escasa profundidad, donde las zancudas buscan su alimento.

Los arrozales cambian drásticamente con las estaciones. En invierno están secos, cubiertos de rastrojos y malezas; en primavera, cuando aran los campos, todo el delta huele a tierra removida; una vez que se siembra el arroz, los campos son inundados y transformados en lagunas poco profundas.

A pesar de sus carencias como zona agreste, el delta constituye un ambiente atractivo para los pájaros, que allí pueden anidar y criar a sus pichones. Y aunque sólo algunas partes del delta se han designado *parc natural*, me parece un lugar muy apacible para visitarlo cuando uno desea alejarse de todo. Excepto durante la temporada de caza, cuando matan un promedio de 34.000 patos.

Temporada de caza aparte, una de las experiencias más memorables del delta, aunque sólo para madrugadores, es ver las enormes bandadas de patos que aletean ruidosamente al despuntar el sol; a menudo, miles de ellos pernoctan en L'Encanyissada y La Tancada, las grandes lagunas de la margen derecha del Ebro. Pero algunas de las aves más interesantes son difíciles de encontrar: las garzas *sguacco*, púrpura y nocturna, el avetoro, la pratíncola y el búho de orejas cortas, así como zancudas, avocetas, gaviotas de pico delgado y de Audouin. Varias especies de golondrinas tienen aquí un hogar apropiado. Entre los arrozales, la golondrina de patillas busca insectos y construye sus nidos. La golondrina de pico de gaviota anida en las islas secas de las lagunas, y vuela hacia el mar en busca de peces. La golondrina de Sandwich tiene aquí una importante colonia mediterránea.

Golondrinas, avocetas y zancudas de alas negras suelen empollar en las Salinas. Se han observado unas 500 parejas de pequeñas golondrinas en Punta del Fangar, donde también hay una colonia de golondrinas de pico de gaviota; en Punta de la Banya hay colonias de golondrinas pequeñas, comunes y de pico de gaviota. Las golondrinas con patillas son muy comunes en la laguna de Canal Vell, y las garzas púrpuras empollan en los cañaverales de la isla Buda (que es propiedad privada pero está dentro del parque). Este es el punto más oriental del delta, la punta de la flecha.

También hay nutrias en el parque, junto con otras especies protegidas: la carpa valenciana e ibérica; la rana arbórea lisa; y los terrapenes europeos de cuello rayado.

ANTES DE SALIR
**Mapas:** SGE 1:50.000 Nos. 522, 523 y 547; IGN 1:200.000 Mapa provincial de Tarragona.

CÓMO LLEGAR
**En automóvil:** Abandone la Autopista Barcelona-Valencia (A7) en la salida de L'Aldea y Amposta. La carretera común de Barcelona a Valencia, N340, atraviesa las aldeas del linde occidental del delta. Cerca de Amposta tendrá que decidir si quiere conducir por la margen derecha o izquierda del Ebro, pues no hay puentes corriente abajo. Tres pequeños ferries operan entre Deltebre y Sant Jaume d'Enveja, en el centro del delta, pero sólo durante el día. Las 2 caminos paralelos al río continúan hasta la desembocadura del Ebro, unos 25 kilómetros al este de Amposta, y quizá usted desee iniciar sus exploraciones en el otro extremo.

De paso, el nombre Deltebre se creó recientemente, cuando se amalgamaron dos aldeas contiguas, y algunas señales aún no están actualizadas: las indicaciones «Jesús i María» y «La Cava» aluden a las aldeas que integran Deltebre, y lo conducirán hacia allí. **En tren:** Se puede llegar al delta desde cualquiera de las 3 estaciones de la línea ferroviaria Barcelona-Valencia: L'Aldea-Amposta,

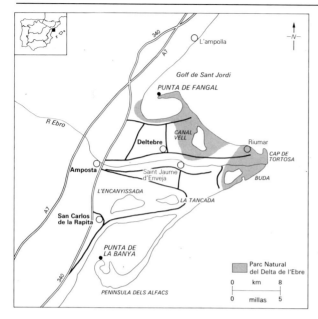

El *Astragalus monspessulanus* es una veza adaptada a suelos secos y pedregosos

Camarles y L'Ampolla. Hay varios trenes locales diarios en ambas direcciones, pero el horario varía con la temporada: asegúrese de que el tren que usted coja pare en una de las estaciones mencionadas.
**En autobús:** Los autobuses de larga distancia Barcelona-Valencia paran en Amposta, desde donde hay un servicio local de autobuses hasta todas las aldeas del delta. Solicite información al (93) 322 78 14 de Barcelona, o al (977) 44 03 00 de Tortosa.

## DÓNDE DORMIR
No es difícil encontrar alojamiento en el delta. Tiene usted el Miami Park, 3 estrellas, T: (977) 74 03 51, y otros 9 hoteles u hostales en San Carlos de la Ràpita, en el rincón sudoeste del delta. Dentro del delta hay hoteles y pequeñas pensiones en todas las aldeas.

Las gentes del delta son muy cordiales y serviciales con los visitantes que frecuentan esta apacible región del

mundo. Con sólo preguntar en las aldeas más pequeñas, sobre todo Sant Jaume d'Enveja, usted encontrará un cuarto de huéspedes en una casa campestre a un precio muy modesto.
**Vida al aire libre:** También hay varios campings. En Amposta: Mediterrani Blau, T: (977) 48 62 12; en San Carles de la Ràpita: Alfacs,

El terrapene de cuello rayado nace con rayas anaranjadas que se vuelven amarillentas en el ejemplar adulto

T: (977) 74 05 61, y Noya, T: (977) 74 17 21. Para acampar dentro del delta, solicite información en el centro de información de Deltebre (véase abajo), que lo puede conducir a muchos sitios posibles.

## MAS INFORMACION
**Información turística:** Pl. Carles III, Sant Carles de la Ràpita, T: (977) 74 01 00; y Amposta, T: (977) 70 00 57.

El centro de información del parque de Deltebre (Pl. 20 de Maig, T: (977) 48 95 11) tiene guías especializados, organiza escursiones grupales y puede suministrar listas de sitios para alquilar en verano.

Trate de no visitar el delta en fines de semana largos; aun cuando pueda evitar a los vacacionistas que invaden la zona, las aves notan la presencia de los invasores y se ocultan.

Al acercarse a la desembocadura, el Ebro se desliza entre islotes y juncales

> «Entre Tortosa y el mar se extiende el pantanoso delta del Ebro, tachonado de lagunas, y el extraño garfio de la Punta de Calacho, corvo como un pico de loro, se arquea protectoramente alrededor de la bahía casi cerrada por la cual lucharon durante años romanos, cartagineses, sarracenos, franceses y españoles. Y vale la pena pelear por esa bahía, así como vale la pena luchar por la ciudad de Tortosa y el río Ebro.»
>
> Rose Macaulay, Fabled Shore

## Puertos de Beceite

*Tierra de contrastes que ocupa casi 30.000 hectáreas de una reserva nacional, y se extiende por tres provincias*

Este es otro rincón olvidado de España, notable por los asombrosos contrastes entre su escabroso terreno montañoso y los pulcros sembradíos de sus valles virginales. El macizo que forma los Puertos de Beceite (también llamados Puertos de Beseit) constituye una suerte de puente entre el Sistema Ibérico y las montañas del prelitoral. La cadena empieza al suroeste del Ebro y continúa tierra adentro en una sucesión de picos calcáreos que se elevan desde el Tossal d'En Grilló (1.076 m) hasta Encanadé (1.396 m). Se ha designado reserva nacional a unas 30.000 hectáreas de los Puertos, y en la zona abundan el ante, el jabalí y la perdiz roja.

Beceite abarca partes de tres provincias —Tarragona, Castellón y Teruel— y toma su nombre de Beceite, pequeña comunidad de horticultores y última aldea de la provincia de Teruel. El Tossal dels Tres Reis (1.356 m) se eleva en el punto de encuentro de las tres regiones,

cerca de Fredes, en el camino de Los Puertos. Según la leyenda, los tres reyes de Cataluña, Aragón y Valencia se reunían allí en los días de antaño, cada cual de pie en un fragmento de su propio dominio.

Una cadena de montañas llamada Rafelgarí forma una cuña entre las provincias de Castellón y Teruel. Hay un refugio para excursionistas en el Rafelgarí, a 12 kilómetros de Fredes, separado por un empinado barranco de la histórica Ermita de San Miguel. Los muchos huesos que siempre caen en este barranco son las migajas del festín de los muchos buitres que tienen su comedor natural encima de la garganta, al borde de un peñasco casi vertical. (Rafelgarí tiene otro

---

Algunas de las mejores hayas de Europa crecen en los Puertos de Beceite

refugio más, situado más en el centro.)

Fredes está perdida entre las montañas a 1.090 metros. En invierno tiene apenas un puñado de residentes, pero muchos habitantes en verano, cuando aún logra hacer honor a su nombre: *fred* significa frío en catalán. El Barranco del Retaule, en la parte meridional de los Puertos, cerca de La Sénia, es famoso por su notable bosque de hayas, pinos y boj (de allí su nombre, pues las piezas catalanas para altares, o *retaules*, se hacían de madera de boj). Algunas de estas hayas, que crecen a 1.200 metros, no sólo se cuentan entre las más meridionales sino entre las más grandes de Europa: *El faig pare* («el padre de los árboles») es un haya enorme. El mismo bosque también contiene el pino más grande de Cataluña, el Pi de la Vall Canera, que mide 5 metros de circunferencia. Se necesitarían cuatro personas corpulentas tocándose las puntas de los dedos para rodear el tronco. **Antes de salir** *Mapas:* SGE 1:50.000 Nos. 496, 520, 521, 545, 546; IGN 1:200.000 Mapas provinciales de Tarragona, Castellón y Teruel.

*Guías:* J. Monclus, *El Matarrana y la Sierra Turolenses; Antonio Calero Pico, Los montes de Tarragona* (Alcoy, 1982).

**Cómo llegar** *En automóvil:* Se puede llegar a Puertos de Beceite desde el norte o el sur a través de la carretera Vinaròs-Zaragoza, N232. En Monroyo, tome la carretera lateral TE302, que lo llevará a Valderrobres; Beceite está al final de un impresionante camino de montaña de 7 kilómetros (TE304). A partir de Tolosa, tome la carretera N230 hacia Gandesa y vire al oeste, rumbo a Prat de Compte, después de 40 kilómetros; siga por la T330

124

que de nuevo lo llevará a Valderrobres. Desde Tarragona, la ruta más directa es la autopista N420 hacia Gandesa.

*En autobús:* Hay autobuses diarios desde Tarragona y Tortosa hacia Valderrobres y Alcañiz; paran en la mayoría de las aldeas de los Puertos. Solicite información detallada al (977) 44 03 00 de Tarragona o al (93) 322 78 14 de Barcelona.

**Dónde dormir:** Sólo 3 aldeas de los Puertos ofrecen hospedaje: Ulldecona, Calaceite y Valderrobres. La cercana Tolosa tiene hoteles

que van desde el Parador Nacional de Castillo de la Zuda, 4 estrellas, T: (977) 44 44 50, hasta hostales de 1 estrella.

Morella, una magnífica ciudad amurallada, también constituye una buena base para explorar la región, y tiene varios hoteles, entre ellos el Cardenal Ram, 2 estrellas, T: (964) 16 00 00.

*Refugios:* Hay 2 refugios en el macizo de Rafelgarí. Les Clotes está hacia el norte, a unos 12 kilómetros de Fredes, mientras que Caseta del Frare está situado más hacia el centro.

**Actividades** *Excursiones a pie:* Es muy agradable caminar donde Embalse de Ulldecona hasta la aldea de Fredes. El camino bordea impresionantes barrancos como El Mangraners y La Tenalla, y cruza el Portell de l'Infern, que va a Fredes; se tarda por lo menos 5 horas a buen paso.

Pero planee quedarse más tiempo si desea admirar cómodamente el paisaje.

**Más información** *Información turística:* Carrer de Fortuny, Tarragona, T: (977) 23 34 15. ICONA, Avda. de Cataluña, Tarragona, T: (977) 21 78 56.

# La Albufera de Valencia

*Una de las mayores lagunas de España, situada al sur de Valencia, muy atractiva para las aves de paso*

Esta famosa laguna del sur de Valencia es muy importante, y las aves de paso gustan de alimentarse en los arrozales de las inmediaciones. También a los humanos les agrada comer aquí: la aldea de El Palmar, más o menos rodeada por la Albufera, ha dejado de ser un apiñamiento de chozas de pescadores para formar un conglomerado de restaurantes, cada cual tratando de superar a los demás en la magnificencia de su paella valenciana. Uno viene aquí, pues, para observar aves con los binoculares y luego, cuando se ha puesto el sol, para estudiar menúes con igual concentración. A veces es muy difícil moverse después de esos pantagruélicos festines de arroz, aves y mariscos. Afortunadamente para los indigestados, aunque no para las aves residentes, abundan los hoteles en la franja que se extiende entre la laguna y el mar; en cualquiera de ellos uno puede dormir para reponerse de los efectos de una suculenta paella y estar recobrado al día siguiente.

La hidrografía de la Albufera es compleja. En invierno se llena de agua dulce del río Turia y la Acequia-de-Rey, pero aunque es

una de las mayores lagunas de España — 2.837 hectáreas, de las cuales un décimo está ocupado por juncales e islas interiores llamadas «matas»— es muy poco profunda: 1-2,5 metros. En el extremo meridional de la laguna hay un canal, el Perelló, que se puede abrir y cerrar a voluntad para que entre agua del Mediterráneo. Se estima que la laguna recibe ocho veces más agua de la que puede recibir sin inundar la zona circundante, especialmente el banco de arena que la separa del mar, de las Playas del Saler y de la Dehesa. Por lo tanto, el ascenso y descenso del nivel de la laguna se observa con atención. No menos importante, los expertos han detectado una creciente contaminación de las

El pato pico de pala usa su ancho pico para hurgar en las lodosas aguas de la Albufera

aguas causada por los efluvios industriales, las cloacas domésticas y los residuos agrícolas que se derraman todos los años en la laguna y están amenazando su equilibrio ecológico.

La Albufera es una zona amenazada, no sólo por el envenenamiento químico sino también por un gradual proceso aluvional que con cada inundación anual suma pesadas capas de sedimento al fondo.

La Albufera ya se ha reducido notablemente. En la Edad Media tenía más de diez veces su tamaño actual, pero cuando los granjeros ocuparon las marismas del oeste y las transformaron en arrozales la laguna se redujo gradualmente. En años recientes los intereses conflictivos de los cazadores de patos y los grupos conservacionistas han producido acaloradas controversias acerca de la legislación y administración de lo que tardíamente se ha convertido en un parque natural al que la autonomía de Valencia impone severas medidas de protección.

Las aves, ignorando las batallas que se libran por defenderlas, han continuado volando por decenas de miles a La Albufera. La estación ornitológica de Albufera, cerca de Mata del Fang, ha registrado 250 especies de aves, 90 de las cuales empollan aquí regularmente: airones, patos de cresta roja, ánades silvestres, patos pico de pala y cercetas, todos por millares.

El censo de aves de paso incluye 1.000-2.000 frailecicos, 2.000-14.000 patos de cresta roja, más de 6.000 limosas de cola negra, y una cantidad menor de avefrías, becardones, gallinetas, avefrías doradas y Tringa totanus.

Entre las especies que empollan en los juncales de La Albufera se encuentran el airón de cresta grande, las garzas nocturna, púrpura y sguacco, el avetoro y el avetoro pequeño (unos 30 ó 40 parejas), la limosa con anillos, la limosa de Kent, el Tringa totanus y la avoceta. Hay gran cantidad de parejas de zancudas, pratíncolas, golondrinas, cerrojillos y paros.

El reciente incremento de aves que empollan indica que La Albufera, aunque amenazada por todas partes por la polución de los insecticidas y la cercanía de los complejos urbanos, es más importante para la vida avícola de Europa ahora que muchos otras marismas naturales están destruidas o amenazadas y que la cantidad de tierras húmedas decrece constantemente.

El río que talló esta profunda garganta en los Puertos de Beceite (página anterior) se ha secado; (Abajo) un pequeño alcaraván disfruta de las abundantes aguas de la Albufera

«Como siempre en estas claras aguas que reposan sobre roca, el mar era una bruñida trama de colores oscuros pero refulgentes que no contenían azul. Más allá de los promontorios, se abría un nuevo paisaje de peñascos y pináculos agrietados, de cavernas absorbentes, de estratos de roca enroscados como melcocha. Pedrejones de dimensiones colosales habían caído por doquier desde los peñascos, y avanzábamos por un laberinto de ellos frente a aguas impetuosas, para llegar a una caleta donde pescaríamos, y donde los bajíos eran tan transparentes que las plantas del fondo se veían como las frondas, los pétalos desplegados y los penachos de un diseño William Morris ... Dejé [a ese hombre] para explorar aguas más profundas ... y entré a nado en un mundo submarino nuevo y extraordinario, una reserva subacuática que podría haber permanecido intacta durante miles de años.

Cada forma y color era lozano en esta escena soleada. El panorama era el de un lecho rocoso estriado y pulido, salpicado de algas color ocre y escarlata, con sus montañas, sus selvas de algas y su hirviente población de peces. Al margen de las aves, la vida visible de nuestro mundo está limitada principalmente a las superficies. Aquí la ilimitada estratificación alentaba una densa multitud marina con peces de todos los tamaños, desde veloces partículas multicolores hasta enormes meros de cabeza taurina que se desplazaban a diversas profundidades para alimentarse, para circular con reflexiva lentitud, para elevarse o sumergirse con una grácil ondulación de las aletas o de la cola ... »

Norman Lewis, Voices of the Old Sea

## ANTES DE SALIR
**Mapas:** SGE 1:50.000 Nos. 722 y 747; IGN 1:200.000 Mapa provincial de Valencia.

## CÓMO LLEGAR
**En automóvil:** Dos caminos que nacen en el sur de Valencia llegan hasta la Albufera: se trata de la N333 y la autopista de El Saler.
**En autobús:** Hay un servicio regular cada media hora desde Valencia hasta La Albufera. Sale de la Pl. El Parterre.

## DÓNDE DORMIR
Valencia dispone de más de 70 hoteles y hostales; el Parador Luis Vives, 4 estrellas, T: (96) 323 68 50, está en El Saler.

Vida al aire libre: Hay cuatro campings tanto en El Palmar como en El Saler.

## ACTIVIDADES
**Navegación:** Se pueden alquilar veleros en la ciudad de Sila, para navegar en la laguna.
**Buceo:** Solicite información a la Federación de Actividades Subacuáticas Levantina, Arzobispo Mayoral No. 14-20,

Valencia, T: (96) 332 86 72.
**Pesca:** Se pueden obtener licencias en la oficina de ICONA en Valencia (abajo figuran el domicilio y el teléfono).

## MÁS INFORMACIÓN
**Información turística:** Cataluña 1, Valencia, T: (96) 369 79 32. ICONA, San Vicente 83, Valencia 7, T: (96) 22 89 95.

# Sierra Espuña

*Un parque natural de 13.855 hectáreas, la mayor reserva de la provincia de Murcia*

La Sierra ocupa parte del extremo oriental de la Cordillera Bética, justo donde las montañas se encuentran con la llanura del litoral. Los montañistas usan los peñascos de los dos picos más altos

—Espuña (1.585 m) y Morrón (1.446 m)— para ejercicios de entrenamiento. Las lecciones aprendidas en Sierra Espuña luego se pueden aplicar con resultados mucho más espectaculares en la Sierra Nevada, en el extremo occidental de la misma cordillera.

La Sierra alberga por lo menos dos especies de mariposas raras y típicas de la zona. Es la localidad típica de la pequeña argos española parda (*Aricia morronensis*). Esta especie sólo existe en España, en colonias muy pequeñas, cada una de las cuales varía ligeramente; las septentrionales, por ejemplo, son más numerosas. Vuela a altitudes medias en zonas abiertas de montaña durante julio y principios de agosto. La otra especie rara es la mariposa gris de Nevada (*Pseudochazara hippolyte*), conocida sólo en 4 localidades del sudeste español, pero también en Rusia meridional y partes de Asia. Es una elegante mariposa parda y dorada que vuela en junio y julio a 2.100-2.700 metros, sobre laderas pedregosas, a menudo sobre rocas cristalinas. Las larvas comen diversas hierbas de montaña.

El parque fue creado en los años 70 como parte de un vasto programa que introdujo manadas de musmón africano en las reservas de España meridional. Como el musmón estaba habituado a un hábitat muy similar en las montañas Atlas, se las ha arreglado muy bien en Sierra Espuña. Los jabalíes, zorros y felinos salvajes también figuran en la lista de residentes, junto con águilas, búhos y perdices. Pero para la mayoría de los visitantes la principal atracción del parque no está en la vida silvestre ni en las laderas rocosas sino los vastos pinares mediterráneos, donde pasear y acampar resulta inmensamente placentero.

Los veranos son calientes y secos. Murcia es una de las provincias más secas de España— pero en verano la sierra suele recibir unos 15

La oveja silvestre o musmón, habitante de la Sierra de Espuña, es originaria de Cerdeña

centímetros de nieve. En otros tiempos había gente que cortaba nieve, la almacenaba en pozos llamados «neveros», y la bajaba a Murcia en verano, donde la usaban para hacer helado. Aún encontramos algunos neveros, y también las abandonadas minas de carbón de la ladera meridional del Perona (1.185 m). Actualmente la única intrusión moderna en este bosque arquetípico es un puesto de la fuerza aérea española en la montaña más alta, el cual impide a los excursionistas llegar a la cumbre del Espuña. Aun así, la vista es muy panorámica desde puntos más bajos, y la cumbre del vecino Morrón presenta un paisaje estremecedor hacia el sur y el este.

**Antes de salir** *Mapas:* SGE 1:50.000 Nos. 932, 933, 953 y 954; IGN 1:200.000 Mapa provincial de Murcia.

**Cómo llegar** *En automóvil:* Tome la carretera N340 (Murcia-Almería) hasta la aldea de Alhama de Murcia, unos 23 kilómetros al sur de la capital, luego vire hacia el norte en la carretera lateral Alhama-Mula, y al oeste al cabo de 5 kilómetros de camino empinado que conduce al parque pero que no tiene letreros.

*En autobús:* No hay servicio de autobuses a la Sierra Espuña, pero los autobuses de la línea Murcia-Almería paran en Alhama de Murcia, a unos 10 kilómetros del corazón del parque en línea recta.

**Dónde dormir:** El Hostal Tánger, 1 estrella, está en Alhama de Murcia, T: (968) 63 06 99.

*Vida al aire libre:* No se necesita permiso para acampar dentro del parque por una sola noche, pero si usted piensa quedarse más tiempo debe solicitar autorización al Servicio de Montes, Caza y Pesca, C. Juan XXIII, Murcia.

El pino marítimo puede alcanzar alturas de más de 30 metros

**Actividades** *Excursiones a pie:* Las muchas sendas del parque carecen de señales, pero hay muchas posibilidades para el caminante, desde las fáciles hasta las agotadoras; pida detalles a los guardianes del parque, quienes son muy serviciales.

**Más información** *Información turística:* C. Alejandro Séiguer 3, Murcia, T: (968) 21 37 16; y en Cartagena, Ayuntamiento, T: (968) 50 64 83 y C. de Castellini 5, T: (968) 50 75 49. ICONA, Avda. José Antonio 42-3º, Murcia, T: (968) 23 95 04.

129

# CAPÍTULO 6

# Andalucía

**M**uchas de las cosas que el resto del mundo considera típicamente hispánicas provienen de Andalucía, el glorioso sur de España. Es la cuna de la música flamenca y de muchas danzas electrizantes, como la sevillana. Aquí encontramos la notable mezquita de Córdoba, las fuentes de mármol y las cámaras de audiencias de la Alhambra de Granada; la ondulante campiña de Jaén, tachonada de olivares hasta el horizonte; las nieves perpetuas de la Sierra Nevada; las procesiones de penitentes que atraviesan las calles de Sevilla en Pascua; las ferias de caballos en Jerez de la Frontera; los cafés gitanos de Triana; las fiestas de toros de Cádiz o Arcos de la Frontera. Las atracciones y placeres de Andalucía son tan variados como la región misma, pues ninguna otra parte de España goza de mayor contraste y diversidad. Aun Marbella, capital del esnobismo español, y las apiñadas playas de la Costa del Sol, contribuyen a este extraordinario caleidoscopio de imágenes andaluzas.

Nunca olvidaré mi primer contacto con Andalucía, años atrás, cuando un amigo y yo cabalgamos hacia allí desde La Mancha. En un valle remoto lleno de olivares y aún no tocado por los postes de electricidad, nos topamos con un joven granjero que trabajaba cantando una melodía flamenca que flotaba como humo arrastrado por la brisa sobre el paisaje desierto. No había nubes en el cielo y el aire era cristalino; parecía imposible que esa tierra ocre fuera fértil (aunque produce algunas de las mejores olivas del mundo), y a un costado

Generaciones de andaluces han trabajado para mantener estos elegantes olivares al pie de las tierras áridas de Almería

se erguían las montañas azules y oscuras de la Sierra Morena. Era un sitio increíblemente apartado, aún más encantador gracias a las incesantes melismas de esa antigua canción campesina, medio árabe y medio europea.

Aunque Andalucía es ahora una de las más importantes comunidades autónomas de la España moderna, aún tiene un sinfín de rincones apartados donde se puede disfrutar de una sensación de soledad muy poco común en Europa. Es una tierra vasta y a menudo subpoblada. La boscosa Sierra Morena forma la muralla norte; al sur está limitada por el Mediterráneo y al oeste por el Atlántico —un mar muy distinto— mientras que su punta enfrenta el continente africano, más allá de las azules aguas del Estrecho de Gibraltar.

Andalucía ocupa casi 9 millones de hectáreas, una superficie casi tan grande como Portugal, aunque con una densidad demográfica que es sólo el 80 por ciento de la de ese país. Esencialmente es una gran llanura, el valle del río Guadalquivir, encerrada por montañas por todas partes menos en el sudoeste, donde desciende hacia el Atlántico. Pero antes de llegar al Golfo de Cádiz el río forma un delta, las marismas de Doñana, que en un tiempo se contaron entre los grandes cotos de caza de España y ahora constituyen su principal parque nacional.

La Andalucía baja tiene varios lagos de agua salada —a menudo importantes hábitats avícolas— y páramos salobres, llamados «despoblados», en parte atribuibles a que toda la zona estuvo cubierta por el mar en el no muy lejano pasado geológico. El Guadalquivir asciende en las montañas de Jaén y recibe gran cantidad de tributarios en su camino al mar. Al sur, el valle está flanqueado por montañas, entre ellas el

inmenso macizo de la Sierra Nevada, que incluye los picos más altos de la Península Ibérica. Estas tierras, junto con las montañas de Almería y Jaén, constituyen la Andalucía alta.

Como resultado de estas violentas variaciones topográficas, Andalucía posee una serie de ecosistemas que han fascinado a generaciones de naturalistas. La vegetación de esta «hispanísima» región incluye una gama que va desde la buganvilia hasta el *edelweiss*. El cinturón inferior, desde el nivel del mar hasta los 500 metros, es típicamente mediterráneo, dominado por el olivo, el almácigo y la encina, junto con el alcaparro, el áloe, el cacto, el naranjo y el limonero, las palmeras y otras plantas semitropicales que medran en el cálido clima de la costa. A mayor altura, hasta 1.600 metros, hay encinares, seguidos por una zona de 300 metros de bosques densos con esporádicos bosquecillos de pino corso y, con menos frecuencia, pino escocés.

En los 1.900-2.600 metros un deteriorado cinturón de junípero y sabina resiste una masiva invasión de retamas. En la Sierra Nevada hay dos cinturones de gran altitud que han recibido gran atención botánica en los años recientes. Hasta los 2.900 metros la tundra de la Sierra Nevada produce turberas con musgos y pasturas de montaña (tales como *Carex fusca*, de la familia de los juncos, y la hierba *Festuca hallieri*); zonas de suelos profundos, llamadas «borreguiles», donde las pasturas siempre están verdes; y tramos conocidos como «cascarajes», con una tupida vegetación. Se ha llamado «desierto frío» al cinturón más alto, porque contiene pocas plantas y sólo abundan los líquenes, aunque en algunas zonas protegidas hay extensiones de *Festuca clementei* y la hierba *Agrostis nevadensis*. La vegetación de estos cinturones más altos incluye 40 plantas que se encuentran sólo en la Sierra Nevada, 12 especies que crecen en montañas cercanas de Andalucía, unas 20 que también se hallan en las montañas altas de Marruecos, y unas 70 que se comparten con los Alpes. Las recientes medidas de conservación han salvado de la extinción la rara *Artemisia granatensis*, que corría peligro porque era muy buscada por los lugareños.

Otra notable especie nativa de Andalucía es el raro abeto español *Abies pinsapo*, cuyo último gran bosque se encuentra en el Parque Natural de Grazalema, al oeste de Ronda. En otras partes de esta región, este notable árbol de 20 a 30 metros de altura estaba amenazado por la voracidad de las cabras locales, cuyo apetito por las semillas impedía que el pinsapo se reprodujera naturalmente. Para alentar la regeneración de estos bosques, también se declaró parque natural a la Sierra de las Nieves —parte de la Serranía de Ronda—, del cual se excluye rigurosamente a las voraces cabras. El alcornoque, *Quercus suber*, también prospera en Andalucía, y los embotelladores de jerez lo consideran un recurso nacional esencial. Al contrario del pinsapo, resiste muy bien en muchas zonas mientras haya suficientes lluvias: en la reserva nacional de Cortes de la Frontera, por ejemplo, los alcornoques cubren un 93 por ciento de la superficie total. Los bosques de alcornoques están tan bien administrados que las capas de la corteza que crece alrededor del tronco se pueden sacar cada 8-10 años; entretanto, los cerdos ibéricos negros se alimentan de las bellotas que caen de los árboles, y con el tiempo se convierten en un jamón serrano que es muy apreciado por su sabor a nuez.

La riqueza y variedad de la flora de Andalucía tienen su paralelo en una abundancia de aves y animales. El Coto Doñana es un paraíso avícola de Europa y del Africa. Hay águilas doradas, y el búho real de las sierras de Tejeda y Almijara, y algunas de las demás tierras altas albergan el águila de Bonelli, el azor, el halcón peregrino y buitres, entre ellos el buitre egipcio. Los corzos medran en las montañas de Cádiz y el oeste de Málaga, y el ciervo rojo, reintroducido por ecólogos de ICONA, ha tenido suerte en Doñana y Cortes de la Frontera. Hay jabalíes en los parques nacionales y regionales, aunque se los caza regularmente en los cotos de caza, de modo que su número ha disminuido.

La vieja tradición de la cacería es todavía más fuerte que el movimiento ecologista, y aunque Andalucía tiene un solo parque nacional hay por lo menos cuatro reservas nacionales de caza, que protegen a los animales grandes de los cazadores furtivos para que los cazadores con licencia puedan llevarse sus «trofeos». La reserva de Cortes de la Frontera, antes mencionada, está más hacia el oeste; es famosa por la caza de corzos en mayo y junio. La reserva más grande y más oriental es la de Sierra Nevada, que abarca 35. 430 hectáreas del más importante macizo de la región, todo dentro de la provincia de Granada. La provincia de Málaga tiene la reserva de las Sierras de Tejeda y Almijara, y más hacia el oeste está la Serranía de Ronda, que comprende 23. 663 hectáreas entre Ronda y la costa, incluyendo los macizos de la Sierra de las Nieves, la Sierra Parada de Tolox, la Sierra Real de Istán y la Sierra Blanca de Ojén y Marbella. Al contrario de otras regiones autónomas de España, Andalucía nunca fue un reino independiente. His-

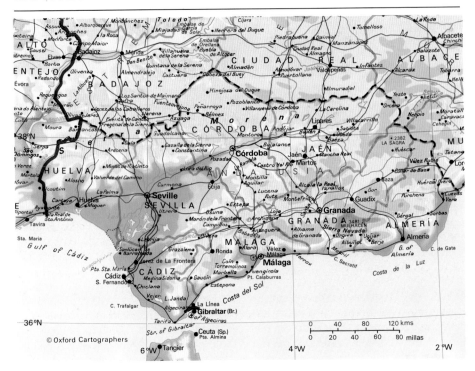

tóricamente formó parte de otros imperios, como Roma y Damasco, o estuvo dividida en pequeños reinos que a menudo estaban en guerra. Desde 1833, Andalucía comprende ocho provincias: Almería, Cádiz, Córdoba, Granada, Jaén, Huelva, Málaga y Sevilla. Aunque ahora está gobernada por un cuerpo central, la Junta de Andalucía, las provincias aún protegen sus tradiciones y prerrogativas locales, y al mismo tiempo desean expandir sus reservas naturales para salvaguardar su patrimonio ecológico. Por ello las provincias se afanan más que nunca en tomar medidas de conservación para lagos, bosques, pantanos y otros hábitats animales, bajo la protección de los departamentos locales del medio ambiente. Hasta hace poco, los viajeros desdeñaban el «retraso» de la agricultura andaluza. «Casi la mitad de Andalucía está aban-

donada a la naturaleza», se quejaba Richard Ford a mediados del siglo diecinueve, quien se preguntaba cómo podían seguir usando ruedas activadas por mulas para la irrigación, en vez de bombas centrífugas. Pero ahora, a fines del siglo veinte, muchos agradecemos la feliz circunstancia que ha salvado al paisaje andaluz del «progreso» y ha conservado buena parte de ese otrora lamentable estado natural.

Los pinos están estabilizando estas dunas de Punta Paloma, sobre la costa atlántica

## CÓMO LLEGAR

**Por aire:** Hay aeropuertos en Almería, T: (951) 22 19 54; Córdoba, T: (957) 23 23 00; Granada, T: (958) 44 64 11; Jerez de la Frontera, T: (956) 33 43 00; Málaga, T: (952) 32 20 00; y Sevilla, T: (954) 51 06 77. Con la excepción de Málaga y Sevilla, reciben sobre todo vuelos internacionales, con conexiones primarias con Madrid, Barcelona, Alicanete, Valencia y Las Palmas de Gran Canaria. Málaga es un importante aeropuerto internacional, con vuelos a la mayoría de las grandes ciudades europeas, así como a Nueva York y Tánger; Sevilla tiene menos vuelos internacionales (pero aun así una cantidad considerable).

**Por mar:** Los principales puertos de Andalucía son Almería, Motril, Málaga, Algeciras, Cádiz y Huelva. Hay servicios regulares a Málaga desde Barcelona, las Canarias, Melilla, Tánger, Marsellas, Génova y Casablanca. Algeciras tiene servicios a Cueta, Tánger, Barcelona, Génova, Palermo, Nápoles, Cannes, Lisboa, Nueva York y los principales puertos de América del Sur. Desde Cádiz zarpan barcos regularmente con rumbo a las Canarias y América del Sur.

Para obtener información más detallada, telefonee al (952) 22 28 00, Málaga; y al (956) 25 65 50, Cádiz.

**En automóvil:** La N630 corre de norte a sur uniendo Sevilla con Mérida; la N-IV une Córdoba con Madrid. Jaén y Granada están al sur de Madrid sobre la N323, que se conecta con la N-IV cerca de Bailén.

**En tren:** Las conexiones ferroviarias Andalucía-Madrid de RENFE son excelentes. Diez trenes por día parten a Málaga y Algeciras, y algunos paran en Fuengirola y Ronda. Hay 5 trenes diarios a Jaén, Granada, Almería, Córdoba, Sevilla, Cádiz y Huelva. Solicite información a la oficina de reservas de RENFE, abierta todo el año de 9 a 21, T: (91) 429 82 28. En Sevilla, el número de RENFE es (954) 231 19 18; en Cádiz (956) 23 43 01 y 23 43 02; y en Málaga (952) 21 00 66, 21 31 22 y 21 43 71.

**En autobús:** Los principales servicios nacionales de autobuses conectan Sevilla con Badajoz, Cáceres, Mérida, Salamanca, Valencia y Valladolid; Málaga con Alicante, Barcelona, Castellón de la Plana, Murcia, Tarragona y Valencia; Córdoba con Badajoz, Ciudad

Real y Mérida; Almería con Alicante, Barcelona, Cartagena, Castellón, Murcia, Tarragona y Valencia; todos los autobuses de Cádiz atraviesan Sevilla. **Información sobre autobuses:** Almería, T: (951) 23 90 35; Cádiz, T: (956) 27 39 12; Córdoba, T: (957) 47 26 84, 47 20 18 y 47 00 00; Granada, T: (958) 22 75 14; Huelva, T: (955) 24 50 92; Jaén, T: (953) 25 77 02; Málaga, T: (952) 34 73 00, 34 73 04 y 34 73 08; y Sevilla, T: (954) 22 89 00.

## CUÁNDO SALIR

Algunas excursiones de montaña son imposibles durante el invierno. Por otra parte, esquiar en la Sierra Nevada en invierno resulta particularmente agradable porque hay mucho sol en estas latitudes y altitudes, aun en enero, cuando el norte de Europa tiene días cortos y cielos nublados. Pero los veranos pueden ser demasiado calurosos para ciertas actividades en ciertas zonas.

## DÓNDE DORMIR

Las ciudades y pueblos de Andalucía tienen gran cantidad de hoteles de todos los precios, desde los más simples hostales hasta los más lujosos paradores. Consulte cada artículo específico para obtener información sobre hospedaje.

## ACTIVIDADES

**Clubes de montañismo:** Federación Andaluza de Montañismo, C. D. Ramiro San Salvador, Melilla 18, Almería, T: (951) 22 48 25. **Excursiones:** La llamada Ruta de los Pueblos Blancos es un circuito establecido que recorre algunas de los pueblos mejor preservados de Andalucía. Una ruta sugerida comienza en Arcos de la Frontera y toma por Prado del Rey, El Bosque, Benamahoma, Grazalema,

Ubrique y Benaoján (todo en la provincia de Cádiz) y termina en Ronda.

Otro circuito comprende Ronda, Atajate y Jimera de la Frontera, en la provincia de Málaga. Otra ruta lleva a Arcos, Bornos, Villamartín, Algodonales, Zahara, Torre Alhaquime, Olvera y Setenil de las Bodegas.

Hay autobuses diarios entre todas las aldeas de las rutas. Casi todas tienen campings oficiales y se puede pescar en temporada.

## MÁS INFORMACIÓN

**Algeciras** (956): Oficina de turismo, Avda. de la Marina, T: 60 09 11. **Almería** (951): Oficinas de turismo, Paseo Generalísimo 69, T: 23 67 44; y C. Rodrigo Vilar Téllez, T: 22 21 66. Cruz Roja,

T: 22 09 00. Información caminera, Hermanos Machado s/n, T: 23 14 55. **Cádiz** (956): Oficina de turismo, Avda. Ana de Viya 5, T: 23 60 56; y C. Calderón de la Barca 1, T: 21 13 13. Cruz Roja, T: 23 42 70. Información caminera, Avda. de Andalucía 1, T: 23 36 05. **Córdoba** (957): Oficina de turismo, C. Hermanos González Murga 13, T: 47 12 35. Cruz Roja, T: 29 34 11. Información caminera, Avda. Mozárabes 1, T: 23 41 95. **Granada** (958): Oficinas de turismo, Pl. Isabel la Católica 1, T: 22 17 44; y Pl. del Padre Suárez 19, T: 22 10 22. Cruz Roja, T: 26 32 77. **Huelva** (955): Oficinas de turismo, C. Vásquez López 5, T: 25 74 03; y C. Fernando I

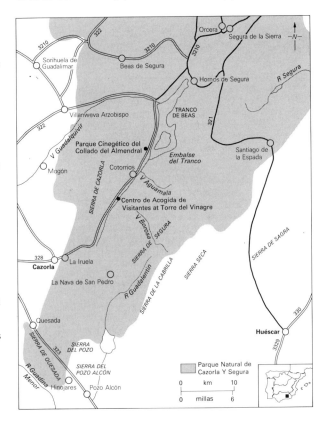

Católico 18, T: 25 74 67.
Cruz Roja, T: 24 12 91.
Información caminera, Avda.
Italia 14, T: 24 73 99.
**Jaén** (953): Oficina de
turismo, C. Arquitecto Bergés
3, T: 22 27 37. Cruz Roja,
T: 21 15 40. Información
caminera, Paseo de la Farola
23, T: 21 15 70.
**Málaga** (952): Oficinas de

turismo, C. Puerta del Mar
12, T: 21 04 77, 21 04 78 y
21 33 41, y C. Larios 5,
T: 21 34 45. Cruz Roja, T: 21
13 58. Información caminera,
Paseo de la Farola 23,
T: 21 15 70.
**Sevilla** (954): Oficina de
turismo, Avda. de la
Constitución 21, T: 22 1404.
Cruz Roja, T: 35 01 35.

Información caminera, Pl. de
España, T: 23 22 25.

OTRAS LECTURAS
Gerald Brenan, *South from
Granada* (Londres, 1957);
Robin Collomb, *Gredos
Mountains and Sierra Nevada*
(Reading, 1987); Washington
Irving, *Tales of the Alhambra*
(Madrid, 1832).

# Sierras de Cazorla y Segura

*El río Guadalquivir atraviesa esta
reserva natural de piedra caliza, que
alberga varios picos de más de 700
metros*

**E**l Guadalquivir (cuyo nombre significa
«gran río» en árabe) se eleva en la Sierra de Cazorla, en medio de uno de los paisajes más agrestes de España, en la Cañada
de las Fuentes. Durante un tiempo fluye con-
fiadamente hacia el nordeste, como si enfi-
lara hacia el Mediterráneo. Pero las montañas le cierran el paso: se topa con la Sierra
de Segura y tiene que virar bruscamente, ar-
queándose de golpe hacia el oeste para iniciar su larga carrera hacia el Atlántico y las
marismas del Coto Doñana.

Al comienzo de su larga marcha hacia el
mar, el Guadalquivir da nombre a un valle
limitado por las sierras de Cazorla, Segura,
del Pozo y de la Cabrilla; continúa ensan-
chando su forma de V hacia el sudeste, confinado por una serie de picos que tienen más
de 2.000 metros de altitud. El pico más alto de esta inmensa reserva nacional es Cerros
de las Empanadas (2.107 m) y dentro de los
límites de la reserva todo supera los 700 metros, excepto la tierra situada en las costas
del lago artificial que ocupa el centro, el Embalse del Tranco, alimentado por el naciente Guadalquivir y sus primeros tributarios.

Un sinfín de arroyos surgen de los flancos de este enclave de montaña, y casi to-

dos se unen al Guadalquivir (excepto las
aguas del naciente río Guadalentín, que al
fin desemboca en el Guadiana Menor). La
zona tiene más de 20 ríos y arroyos tan importantes como para tener su propio nombre. Además del principal valle del Guadalquivir, la reserva abarca varios valles
adyacentes, tales como el de Guadalentín y
los barrancos de Borosa y Aguamala: tajos
violentos y angostos en el paisaje, con laderas empinadas cubiertas de arbustos y pinos,
y altos prados de montaña llenos de hierbas
exuberantes y flores silvestres, pasturas ricas para los ovinos.

Geológicamente, la sierra está compuesta de piedra caliza dura, debajo de la cual
yace una capa más suave de arcillas y arenas rojas; en las gargantas más grandes se
las puede ver en un corte transversal. Protegida por los Montes Universales y la Sierra Nevada, constituye un refugio ideal para
las plantas de gran altura durante los tremen-
dos cambios de clima de la Era Glacial. En
consecuencia, estas montañas contienen varias especies de la Era Terciaria que no se
encuentran en ninguna otra parte del mundo. Viola cazorlensis, una violeta con inu-
sitadas flores carmesíes y tallos muy esbeltos, es una de las más interesantes. Florece
en mayo en las honduras de grietas umbrías;
sus parientes vivientes más cercanos se encuentran en el monte Olimpo de Grecia, y
en Montenegro. Otra de estas especies so-
brevivientes es la *Pinguicula vallisneriifolia,*
una planta carnívora que aparece en un hábitat muy especializado, bajo imponentes peñascos de piedra caliza empapados de aguas
que gotean constantemente, y fuera del alcance de los rayos solares.

En estas montañas también florecen dos
especies típicas de narciso, el *Narcissus lon-*

137

*gispathus* y el *N. hedraeanthus.* El segundo es un diminuto narciso de miriñaque que a principios de mayo se encuentra en zonas montañosas altas donde se derrite la nieve. También es típica de la región la aguileña Aquilegia cazorlensis, que sólo aparece en las sombreadas laderas de piedra caliza que rodean la cumbre del Pico de Cabañas y florece a principios de junio.

La reserva contiene más de 1.100 especies de plantas, pero no es preciso ser un especialista para gozar de esos pinares de 20 metros de altura, y de la dulce profusión de tomillo, romero, mejorana dulce y lavanda. A orillas de los arroyos hay hileras de flores, hierbas, helechos y arbustos; los riachos están bordeados de álamos, fresnos y sauces. En las laderas más bajas los pinares están constituidos por *Pinus halepensis*, mientras que por encima de los 1.300 metros predo-

mina el pino marítimo o *P. Pinaster.* Aquí también tenemos *Amelanchier ovalis, Sorbus domestica,* arce de Montpellier o *Acer monspessulanum* y *A. granatense*, junto con arbustos tales como la *Lavandula latifola* y el *Helianthemum croceum.* También son frecuentes los robles. Los altos valles, llamados «navas», están cubiertos de hierbas y flores silvestres, forraje ideal para el musmón, el ciervo rojo y el íbice. Algunas cumbres no tienen árboles; en algunos casos se debe a causas naturales, pero más habitualmente es porque el exceso de pastoreo ha volcado el equilibrio ecológico en favor de los arbustos y en perjuicio de los árboles. Es una agradable zona para pasear y acampar, y una de las grandes reservas naturales de España. Uno puede despertar en medio de la noche oyendo (y oliendo) a los jabalíes que olisquean alrededor. Es muy probable toparse con una manada de ciervos rojos. No son mansos, y echan a correr al vernos, pero los encuentros son frecuentes y contribuyen a dar a Cazorla ese aura de reino apacible don-

---

El Guadalquivir ya es muy ancho cuando abandona la Sierra de Cazorla

de el excursionista puede, por así decirlo, tenderse junto a la cabra montés.

El íbice español o cabra montés es un miembro casi mítico de la familia de las cabras, y en otros tiempos vivía en toda la Península Ibérica, pero la cazaban por su espléndida cornamenta con forma de cimitarra. Hoy existen sólo pequeñas poblaciones aisladas, cada cual con características distintivas, y se las considera subespecies. En los Pirineos el último íbice se avistó en 1907; los pocos que sobreviven hoy en el centro de España están protegidos por la ley. Se los conoce como cabra hispánica y son mucho más difíciles de observar que el paleto y el ciervo rojo que habitan las zonas bajas de la reserva.

Observar ciervos, en cambio, es fácil. Si uno visita el lugar en setiembre o principios de octubre puede presenciar el extraordinario espectáculo de la berrea, cuando los venados luchan por su territorio y su harén. Irguiendo la cabeza hasta apoyar la cornamenta en el lomo, aúllan a los vientos para atraer a las hembras. A veces les responde un desafío, a lo cual sigue una feroz embestida y un choque de cuernos, hasta que el macho más débil cede.

Las restricciones de caza son tan severas que en la práctica se trata de una zona integralmente protegida. El ciervo rojo y el paleto no se intimidan fácilmente ante la presencia de invasores humanos. Pero se los ve con mayor o menor frecuencia según la temporada. En verano, cuando los días se vuelven muy calurosos, especialmente en las zonas rocosas despojadas de árboles, los animales salen sólo de noche, de modo que se los puede ver en el atardecer o el alba. Pero en invierno sus hábitos cambian, y con cierta discreción uno se les puede acercar antes de que huyan. El agua suele ser una rareza en los lugares agrestes de España, especialmente en el sur. Aquí hay agua de sobra, gracias al patrón climático que brinda lluvias en abundancia, particularmente durante las tormentas estivales, que arrojan bancos de nubes oscuras contra las paredes perpendiculares de las altas sierras. Las montañas reciben la humedad del Atlántico y el Mediterráneo, y su eficacia como barreras naturales está reforzada por las masas térmicas de aire caliente del Levante, que habitualmente impiden que las nubes del Atlántico se desplacen más hacia el este: la lluvia cae a raudales cuando el aire cálido se topa con el aire frío encima de Cazorla. Estos diluvios periódicos son irregulares e imprevisibles. Durante el verano, los bosques se queman con facilidad, y las frecuentes tormentas eléctricas a menudo producen grandes incendios forestales.

A causa de las grandes precipitaciones, y a pesar de la ubicación meridional de estas montañas, acuden aquí varias aves que normalmente se ven más al norte. Hay una población aislada de *Accentor* alpino (y otra en la Sierra Nevada), y también se han visto chovas alpinas, a pesar de una distribución que normalmente no llega hasta la mitad meridional de España. Otras especies incluyen el tordo de las rocas, el tordo azul de las rocas y el hortelano. El Embalse del Tranco atrae ánades silvestres y cercetas; palomas y tórtolas habitan los pinares en primavera y verano, cuando las codornices (y, en menor medida, las perdices de patas rojas) abundan en los altos prados. Las aves de presa incluyen el buitre egipcio, el águila, el milano, el gavilán y el azor. Cazorla es ahora la única región de España, fuera de los Pirineos, donde se puede hallar el magnífico quebrantahuesos, aunque quizá haya un solo par. El nombre alude a su hábito de arrojar huesos contra las rocas, con el propósito de partirlos y extraerles la médula con facilidad. La modernización de España y el declinante número de caballos, asnas y cabras ha reducido seriamente la cantidad de alimentos para las aves carroñeras. Así, los cuatro buitres europeos están en decadencia y requieren medidas de conservación.

La *Viola cazorlensis* es una preciosa rareza de la Sierra de Cazorla

## ANTES DE SALIR

**Mapas:** SGE 1:50.000 Nos. 790, 816, 841, 842, 865, 866, 886, 887, 906 y 907; IGN 1:200.000 Mapas provinciales de Albacete, Jaén y Granada. **Guías:** *Cazorla y Segura* (C. E. Cajas de Ahorro, 1976); y F. Rueda, *Coto Nacional de Cazorla* (Editorial Everest, 1976).

## CÓMO LLEGAR

**En automóvil:** Si uno viaja desde Jaén o Granada, el mejor acceso es a través de Jódar; otra posibilidad es el panorámico camino que va por Guadix, Pozo Alcón y Quesada, hasta entrar en el valle del Guadiana Menor. Desde Madrid, el mejor camino es la N-IV hasta Guadix; en La Carolina, vire al este por la C3217 hacia Ubeda y Cazorla, o quizá quiera virar en Arquillos hacia Beas de Segura y el extremo norte de la estribación.

En invierno lo más aconsejable es entrar en la Sierra desde el norte, pues los caminos del sur suelen estar bloqueados por las neviscas.

La carretera del norte, que está despejada todo el año, va desde Puente de Génave hasta Hornos de Segura, o bien hasta Siles, en el linde norte de la reserva.

**En autobús:** Los servicios entre una aldea y otra son infrecuentes: habitualmente hay un autobús diario de una comunidad a la siguiente. Solicite información a Transportes Alsina Graells Sur en Granada, T: (958) 25 13 54, y en Córdoba, T (957) 23 64 00.

Un autobús diario recorre los 170 kilómetros que separan Jaén y Cazorla pasando por Ubeda y Baeza. Para ir hacia el norte de Cazorla usted necesitará su propio medio de transporte. Albacete es la capital provincial más cercana al extremo norte de la Sierra y ofreece un autobús diario a Orcera, operado por Juan Manuel Córcoles Rodríguez, Pl. Mateo Villa 17, Albacete, T: (967) 21 26 70. Este autobús también representa la única conexión práctica entre una estación ferroviaria

La *Pinguicula vallisneriifolia* atrapa insectos con sus hojas

importante y una de las aldeas de la reserva nacional.

## DÓNDE DORMIR

Hay una amplia gama de hoteles y posadas a lo largo de la Carretera del Tranco y en casi todos los villorrios de la Sierra. Por ejemplo, en Cazorla está el Parador Nacional El Adelantado, T: (953) 72 10 75; en La Iruela está la pensión Arroya de la Teja, 1 estrella, T: (953) 72 02 11; y en Quesada el hostal Mari-Mer, 1 estrella, T: (953) 73 31 25. **Vida al aire libre:** Una zona ideal para acampar; hay muchos sitios marcados como «zona de acampada» que están bajo la supervisión de los guardias forestales. Para quedarse más de una noche, se necesita un permiso de la Agencia del Medio Ambiente de Andalucía. C. Laraña 4, Sevilla, T: (954) 22 27 81. Las zonas de acampada son: Linarejos en Cazorla; Los Rasos en Peal de Becerro; Cañada de las Fuentes en Quesada; El Tobón en Beas de Segura; Campamento de los Negros en Orcera; El Llano de Arance, Puente Baden de Cotorrios y La Toba en Santiago de la Espada; El Cerezuelo, Baden de la Piscifactoria, Fuente Sepura y Fuente de la Pascuala en Pontones; y Acebeas en Siles.

## ACTIVIDADES

**Excursiones a pie:** Hay un sinfín de posibilidades para paseos y excursiones, entre ellos tres senderos bien marcados. Se puede obtener información detallada en el centro de informaciones de la reserva (véase abajo). **Baños:** La aldea de Cotorios (Coto Rios) tiene un pequeño lago artificial que está abierto para los bañistas. **Observación de ciervos:** Cabeza de la Viña, una isla del Embalse de Tranco, resulta especialmente atractiva para los ciervos.

**Jardines:** El Parque Cinegético del Collado del Almandral, en las costas del Tranco, contiene representantes de las principales especies animales de la Sierra. Hay jardines botánicos en Siles y Torre del Vinagre; en Río Borosa se puede visitar los criaderos de peces que suministran truchas a todos los ríos de Andalucía.

MAS INFORMACION

**Información turística:** Avda. de la Constitución 21, Sevilla, T: (954) 22 14 04. ICONA, Avda. Ramón y Cajal 1, Sevilla, T: (954) 63 96 50.

El centro de información de la reserva está en Torre del Vinagre, en la carretera pavimentada que bordea el río y Tranco de Beas.

En invierno, y a veces hasta abril y mayo, nieva tanto que cierran la carretera que une Cazorla con el valle y, a menudo, la carretera que va a La Nava de San Pedro.

# Sierra Nevada y Las Alpujarras

*Las montañas más altas de la España continental, con un pico de 3.482 metros; la cercanía del Mediterráneo garantiza la diversidad de la flora*

La carretera más alta de Europa es la autopista de la Sierra, que conduce de Granada al centro de esquí Solynieve, en la Sierra Nevada. Es una carretera agradable y panorámica que a menudo alcanza 2.500 metros sobre el nivel del mar. Casi sin darse cuenta, uno llega a la altura de crucero de un avión de pasajeros.

Esta carretera está cubierta de nieve la mayor parte del año, así que el único modo de llegar al famoso mirador del Pico Veleta, a 3.398 metros, es a pie, con esquíes o usando la telecabine instalada recientemente para uso de los esquiadores. La carretera y la telecabine han facilitado casi en exceso el ascenso a la cima de las montañas más altas de la España continental, que en un tiempo eran también las más inaccesibles. Pero todavía hay muchos modos de pasar de las modernas comodidades de La Veleta a las agrestes soledades de un vecino aún más alto, el Mulhacén (3.482 m) y el resto de la Sierra Nevada, pues los picos más altos están cubiertos de nieve todo el año.

Esta es la principal cadena de montañas de la Cordillera Penibética, una imponente barrera de 70 kilómetros de largo, paralela a la costa mediterránea y 48 kilómetros tierra adentro. La cadena tiene un total de 14 grandes picos que superan los 3.000 metros, donde la nieve perpetua contrasta con los esquistos negros. Hasta hace poco, uno de los valles más altos, el Corral de Veleta, contenía un pequeño glaciar, el más meridional de Europa, aunque ya no está constantemente cubierto de hielo. Pero en general las profundas barrancas tienen pocas muestras de la actividad glacial del pasado, excepto en los bien formados circos que las coronan.

Estructuralmente, la Sierra Nevada se parece al sistema alpino, compuesto por láminas rocosas que se han desplazado de sur a norte. Estos estratos plegados son ricos en zinc, cobre, plomo, mercurio e hierro. La cúpula central de la cadena (los esquistos de mica) se ha desgastado formando contornos redondeados y suaves a gran altura, pero potentes ríos han erosionado las piedras calizas triásicas y las piedras areniscas de los flancos formando gargantas.

Al sur de la Sierra Nevada se extiende la cadena de Las Alpujarras, que consiste principalmente en valles que descienden en ángulo recto desde la cresta de la Sierra Nevada; en medio de la ladera, aldeas blancas se aferran precariamente a la cuesta escalonada. El nombre Alpujarras deriva del moro

## FLORA Y FAUNA DE LA SIERRA NEVADA

La cercanía del Mediterráneo y la gran altitud permiten una increíble diversidad de formas de vida en la Sierra Nevada. La mayoría de las especies locales se concentran en la zona alpina, a más de 2.600 metros. Esta singular comunidad puede alardear de unas 200 hierbas que toleran la nieve, entre las cuales unas 40 son típicas de estas montañas. Muchas plantas comparten la característica de tener un vello denso, normalmente blancuzco, en las hojas. Esto es propio de las especies de gran altura, un modo de enfrentar los altos niveles de radiación ultravioleta que existen en estos hábitats. Y muchas de las especies típicas tienen espinas como defensa contra la gran cantidad de herbívoros, tanto salvajes como domésticos, que habitan la región.

El típico narciso *Narcissus nevadensis* es una de las primeras flores que aparecen en primavera, en zonas cenagosas donde se derrite la nieve. Sus trompetillas de color amarillo dorado a menudo están acompañadas por las flores rosadas de tallo esbelto del croco *Colchicum triphyllum*, una especie montañosa de la España central y meridional. En las pedregosas laderas de más arriba, miles de crocos de color azul, blanco y malva, de la especie *Crocus nevadensis* brotan de un terreno aparentemente yermo; a pesar del nombre, esta especie también se encuentra en varias otras sierras de la España meridional.

Otro rasgo de la vegetación de la Sierra Nevada es la franja de arbustos cupulares, espinosos y xeromorfos que se extiende a los 1.700-2.000 metros, apropiadamente conocida como la zona «del erizo». Un importante elemento de la flora del lugar es la retama erizo *(Erinacea anthyllis)*, con flores de color azul violáceo arracimadas en la punta de tallos que presentan insidiosas espinas. Crece junto con varios arbustos leguminosos tales el tragacanto de montaña de la Sierra Nevada *(Astragalus sempervirens ssp nevadensis)*, el *A. granatensis* y el *Echinospartum boissieri*.

La Sierra Nevada comparte varias especies de mariposas con los Pirineos. A menudo las colonias pirenaicas difieren ligeramente de las de aquí; la Glandon azul o *Agriades glandon* constituye un ejemplo. En la Sierra Nevada, esta licénida, más parda que azul, pertenece a la subespecie *zullichi*; en los Pirineos es mucho más azulada, especialmente el macho, y pertenece a la raza Glandon. Dentro de la Sierra Nevada, la Glandon azul está restringida a altitudes superiores a los 3.000 metros en el este de la estribación (Granada). Se piensa que las larvas se alimentan de diversas plantas de la familia de la vellorita, pero en realidad se sabe poco acerca de la ecología de estas mariposas, salvo que vuelan en julio y agosto.

Una especie con un alcance casi idéntico dentro de la Sierra, pero que no se encuentra en ninguna otra parte del mundo, es la azul de Nevada *(Plebicula golgus)*.

Otra mariposa propia de los Pirineos y la Sierra Nevada es la *Erebia hispania*, que también vuela en la región granadina de la estribación. Es una especie cuya distribución mundial se limita a España y los Pirineos franceses; se alimenta de hierbas de montaña tales como poas y cañuelas a altitudes que superan los 1.800 metros. La Sierra Nevada alberga la típica raza española de esta mariposa; la subespecie pirenaica es la *rondoui,* de la parte central de esta cadena montañosa.

Aunque los valles y tierras bajas que rodean la Sierra Nevada ofrecen una buena muestra de las aves típicas de Andalucía y la costa mediterránea, es la mera altitud lo que confiere a esta estribación su peculiaridad. Las aves típicas de latitudes más nórdicas tienen aquí un puesto de avanzada. Para un visitante del norte de Europa, resulta extraño encontrarse de golpe con verdecillos, piquituertos, paros y mirlos que habían quedado cientos de kilómetros al norte. Aquí también tenemos esa típica ave de montaña, el *Accentor* alpino, cuyas bandadas se reúnen como golondrinas alrededor de los centros de esquí. Las chovas sobrevuelan las gargantas y las águilas doradas sobrevuelan sin esfuerzo sus vastos territorios. Al principio, uno cree que no hay aves en la Sierra Nevada, pero explorar los exuberantes valles en vez de las desnudas cumbres resulta siempre más productivo. Las calandrias se alimentan entre las paredes rocosas, y en el pedregal de una granja aislada uno puede encontrar al triguero negro.

La Sierra Nevada debe su nombre a las nieves perpetuas de sus picos más altos

Al-Busherat, «la tierra de pastoreo», y fueron los moros quienes dividieron estos valles en terrazas y los irrigaron, cultivando frutos semitropicales en laderas de montañas coronadas de nieve. Pedro Antonio de Alarcón comenta que los moros, siempre fieles a los preceptos del Corán, introdujeron especies de frutos y hierbas exóticas que pudieran florecer y enriquecer la tierra. El resultado es que aquí tenemos algunos de los valles más fértiles de España, célebres por sus viñas, naranjas, limones e higos. El núcleo de Las Alpujarras está constituido por 80 aldeas, 40 villorrios y un sinfín de granjas y cortijos. Forman dos franjas paralelas que son muy diferentes en clima y altitud: la Alpujarra Alta se extiende al sur de los grandes picos, y la Alpujarra Baja está en la Sierra de la Contraviesa, que bordea el Mediterráneo. Estas últimas tienen la mitad de la altura de la Sierra Nevada, y están cubiertas de viñas, almendros e higueras.

Entre estas dos montañas se extiende el Valle de Lecrin, en cuya entrada, según se cuenta, el último gobernante moro de Granada, Boabdil, hizo una pausa en su fuga para echar un último vistazo a su reino perdido: el lugar se llama El Ultimo Suspiro del Moro. Entre Orgiva y Trevélez la vegetación cambia drásticamente al aumentar la altura: pinos, castaños, almendros, olivos, palmeras, álamos, encinas y alcornoques crecen en bosques y huertos bien cuidados. En el extremo oriental de la Sierra Nevada, al norte de Almería, se extiende la árida garganta de Tabernas. Famosa por ser el ámbito donde se filmaron varios «*spaguetti-westerns*», es también el único hábitat europeo del pinzón africano.

El camino que conduce al corazón de Las Alpujarras asciende por el Valle de Poqueira, una ciclópea incisión en el paisaje que brinda espacio para tres aldeas perfectas: Capileira, Bubión y Pampaneira, con casas que asoman sobre el precipicio. Los techos chatos están cubiertos de pesadas piedras llamadas «launas», y a menudo sirven como terrazas para las casas que están situadas encima.

El macizo Mulhacén, el techo de la Península Ibérica, toma su nombre del penúltimo califa de Granada, Mujley-Hacen, quien presuntamente está sepultado en un nicho glacial de este gran pico. Un camino sube por la montaña, pero cerca de la cumbre, al nivel de los 3.000 metros, neviscas de hasta dos metros impiden el ascenso. Los escaladores que intentan llegar a la cumbre por este camino a menudo deben retroceder, amedrentados por vientos que amenazan con despeñarlos. En los sitios donde se ha derretido la nieve, hay un llamativo conjunto de flores silvestres diminutas rodeadas por enjambres de brillantes mariposas que se las ingenian para continuar su danza sin ser arrastradas por el viento.

Es un paisaje que revela sus mayores bellezas sólo al viajero que anda a pie o con esquíes. En los años 20 el escritor Gerald Brenan solía recorrer la distancia que separaba su casa de Yegen de las otras aldeas de Las Alpujarras a pie; a veces llegaba caminando a Málaga. «El trayecto de Yegen a Orgiva era siempre una aventura —comentó en los años 70 a un reportero—. Siempre había muchos barrancos, y el crudo clima invernal añadía el riesgo de que peligrosas tormentas me sorprendieran fuera del refugio de una posada o una cueva. Pero ningún método moderno ofrece la sensación de placer y bienestar que brindaba este modo de viajar.» Atravesar las Sierras en coche sin salir a caminar equivaldría a hacerles una gran injusticia, y a demostrar cierta flaqueza de ánimo.

---

**ANTES DE SALIR**
**Mapas:** SGE 1:50.000 Nos. 1.011, 1.026, 1.028, 1.041 y 1.042; SGE 1:200.000 Nos. 5-11 y 6-11; IGN 1:200.000 Mapa provincial de Granada; Michelin No. 446; y Firestone T-29.
**Guías:** Pablo Bueno Porcel, Sierra Nevada, Guía Montañera (Editorial Mont Blanc, 1963); aunque parte de su práctica información pueda estar desactualizada, describe más de 25 itinerarios a través de la sierra, desde paseos fáciles hasta las rutas que conducen a los picos más altos. También P. A. de Alarcón, La Alpujarra, y Gerald Brenan, South from Granada.

**CÓMO LLEGAR**
**En automóvil:** Para llegar al centro de esquí de Sierra Nevada, Solynieve, y al vecino Parador Nacional de Sierra Nevada, hay que tomar la autopista de la Sierra (35 km). La carretera sin pavimentar que va desde el parador y La Veleta por Mulhacén y hasta Las Alpujarras sólo está abierta al tránsito en agosto. Cuando se cierra a causa de las neviscas, el único modo de llegar a Las Alpujarras desde Solynieve en automóvil es retomar la ruta de Granada y enfilar al sur por la autopista E103/N323 y este hasta Lanjarón.
**En autobús:** Los horarios varían según la temporada, pero por lo menos 1 autobús diario une Granada con el parador, en ambas direcciones. Solicite información a la Empresa Bonal, Avda. Calvo Sotelo 19, Granada.

En Lanjarón hay un autobús a Orgiva y Motril (desde donde hay excelentes conexiones con Málaga). Pero las conexiones por autobús entre las diversas aldeas son esporádicas; la forma más habitual de transporte es andar a pie.

**DÓNDE DORMIR**
En la Sierra Nevada, el Parador Nacional de Sierra Nevada, 3 estrellas, Granada, T: (958) 48 03 00, tiene 30

habitaciones, pero es difícil obtener reservas. El centro de esquí Solynieve, debajo del parador y en la misma ruta, tiene varios hoteles abiertos sólo durante la temporada de esquí, habitualmente desde diciembre hasta fines de mayo. También está el Hotel El Nogal, 2 estrellas, T: (958) 136, en Guéjar-Sierra, a 21 kilómetros de la autopista de la Sierra Nevada. Otra posibilidad es alojarse en uno de los 60 hoteles de Granada, a 35 kilómetros de distancia.

En Las Alpujarras: en

El raro *Ranunculus acetosellifolius* de la Sierra Nevada

Lajarón, la puerta de Las Alpujarras, hay 24 hoteles y hostales, pues la ciudad es célebre por sus aguas minerales. La Pensión Mirador, 10 kilómetros en la carretera de Orgiva, satisface los gustos sencillos, T: (958) 77 01 81.

Orgiva, en la intersección de los caminos de Alpujarra Alta y Alpujarra Baja, tiene el Hostal Mirasol, 1 estrella, T: (958) 78 51 59. En otras partes de Las Alpujarras, la mayoría de las aldeas tienen una fonda, hostal o cuartos privados.

**Vida al aire libre:** El camping de la Sierra Nevada en Granada está abierto desde el 15 de marzo hasta el 15 de octubre, T: (958) 27 09 56.
**Refugios:** Hay varios refugios en la Sierra Nevada; comuníquese con la

Federación Andaluza de Montañismo (véase abajo).

ACTIVIDADES
**Excursiones a**
pie (congelador): El mapa muestra una carretera blanca (no pavimentada) que atraviesa el espinazo del Mulhacén, desde Capileira hasta la carretera amarilla (pavimentada) que va a Solynieve y la Veleta. En la práctica, esta carretera no existe para los automóviles excepto en agosto, el único mes del año en que no está bloqueada por la nieve. Sin embargo, es cómoda para los excursionistas y mochileros.

Se puede caminar desde Capileira hasta el centro de esquí de La Veleta a fines de primavera, durante el verano y a principios del otoño. Se necesitan botas resistentes, un saco de dormir, mantas y alimentos para 2 días. No es tan riesgoso como escalar la pared norte del Eiger, pero para una persona en buen estado físico es un modo estimulante de conocer Las Alpujarras y la Sierra Nevada. La carretera abandona la aldea de Capileira como una senda ancha y pedregosa que serpea entre elegantes pinares. El Chorillo está a mitad de camino y es un lugar ideal para pernoctar. La carretera continúa hacia la maciza mole de Mulhacén, bordeándola y curvándose hacia el oeste, más allá del Puntal y Lagunas de la Caldera: los lagos están parcialmente helados en la superficie y hay nieve en todas las laderas circundantes. El camino vira hacia el sur a lo largo del Loma Pela y luego nuevamente hacia el norte, hacia el Veleta, donde cruza otro risco y al fin desciende hacia el parador nacional.
**Esquí:** Es posible recorrer la zona esquiando; pida detalles en las oficinas de turismo.
**Excursiones guiadas:** Todos los domingos a las 8 de la mañana sale una excursión

guiada hacia Las Alpujarras, desde la Acera del Darro, Granada.

MÁS INFORMACIÓN
**Información turística:** Casa de los Teiros, Granada, T: (958) 22 10 22. ICONA, Gran Vía 48, Granada, T: (958) 27 84 37.

El Comité de Refugios de la Federación Andaluza de Montañismo, Reyes Católicos 1, Granada, se encarga del mantenimiento de los refugios de montaña y brinda detallada información sobre ellos y los clubes de montañismo locales.

Para solicitar informes sobre la condición de los caminos en la zona, telefonee al (958) 48 01 53.

# El Torcal de Antequera

*Un paisaje de piedra caliza cubierta de hiedra, espinos y rosas silvestres, 15 kilómetros al sur de Antequera*

Los geólogos dicen que el Torcal de Antequera es el *karst* más importante de Europa meridional; los legos lo consideran una fantástica ciudad de piedra.

La erosión ha esculpido estos bloques y protuberancias de piedra caliza, cuencas y barrancos, hasta transformarlos en una serie de esculturas Henry Moore a las que imaginaciones antojadizas han dado nombres tales como La Muela, El Aguilucho, La Copa, El Lagarto, La Loba y Los Dos Iguales. Desde la roca llamada Peña de las Siete Mesas, se puede contemplar toda la extravagante superficie de El Torcal: las altas murallas, torres, chapiteles, callejones y templos, con su aire de ruina imponente, sugieren una ciudad petrificada que en un tiempo tuvo altares sacrificiales en cada esquina.

Afortunadamente, rara vez hay otras gentes dispuestas a compartir las reflexiones inspiradas por los estrafalarios efectos de la lluvia, el viento y las eras geológicas. Estamos ante lo que los psicólogos llaman una técnica proyectiva, similar a un gigantesco test de Rorschach, y lo que para unos es una muela para otros puede ser una mariposa. Sin embargo, al margen de su interés científico y escultórico, El Torcal es un lugar maravillosamente ventoso, cubierto de hiedra, espinos y rosas silvestres. Los únicos animales son reptiles pequeños, pájaros comunes y algunos buitres. El punto más alto, 1.600 metros, es la roca llamada Camorro de las Villas.

La mayoría de las plantas que subsisten en estas montañas son especies bajas que forman matas, o que brotan de las grietas. Encontramos un mastuerzo con flores semejantes a violetas *(Arabis verna)*, la *Viola demetria*, una planta anual con capullos amarillos y brillantes, y la típica *Saxifraga biternata*, cuyo follaje delicado y blanco, semejante al de la helecho, y sus flores campanadas no agracian ninguna otra localidad del mundo. Otras especies típicas de estas secas rocas de piedra caliza son la campanilla española *(Endymion hispanicus)* y el geranio brillante *(Geranium lucidum)*. El rasgo más espectacular de esta flora es la combinación cromática, en mayo, de las peonías carmesíes y de los altos y elegantes tallos de *Iris subbiflora*, que presentan capullos aterciopelados y rojos; este iris no se encuentra en ninguna otra región de España, aunque crece en algunas partes de Portugal.

El Torcal de Antequera es especialmente famoso por sus orquídeas. Se han documentado unas 30 especies, entre ellas la orquídea abeja parda *(Ophrys fusca ssp atlantica)* y la orquídea espejo *(O. speculum)*, ambas con flores de color azul iridiscente con bordes de vello color chocolate, así como las orquídeas *O. scolopax* y *O. tenthredinifera*. Las orquídeas de alas verdes, de pantano y Jersey *(Orchis morio, O. palustris y O. laxiflora)* florecen en estaciones más húmedas en los húmedos y sombreados valles, al amparo de las imponentes columnas y picos, mientras que la adorable y rosada orquídea mariposa *(O. papilionacea)* florece más arriba, en la roca calcinada. Se han registrado aquí tres especies de orquídea lengua, así como la *Orchis coriophora*, de aspecto enfermizo y olor desagradable. Los más frescos claros de los bosques están decorados con las espigas estivales de eléboros de color rojo oscuro y hojas anchas *(Epipactis atrorubens y E. helleborine)*. Las intrincadas flores rastreras de la orquídea lagarto *(Himantoglossum hircinum)* crecen en los bordes del camino en verano, donde en una época más temprana del año hallamos las enormes y robustas espigas de su prima la orquídea gigante *(H. longibracteatum)*. Otros ejemplos notables son la orquídea de flores densas *(Neotinea intacta)*, típica de los suelos de piedra caliza, y la rosada *Orchis italica*, más típica de ambientes ácidos. En verano y otoño también vemos trenzas de dama *(Spiranthes aestivalis y S. Spiralis)*.

Nos interesen o no los típicos juegos de El Torcal —dar nombre a una roca o buscar una orquídea—, vale la pena conocer este paisaje escabroso. La primavera y el otoño son los mejores lugares para emprender el viaje; en invierno vientos helados azotan El Torcal, y en verano las rocas arden como un horno.

**Antes de salir:** *Mapas:* SGE 1:50.000 Nos. 1.024, 1.037 y 1.038; IGN 1:200.000 Mapa provincial de Málaga.

**Guía:** R. Cadanás, Sierra del Torcal (1968).

**Cómo llegar** *En automóvil:* El Torcal se encuentra 15 kilómetros al sur de Antequera. Siga la carretera 3310, camino a Villanueva de la Concepción, tomando el primer descenso principal a la derecha, hacia El Torcal. *En tren:* La antigua ciudad romana de Antequera, a 50 kilómetros de Málaga y 161 kilómetros de Sevilla, es una de las principales paradas de la línea ferroviaria Granada-Algeciras. Hay 3 trenes diarios en cada dirección, y el viaje desde Granada dura 2 horas. *En autobús:* Hay un autobús directo, Málaga-Antequera, que sale 5 veces por día los días de semana pero sólo una vez por día en domingo, T: (952) 32 33 63. La línea de autobuses Málaga-Sevilla también para en Antequera, con un servicio de 3 veces diarias en cada dirección. El viaje tarda poco más de 1 hora desde Málaga (Antequera es la primera parada) y 3 horas y cuarto desde Sevilla, T: (952) 31 04 00 y (954) 41 88 11. También hay un autobús que une Almería con Málaga y Sevilla.

Sin embargo, desde Antequera no hay autobús desde la ciudad hasta El Torcal. Aun así, si usted no tiene vehículo propio, no es imposible recorrer a pie esos 13 kilómetros.

**Dónde dormir:** El Parador del Torcal, 3 estrellas, T: (952) 84 00 61, está situado en las afueras de Antequera. Pruebe también los hostales de 2 estrellas La Yedra, T: (952) 84 22 87, y Las

Pocos paisajes del mundo tienen formas tan extravagantes como estas «esculturas» del Torcal

Pedrizas, T: (952) 71 43 76.
**Actividades** *Excursiones a pie:*
Desde Llanos de los
Polvillares, fin del camino
pavimentado y sede del
refugio de montaña, siga la
senda marcada por flechas
amarillas a través de la
Vereda de la Losa hasta La
Maceta. Luego, por 3
callejones, el Oscuro, Tabaco
y Ancho, se llega a Los
Arregladeros, donde el camino
asciende hasta el Mirador de
las Ventanillas y retorna al
refugio.

Un itinerario más ambicioso
es el marcado en las rocas con
flechas rojas. Comienza en el
refugio, pasa por Sima del
Chaparro y llega al Camorro
de las Siete Mesas, con su
vista panorámica de El
Torcal. Esta vereda bordea el
Peñón de Pizarro, luego
atraviesa el Callejón de la
Maceta, el Callejón Oscuro y
la Vereda de los Topaderos

hasta llegar a un lugar
llamado El Asa, antes de
regresar hacia el refugio. Se
tarda unas 6 horas.
**Cuevas:** En las afueras de
Antequera hay 3 cuevas con
dólmenes, a la izquierda de la
carretera de Granada; abiertas
de sábado a lunes y los
miércoles de 10 a 13 y de 16 a
19.
**Más información:**
Pl. Coso Viejo, Antequera,
T: (952) 84 18 27.

«Lo que en verdad me había traído aquí eran los famosos dólmenes, las cuevas funerarias prehistóricas que forman un curioso y antiguo lazo entre España y Gran Bretaña. Las gentes que llamamos pictos («los pintados») parecen haber sido íberos que poblaron Gran Bretaña e Irlanda a comienzos de la Edad del Bronce. No es sorprendente, pues, que las Islas Británicas (y Bretaña) sean los principales lugares fuera de España donde se encuentra algo comparable con las tumbas megalíticas de Antequera.

La Cueva de Menga, el mejor dolmen de Antequera, está a sólo unos minutos de camino por los campos. Mientras, plantado frente al túmulo, miraba la gigantesca roca que formaba el techo, el guardián me trajo el libro de visitantes... alguien había escrito: «Stonehenge subterráneo». Y en verdad, aquí se plantean los mismos interrogantes que en Stonehenge. ¡Cómo hicieron esas gentes primitivas, cuyas principales herramientas eran cuernos de venado, para mover piedras tan enormes?»

Alban Allee

## Fuente de Piedra

*La más extensa laguna de Andalucía (2,5 kilómetros de ancho), con una gran población de flamencos y otras 75 especies de aves*

La Laguna de Fuente de Piedra es la más extensa de Andalucía, y hace tiempo que los flamencos la consideran su parada favorita en el sur de España. Todas las primaveras miles de esas grandes aves se posan en esta laguna de escasa profundidad que tiene casi 15 kilómetros de circunferencia, 2,5 kilómetros de anchura y 6,5 kilómetros de longitud, y contiene un islote llamado La Colonia, que en primavera es uno de los hábitats avícolas más poblados del mundo.

Esta laguna elíptica es el único lugar de Europa donde el flamenco grande empolla tierra adentro, como lo hace en los lagos africanos. (En realidad, hay sólo tres sitios más donde empolla en toda Europa: el Coto Doñana, las Marismas del Odiel y la Camargue francesa.) Viene aquí a empollar casi todos los años; en 1984, por ejemplo, los ornitólogos contaron más de 3.000 parejas. Son muy fáciles de observar desde la senda que rodea la laguna, que está en el camino hacia la Sierra de Yeguas, apenas salimos de la aldea. En un sitio llamado Cerro del Palo, con la ayuda de un par de binoculares, uno puede llevar a cabo su propio censo avícola.

Las estrellas del espectáculo recorren el agua, gruñendo y graznando sin cesar mientras hurgan en el fondo de la laguna en busca de microscópicos trozos de comida. En el apiñado islote construyen sus nidos cónicos con barro extraído del fondo. Están tan encimados que parece un inquilinato de flamencos, y apenas les queda lugar para extender las alas y despegar; es un maravilloso espectáculo verlos planear y bajar en picada. Durante la primavera el agua se evapora continuamente, y a menudo la laguna está seca a mediados del verano. Para los flamencos, el acto de empollar es una carrera contra el tiempo: los pichones deben abandonar el nido antes de que los depredadores lleguen a la isla: perros, gatos y zorros. Algunos años tienen éxito, y en otros los adultos abandonan el nido. Afortunadamente, las aves no necesitan empollar todos los años para mantener su número.

Sin embargo, tienen que compartir su morada con muchas aves más pequeñas, sobre todo ánades silvestres, patos de cresta roja, rascones de agua, pollas de agua, zancudas de alas negras, gaviotas de cabeza negra, las raras gaviotas de pico delgado y las golondrinas con pico de gaviota. A veces las cigüeñas visitan la laguna y parecen caminar sobre el agua. A menudo hay numerosas delegaciones de avefrías de Kent buscando su lugar al sol.

Se han identificado 76 especies de pájaros relacionados directamente con la laguna, y otras 77 que aprovechan este medio ambiente para alimentarse, reproducirse y descansar durante sus migraciones norte-sur. En invierno es indudable que las negretas son felices en este hábitat: la mayor concentración de esta especie jamás vista en España tuvo lugar en enero de 1972, cuando se contaron 51.300 negretas en la laguna. Fuente de Piedra está ahora bajo la protección de ICONA.

La laguna está rodeada por los restos de un canal destinado a controlar el flujo de agua dulce y a impedir que la laguna inunde los campos adyacentes con su agua salada.

Pero los arroyos que antes alimentaban la laguna fueron absorbidos por proyectos de irrigación agrícola, y en la actualidad sólo la alimenta el agua de lluvia, un recurso temporario e inestable en esta parte de Andalucía.

La flora que rodea la laguna consiste principalmente en *Arthrocneum glaucum, Halopeplis amplexicaulis, Suaeda vera, Salicor-* *nia fruticosa* y *Pholiurus incurvus*, una típica comunidad de marisma salobre. El antiguo canal está cubierto de tamariscos y juncos, y hay chaparrales donde abundan la *Genista umbellata*, la lavanda francesa, la *Micromeria graeca* y el *Ulex parviflorus*. Los anfibios y reptiles aprovechan también el ámbito de Fuente de Piedra, especialmente en los restos del canal de agua dulce. Podemos encontrar ranas de pantano, ranas perejil, sapos, así como víboras, culebras, terrapenes de cuello rayado, serpientes Montpellier, serpientes escalerilla y la serpiente látigo herradura. El lagarto ocelado es el reptil más común de la zona, junto con el gran *psammodromus* y el lagarto de pared ibérico.

ANTES DE SALIR
**Mapas:** SGE 1:50.000 Nos. 1.005 y 1.056; IGN 1:500.000 Nos. 1.006 y 1.023.

CÓMO LLEGAR
**En automóvil:** La aldea de Fuente de Piedra, a sólo 1 kilómetro de la laguna, está situada sobre la autopista N334 Málaga-Granada-Sevilla. **En tren:** No todos los trenes de las líneas Córdoba-Granada y Córdoba-Málaga paran en Fuente de Piedra. Tome un tranvía, que circulan dos veces diarias en ambas direcciones. Además Fuente de Piedra está 24 kilómetros al norte de Antequera, que es la principal estación de las líneas Granada-Algeciras y Málaga-Córdoba-Sevilla. **En autobús:** Desde Antequera hay autobuses a Sevilla que paran en Fuente de Piedra y Osuna. Los autobuses Málaga-Sevilla que paran en Fuente de Piedra salen de Pl. de Toros Vieja 2, Málaga, y de la principal estación de autobuses de Sevilla (Pl. de San Sebastián). Hay 4 autobuses diarios entre Antequera y Fuente de Piedra; tardan media hora en recorrer los 23 kilómetros; T: (952) 32 33 62 y 31 03 46.

DÓNDE DORMIR
Hay un hostal de 1 estrella en Fuente de Piedra, en la autopista Sevilla-Málaga, kilómetro 135, Málaga, T: (952) 52. También hay hospedaje en Antequera.

MÁS INFORMACIÓN
**Información turística:** Pl. Coso Viejo, Antequera, T: (952) 84 18 27.

# Lagunas de Córdoba

*Seis lagunas saladas en el interior*

A lo largo del flanco meridional de la provincia de Córdoba hay seis lagunas saladas poco conocidas que desempeñan un papel ecológico similar al de la Laguna de Fuente de Piedra. Se trata de las Lagunas de Zóñar, Rincón, Amarga, Tiscar, Los Jarales y El Conde. En invierno las visita gran cantidad de aves acuáticas migratorias: un censo reciente registró 13 especies. Encabeza la lista el pato de cabeza blanca o malva- sía, que estaba a punto de la extinción pero se ha recobrado gracias a los esfuerzos de la Asociación Amigos de la Malvasía.

Este pato apuesto, de cuello corto, con su pico brillante y azul, es el único representante de la familia «cola rígida» en toda la región paleártica. Es escaso y está desapareciendo de Europa occidental, y sólo empolla en España meridional; los otros sitios más cercanos se encuentran en Africa del Norte y Turquía.

La Laguna de Zóñar, cerca de Aguilar de la Frontera, es la mayor laguna con agua permanente: ocupa 38 hectáreas y tiene una profundidad máxima de 16 metros. Está rodeada por viñedos, olivares y trigales; los juncos y espadañas de las orillas brindan refugio a las aves. La malvasía tiene aquí un refugio invernal favorito, y en algunos años se puede hallar aquí casi toda la población hispana; la última vez se contaron 100 parejas. Otras especies son el pato de cresta roja, el ánade silvestre, el colimbo de cresta grande, el pato copetudo, el pato pico de pala y aves rapaces.

La pequeña Laguna Amarga, con forma de riñón, deriva su nombre de la sal y el sulfato de magnesio. Ocupa 4,5 hectáreas cerca de la aldea de Jauja, pero dentro de los límites de la ciudad de Lucena. El agua tiene 4 metros de profundidad y está protegida por un ancho cinturón de vegetación donde las malvasías y las pollas de agua rojas empollan todos los años.

La Laguna del Rincón, rodeada por viñedos y con menos de 4 hectáreas de extensión, cerca de Aguilar de la Frontera, es la más pequeña de las tres lagunas permanentes. Se achica en los meses de verano, y una vez estuvo a punto de secarse, pero ahora se la considera un terreno óptimo para que empolle la malvasía.

Las lagunas temporarias desaparecen en verano, dejando una capa de sal, pero se llenan de aves cuando las lluvias las llenan de nuevo. Laguna del Conde, también llamada Laguna del Salobral, cerca de Luque, es

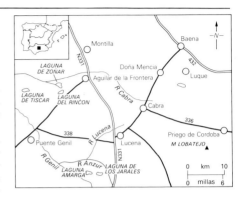

la mayor de las seis, y abarca una superficie de 47,5 hectáreas pero tiene sólo 70 centímetros de profundidad. Aquí se pueden ver flamencos y catarañas. Las aguas saladas de la Laguna de Tiscar, cerca de Puente Genil, tienen sólo 50 centímetros de profundidad, pero eso basta para que allí empollen frailecillos, zancudas de alas negras, avocetas y ánades; a veces llegan flamencos desde Fuente de Piedra, en misiones de reconocimiento. La Laguna de los Jarales, con 2,6 hectáreas y sólo 40 centímetros de agua después de las lluvias, es lugar favorito de muchos patos y frailecillos. Está a tiro de piedra de la Laguna Amarga, cerca de Lucena.

---

### ANTES DE SALIR
**Mapas:** Las lagunas no figuran en la mayoría de los mapas camineros: usted necesitará el SGE 1:50.000 Nos. 966, 967, 988 y 989; IGN 1:200.000 Mapa provincial de Córdoba.

### CÓMO LLEGAR
El pueblo de Aguilar constituye la base más cómoda para visitar las lagunas.
**En automóvil:** La autopista N331 Córdoba-Anteuqera lo llevará a Aguilar; desde allí, la C329 conduce al oeste, hacia Puente Genil, o al este, hacia Lucena. Luque, cerca de

Baena, está más al norte, cerca de la C327.
**En tren:** Hay un servicio ferroviario diario a Puente Genil, en las líneas Córdoba-Granada y Córdoba-Jaén. Para averiguar horarios y otros datos, telefone a la estación de RENFE en Córdoba, T: (957) 47 93 02.
**En autobús:** Hay servicios regulares que unen Sevilla y Cabra a través de Puente Genil y Lucena; solicite información al (954) 41 52 58, Sevilla. Los autobuses de la línea Córdoba-Estepa paran en Puente Genil y Aguilar; solicite más información al (957) 500 03 02, en Lucena, o

al (957) 23 14 01, en Córdoba.

### DÓNDE DORMIR
Cuatro aldeas ofrecen hospedaje en la región de las lagunas: Lucena, Baena, Aguilar y Puente Genil. Por ejemplo, en Lucena se encuentra el hostal Muñoz, 1 estrella, T: (957) 50 10 52; y en Aguilar está el Las Viñas, 2 estrellas, T: (957) 66 08 97.

### MÁS INFORMACIÓN
**Información turística:** C. González Murga, Córdoba, T: (957) 47 12 35. ICONA, Tomás de Aquino, Córdoba, T: (957) 23 94 00.

# Parque Natural de Grazalema

*Un parque natural de 47.200 hectáreas, con paisajes montañosos, 3 especies de águila y muchas otras aves*

Desde su fuente de la Serranía de Ronda, el joven río Guadalete bordea el norte del Parque Natural de Grazalema

**C**uando llegamos a Grazalema, sea cual fuere la época del año, es muy probable que esté lloviendo, pues las montañas locales suelen frenar todas las nubes que llegan desde el Atlántico. En consecuencia, esta zona vasta y pedregosa ofrece un ámbito ideal para una gran variedad de aves, mamíferos y reptiles. Ante todo, Grazalema debe su renombre al bosque de abetos españoles de las laderas del nordeste de El Pinar

(1.654 m), el segundo pico de la Serranía de Ronda. Esta especie *(Abies pinsapo)* sólo existe en cuatro localidades de estas montañas de los alrededores de Ronda, y todas están a altitudes de 1.000-1.700 metros.

Desde luego, estos raros árboles, vestigios de la última Era Glacial, ocupan sólo una pequeña parte del parque natural: unas 300 hectáreas sobre un total de 47.200 hectáreas. Este bosque de pinsapos, como se los llama en España, debe su existencia a un microclima propio: 210 centímetros de lluvias durante el año, más su apertura hacia el norte, con lo cual el bosque está húmedo y fresco todo el verano. Para conservar intacta esta joya arbórea, la agencia andaluza del medio ambiente exige que los visitantes obtengan un permiso (véase abajo) y cuida de

151

los especímenes para que nadie intente usarlos como árboles de Navidad.

La mayor parte del parque natural consiste en tierras agrestes y montañosas pertenecientes a 13 aldeas de la provincia de Cádiz y 5 de Málaga. La piedra caliza gris de estas laderas es tan poco sólida que caminar es a menudo un gran esfuerzo. Una vez, al agacharme para tomar una foto de unas flores silvestres cerca del paso, patiné y caí cuesta abajo por un pedregal unos 15 metros hasta que al fin mis frenéticos esfuerzos para frenar, con talones y codos, me lograron detener. Fue mi descenso improvisado más largo en una montaña.

La forma de cuenca del valle adyacente le permite juntar bastante agua y producir una rica flora notable por sus helechos y otras plantas que medran en climas húmedos. Hay aves aquí, y el parque es famoso por la gran cantidad de buitres que anidan entre los altos peñascos de piedra (ambos progenitores comparten la tarea de sentarse sobre los huevos, y el período de incubación dura 59 días). Los pichones pronto se convierten en grandes aves, con una envergadura de 2,5 metros. Comparten la carroña con otras aves carroñeras, y también encontramos aquí el buitre egipcio.

Otros miembros de la población avícola del parque incluyen el águila dorada, con botas y de dedos cortos o culebrera, diversos búhos, el cernícalo, el halcón peregrino, el gallinazo, la abubilla, el abejaruco, el trepador de dedos cortos, el colirrojo, cerrojillos, *Sylvia communis*, reyezuelo, cuclillo, grajo, jilguero, papamoscas manchado, oriol dorado, pinzón, pájaro carpintero verde y manchado, ruiseñor, *Saxicola torquata*, torcecuello, alondra del bosque, vencejo alpino, verderón y perdiz de patas rojas.

La antigua aldea de Grazalema es una base ideal para salir a observar pájaros o plantas por el parque. En los campos de la aldea usted encontrará el tordo azul de las rocas, el triguero negro y la calandria; águilas blancas, buitres y azores patrullan el cielo.

---

## ANTES DE SALIR
**Mapas:** SGE 1:50.000 Nos. 1.049, 1.050 y 1.051; IGN 1:200.000 Mapas provinciales de Cádiz y Málaga; y Firestone T-29 y C-9, La Sierra de Cádiz; Información general y mapa, un útil mapa de las montañas de Cádiz para el excursionista.
**Guías:** Grazalema, antología (Diputación de Cádiz, 1981); El Bosque, antología (Diputación de Cádiz, 1982).

## CÓMO LLEGAR
**En automóvil:** La carretera El Bosque-Grazalema nos lleva directamente por el parque hasta el imponente Puerto del Boyar, a 1.103 metros.
**En autobús:** El único modo de llegar a Grazalema con transporte público es con el autobús Ronda-Ubrique. Se puede llegar a El Bosque con el autobús Jerez de la Frontera-Ubrique y el autobús Sevilla-Ubrique. Estos autobuses circulan dos veces

diarias en ambas direcciones y son operados por Los Amarillos, C. Navarros 22, Sevilla, T: (954) 41 93 62; en Cádiz, su número telefónico es (956) 28 85 52.

## DÓNDE DORMIR
El Bosque tiene un hotel de 2 estrellas, Las Truchas, T: (956) 72 30 86, y también hay hospedaje disponible en Grazalema, Ubrique y Ronda.
**Vida al aire libre:** No hay campings oficiales, pero se permite acampar en el parque natural. Lea las reglamentaciones de la oficina de ICONA cuando recoja su permiso para entrar.

## ACTIVIDADES
**Excursiones a pie:** Las autoridades del parque han trazado una serie de itinerarios básicos para los excursionistas. La ruta básica comienza en la carretera, entre Puerto del Boyar y Grazalema, continúa hasta

Llano del Revés, asciende hasta el Puerto de las Cumbres y de allí hasta el Pinsapar —el bosque de pinsapos— antes de regresar a través del Arroyo del Pinar. Ofrece las mejores oportunidades para estudiar el pinsapo y otras plantas típicas de la región.

Un segundo itinerario comienza en el Puerto de los Acebuches, en el camino entre Grazalema y Zahara de la Sierra; conduce hasta el Puerto del Sabinarejo a través de la Cañada del Cornicabra. Esta es sin duda la mejor ruta para estudiar la variada vegetación de una típica zona de *maquis* y chaparrales.

El tercer itinerario también parte del Puerto de los Acebuches y va hasta la Ermita de la Garganta (872 metros) y la abrupta Garganta Verde.
**Excursiones en automóvil:** Si usted no tiene tiempo ni ganas de estudiar el parque a pie o a

caballo, queda la menos interesante posibilidad de recorrer la sierra en coche. La ruta recomendada comienza en Zahara de la Sierra, va hasta Puerto de los Acebuches, desde donde uno puede mirar el Pinsapar, y llega al Puerto de las Palomas (1.260 m), que permite una soberbia vista de la Sierra del Endrinal. Usted puede continuar hasta Benamahoma por el Puerto del Boyar, y luego hasta Ubrique por El Bosque. Ubrique es otro de los bellos pueblos blancos de la sierra; la carretera atraviesa importantes bosques de acebuches y grandes tramos de bosque andaluz.

**Excursiones a caballo:** Se pueden conseguir caballos en el parque. Un sendero va desde Zahara hasta Sierra Margarita, otro comienza en el Puerto de los Acebuches y termina en el Pinsapar, y un tercero tarda 2 días en completar el circuito de Sierra Margarita, Benamahoma (fuente del río El Bosque) y el Pinsapar. Pida detalles a la oficina de turismo de Ronda (véase abajo).

MÁS INFORMACIÓN
**Información turística:** C. Calderón de la Barca 1, Cádiz, T: (956) 22 48 00; y Pl. de España, Ronda, T: (952) 87 12 72. ICONA, Avda. Ana de Viga 3, Cádiz, T: (956) 27 45 94.

Para las excursiones a El Pinar y la Ermita de la Garganta, se requiere un permiso de la oficina de turismo de Cádiz (véase arriba).

## LA FLORA DE GRAZALEMA

Las sierras de Grazalema son geológicamente muy similares a las del torcal de Antequera, pero Grazalema es sin duda la localidad más famosa por sus rarezas botánicas. Dwight Ripley, en su trabajo «A Journey through Spain» (1944), describió dos especies espectaculares que crecen en las rocas que dan al pueblo: la crucífera *Biscutella frutescens*, «con sus lluvias de oro y sus gruesas rosetas de terciopelo festoneado», y la típica amapola *Papaver rupifragum*, «delicada y roja como ladrillo», que está limitada a las montañas de la Serranía de Ronda. Otra especie interesante que Ripley menciona, aunque con palabras menos emotivas, es la elegante y lanuda *Centaurea clementei*, una centaura de flores amarillas que sólo se conoce en Grazalema y la Sierra de Yunquera, en el sur de España.

Tres especies de saxífragas exclusivas de las sierras meridionales españoles crecen en las grietas: *Saxifraga haenseleri, S. globulifera* y *S. boissieri*. Todas tienen flores pequeñas y blancuzcas, y las dos segundas son muy frecuentes en la Serranía de Ronda. En el alto macizo de la Serranía de Grazalema crece una comunidad propia de grietas y pedregales, casi alpina, que incluye especies tales como la nevadilla española *(Draba hispanica)*, la mostaza de grandes flores *Erysium grandiflorum* y la crucífera *Ionopsidium prolongoi*. En el pinsapar de El Pinar, los árboles arrojan mucha sombra y bajo ese dosel se han desarrollado arbustos especializados, entre ellos especies siempre verdes como una aulaga de flores pequeñas *(Ulex parviflorus ssp funkii)*, lauréola y durillo *(Viburnum tinus)*; las bayas de este último son muy venenosas. En los claros del pinsapar se pueden encontrar especies más coloridas, tales como la *Berberis hispanica* y la retama erizo. En las zonas pedregosas encontramos la crucífera enana *Ptilotrichum spinosum*. En altitudes más bajas, el olor resinoso de los pinsapos es realzado por la presencia de dos cistos aromáticos —*Cistus albidus y C. Populifolius*, «hojas grises» y «hojas de álamo»— que también atraen a miríadas de insectos voladores cuando están en flor.

## Laguna de Medina

*Pequeña laguna de 500 hectáreas, donde se detienen las aves migratorias que van y vienen del Africa*

Esta laguna de agua dulce situada en las inmediacines de Jerez de la Frontera, una comarca donde se cultiva trigo y se crían caballos, toma su nombre de la casa ducal de Medina Sidonia, cuya sede ancestral —la ciudad del mismo nombre— está un poco más al sur. Normalmente es una insignificante extensión de agua que abarca unas 500 hectáreas y está bordeada de juncos y espadañas. Pero en ocasiones es importante por las aves que pasan por ese lugar, situado casi en el punto de encuentro entre Europa y el Africa. Desde fines de agosto, las aves que migran desde el centro y el norte de Europa paran aquí antes de seguir hacia el Africa. Golondrinas, aves zancudas y rapaces buscan refugio aquí.

La laguna también atrae aves en tiempos de sequía, pero por otra razón: más allá del río Guadalquivir está el Coto Doñana, y si las marismas están más secas que de costumbre a fines del verano, algunas aves de Doñana vienen en busca de alimento y agua al este del río. En noviembre de 1973 los ornitólogos contaron 22. 626 en esta laguna. Se han registrado aquí 47 especies, incluyendo espátulas, malvasías y flamencos grandes.

**Antes de salir** *Mapas:* SGE 1:50.000 Nos. 1.048 y 1.062; IGN 1:20.000 Mapa provincial de Cádiz.

**Cómo llegar** *En automóvil:* La laguna está en terreno abierto, sobre la carretera C440 (Jerez-Medina Sidonia).

*En tren:* Jerez, 10 kilómetros al oeste, está conectada por tren y autobús con Sevilla y Cádiz.

*En autobús:* Hay autobuses diarios desde Jerez hasta Medina Sidonia; solicite más detalles al (956) 22 78 11 en Jerez, o al (956) 21 17 63 en Cádiz. También hay autobuses que van de Sevilla a Algeciras pasando por Jerez y Medina Sidonia, T: (954) 22 93 65.

**Dónde dormir:** Las ciudades más cercanas a la laguna que ofrecen hospedaje son Jerez de la Frontera y Puerto Real. En Jerez hay más de 20 hoteles, desde el Hotel Jerez, 5 estrellas, T: (956) 30 06 00, hasta el San Martín, 1 estrella, T: (956) 33 70 40.

**Más información** *Información turística:* C. Calderón de la Barca 1, Cádiz, T: (956) 22 48 00; y C. Guadalete, Puerto Real, T: (956) 86 31 45. ICONA, Avda. Ana de Viga 3, Cádiz, T: (956) 27 45 94.

## Parque Nacional de Doñana

*Lagos, lagunas y pinares en un parque nacional del delta del río Guadalquivir*

La primera vez que visité el parque nacional Doñana quedé impresionado por el paisaje: las vastas dunas que rodeaban los bosques, los bosques arenosos habitados por ciervos rojos y paletos, y los pantanos contiguos al estuario del Guadalquivir, donde un sinfín de patos y garzas se alimentaba ruidosamente entre los juncos y eneas. Me dejó una sensación de espacio ilimitado y agreste: tierras húmedas, dunas y pinares bordeados por un río azul como el cielo y una playa solitaria.

Pero sólo en mi segunda visita comencé a captar la verdadera significación del último santuario agreste de las tierras bajas de Europa. Esta vez viajé en un Landrover lleno de observadores de aves profesionales, la mayoría miembros del comité de redacción de revistas sobre la naturaleza. El jefe del grupo era uno de los decanos de la ornitología británica, quien tenía un modo inquietante de elevar los binoculares al cielo para anunciar, señalando a lo lejos: «Hay un ave rapaz a la izquierda de ese roble». O de pronto improvisaba conferencias, tales como: «He aquí una culebrera, cazadora de culebras y máquina de matar natural. Un casco de plumas la protege contra las mordeduras de la culebra, y con garras cortas y potentes para aferrar la presa. Las plumas de las puntas de las alas se extienden aerodinámicamente para impedir que la arrastre la turbulencia...»

En los pantanos conocidos como «marismas» observamos a un grupo de excitados alcaudones atacando a un águila con botas que había cometido el error de invadirles el territorio, y nuestro mentor avistó al águila aun antes que los alcaudones. Poco después tuvo la satisfacción de decirnos, con su voz

Estas espátulas regresan del Africa para empollar en la misma colonia del Doñana, año tras año

discursiva: «He aquí el ave más rara que veremos hoy, el águila imperial».

La cercanía del Africa es una de las principales razones para que haya tal riqueza y variedad de aves en Doñana. Las aves de gran envergadura, como las águilas y milanos que abundan aquí, no pueden sobrevolar las aguas por gran distancia porque necesitan corrientes térmicas para planear y descansar las alas durante las migraciones. Por ello atraviesan el Mediterráneo en tres puntos —los Dardanelos, Gibraltar y Tarifa— donde los estrechos son más angostos. Para las que vienen desde el oeste del Africa, las marismas del Doñana constituyen un lugar de reposo lógico y esencial, y también un terreno de caza. Aquí, si todo anda bien, los flamencos encuentran los camarones que desempeñan un papel tan importante en su ciclo vital; si no encuentran camarones, no cobran ese satisfecho color rosado, y si no cobran ese color rosado no siguen viaje para empollar (en lugares tales como Fuente de Piedra y, más recientemente, las Marismas de Odiel), sino que esperan el fin de la temporada y regresan a su hogar sin reproducirse.

El Parque Nacional de Doñana —que antes se llamaba Coto de Doñana— desempeña un papel decisivo en el ciclo reproductivo de diversas especies, sobre todo desde que las zonas lacustres de Andalucía se han secado o han sido «reclamadas». Pero a veces las cosas resultan en una catástrofe cuando la lluvia no es suficiente para dar a las marismas suficiente profundidad, o cuando los pesticidas infiltran la región desde las zonas agrícolas circundantes, como ocurrió en 1986, cuando unas 30.000 aves murieron en el parque o en sus inmediaciones.

El Doñana es, esencialmente, el delta del Guadalquivir, el Wada-l-Kebir o «gran río» de los moros. Pero es un delta peculiar. Al contrario de la mayoría de los ríos, éste tiene una sola salida al mar, debajo de Sanlúcar de Barrameda. El resto del antiguo delta ha sufrido el progresivo bloqueo de un enorme banco de arena que se extiende desde la desembocadura del Tinto, cerca de Palos, hasta el banco que hay frente a Sanlúcar, que los vientos marinos han transformado gradualmente en altas dunas. Detrás

155

de esta barrera natural se extienden las marismas.

El efecto de esta excepcional combinación de tierra y agua consistió en crear un ámbito que las personas rehúyen pero que resulta ideal para la vida silvestre. A principios del siglo trece, los reyes de Castilla designaron coto real una parte del Doñana; más tarde, los duques de Medina Sidonia lo transformaron en coto privado. Doña Ana de Silva y Mendoza, duquesa de Medina Sidonia, dio rienda suelta a su instinto antisocial al construir una residencia que se parecía más a una ermita que a un palacio. En consecuencia, la región pasó a ser conocida como «bosque de doña Ana», o Doñana. Se sabe que en el siglo dieciocho Goya visitó a la duquesa de Alba en el Palacio de Doñana, cuando ella era la propietaria. Luego, la tierra pasó por muchas manos antes de la creación oficial del parque nacional en 1969.

Entretanto, las marismas se reducían drásticamente. Del otro lado del Guadalquivir, vastos pantanos eran drenados y convertidos en labrantíos, hasta que sólo quedaron intactas las tierras protegidas del Doñana. Durante siglos esta región fue sólo un lugar vacío en el mapa, entre Lebrija al este y Almonte al noroeste, pero en años recientes han surgido pueblos y aldeas al oeste de Guadalquivir, y la ciudad balnearia de Matalascañas ha llevado complejos urbanos al linde sudoeste del Doñana, un sitio otrora ocupado por chozas de pescadores.

La cercanía de esas construcciones ha complicado aún más la tarea de los guardianes del parque. Por ejemplo, los automóviles atropellaron dos de los preciosos linces de Doñana en la carretera de Matalascañas; gatos y perros del pueblo más cercano han matado animales en el parque, y los pájaros que volaron más allá de las cercas fueron derribados por desaprensivos cazadores, a pesar de las estrictas leyes de conservación. Los nuevos arrozales y otros proyectos agrícolas al norte de El Rocío constituyen una amenaza más permanente para los ecosistemas de Doñana, pues las aguas servidas llevan pesticidas a las marismas. Lo mismo ocurre con las minas de azufre de Aznalcóllar, río arriba, que arrojan desechos al río.

Lo que veamos aquí dependerá de la época del año y de la suerte. Noviembre, diciem-

bre y enero son la temporada mala para los visitantes humanos, pero es una época ideal para las aves acuáticas, pues las lluvias otoñales han devuelto la vida a las marismas y han llenado las lagunas. Poco a poco el agua alcanza una profundidad uniforme de 30-60 centímetros en vastas superficies, y las marismas atraen a grandes bandadas de patos, gansos y otras aves acuáticas de las especies más diversas. Son marismas de agua dulce, aunque en la arcilla subyacente hay rastros de sal marina. Aquí y allá las pequeñas islas llamadas «vetas» se elevan sobre el agua; permanecen secas todo el año, creando un terreno ideal para que empollen las zancudas y golondrinas.

A fines de febrero, los gansos que han migrado aquí desde la Europa septentrional inician su viaje de regreso, pero al mismo tiempo llegan las espátulas del norte del Africa, para anidar en los alcornoques. En marzo las aguas empiezan a retroceder y la primavera comienza de veras. Esta es también la época en que el águila imperial empolla sus huevos; recientemente se han contado en el parque 15 parejas de estas formidables cazadoras, es decir, un tercio de las águilas imperiales que sobreviven en España. Cada par requiere 2.600 hectáreas de tierra para cazar en verano, y aún más en invierno. Este dista de ser un ámbito perfecto para estas grandes aves, y las parejas de Doñana rara vez crían tantos vástagos como las de otras zonas de España.

En primavera las marismas se pueblan de aves; algunas se instalan para empollar, y otras descansan antes de seguir viaje al norte. Gran cantidad de milanos revolotean en el aire, y las rapaces intimidan a los patos. Hay limosas de cola negra y gallinetas en su camino a Holanda y, más allá, gallinetas que se dirigen a Escandinavia y zarapitos que deberían estar 1.000 kilómetros más al este. Numerosas bandadas de golondrinas con patillas revolotean en el cielo, junto con golondrinas con pico de gaviota, raudas pratíncolas y golondrinas de lomo rojo, y hay abejarucos posados en postes y cables. Podemos verlos a todos desde el puente de El Rocío, quizá el mejor lugar gratuito para observar pájaros en toda Europa.

Desde los nidos del centro de la reserva, al sur del puente, nos llega el canto de cerrojillos de Cetti y Savi, de airones, garzas y pequeños alcaravanes que van y vienen. Constantemente vemos milanos, y a veces una majestuosa águila imperial se eleva desde los bosques de Doñana sobre El Rocío, con rumbo a Coto del Rey.

A mediados de verano la temperatura de las calurosas marismas supera fácilmente los 40° centígrados. Las aves acuáticas que permanecen en las aguas estancadas mueren de botulismo, y cada año mueren miles más durante la sequía. En agosto no queda casi nada de la fauna acuática del pantano, pero es una buena época para observar a los muchos residentes estivales, entre ellos el buitre, el águila con botas y el águila de dedos cortos o culebrera, el milano rojo y negro, el cuervo de Baillon, la polla de agua púrpura, el gran cuclillo manchado, el búho de Scops, el chotacabras de cuello rojo, el abejaruco, la abubilla, la calandria, la alondra de dedos cortos y *thekla*, el oriol dorado, la urraca de alas azules, los cerrojillos de Cetti y Savi, el paro pardo, el gran alcaudón gris, el alcaudón del bosque y el verderón. El ciclo vital de esta zona agreste es incesante. Aquí se reproducen 125 especies de aves, así como 28 especies de mamíferos, 17 reptiles, 9 anfibios y 8 peces.

El parque abarca tres clases de ecosistema: las marismas, el matorral y las dunas.

La polla de agua, una exótica prima tropical de la negreta, lleva una vida retirada entre los juncos

Una visita motorizada a Doñana nos permitirá apreciar un poco de cada cual, pero el efecto de cada ámbito varía con la estación. No habrá dos visitas iguales.

La última vez que recorrí el parque fue durante el mes de mayo. En una mañana soleada entramos en el parque al sur de El Rocío, un pueblo que parece el set de un *western* hollywoodense. Condujimos por un maltrecho camino de tierra que atravesaba un bosque de eucaliptos, plantados hace muchos años para venderlos a una compañía papelera. Después de los eucaliptos surgió un paisaje achaparrado: arbustos *Halium* con escasos alcornoques. Esta es la morada favorita de los linces del parque, que actualmente totalizan 25 parejas y son los últimos representantes de su especie en Europa meridional. Desde luego permanecen ocultos, pero los movimientos de una cuarta parte de ellos se monitorizan mediante collares electrónicos. Los milanos parecen cubrir el cielo, y una manada de ciervos rojos atisba desde los arbustos; en las cercanías vemos vacas pastando en un prado exuberante.

Un arroyo pequeño y permanente fluye a la izquierda: es el Caño de la Madre de las Marismas del Rocío, una de las dos arterias principales por las cuales llegan las aguas a las marismas. Más allá se extiende una llanura incesante, mezcla de agua y cieno, y por doquier ahogada por hierbas palustres. Parece increíble que en tiempos de los romanos esta ciénaga fuera una bahía abierta, y que las naves pudieran transportar su cargamento hasta Lebrija, una ciudad que ahora está a 7 kilómetros del arroyo más cercano, del otro lado del Guadalquivir.

El Land Rover se detiene para dejarnos observar algunas de las pajareras. Estos venerables alcornoques se encuentran dentro de la reserva biológica especial del parque, la Reserva Científica, en la cual no se puede entrar. En esta ocasión la zona parece ocupada por un parlamento de aves afroeuropeas, y las copas están pobladas por algunas de las garzas más grandes de Europa: airones, garza nocturna, espátula, garza gris.

Un hombre pasa a caballo. Es uno de los guardianes del parque, pues en esta época del año el caballo es el único medio de transporte adecuado en las marismas. Pronto nuestro Land Rover nos lleva por caminos de

Los flamencos se congregan en los bajíos de las lagunas salobres de las Marismas del Odiel

arena floja que resultarían difíciles para un caballo. Visitamos el Palacio de Doñana, donde hay cigüeñas y pavos reales, así como un establo lleno de caballos. Más allá se extienden ondulantes dunas y lugares abiertos cubiertos de helechos, con algún pino que sirve para retener la arena. A los barquinazos, llegamos a un ámbito más húmedo, un cenagal de colores brillantes.

Más allá están las dunas, y el Landrover las atraviesa con gran dificultad. Hay flamencos en una pequeña laguna a la izquierda, obviamente en óptimo estado, pues están muy rosados.

En Doñana fue donde se probó por primera vez que los flamencos no empollan sentándose a horcajadas sobre altos montículos cónicos de lodo, como se creyó durante 200 años. En 1883 Abel Chapman descubrió una colonia de flamencos sentados en una masa de nidos que se elevaban apenas sobre el lodo, en la hondura de las marismas: «Nos acercamos hasta una distancia de 65 metros antes de que sus centinelas dieran señales de alarma, y a esa distancia, con los anteojos, observamos claramente a las aves sentadas.

Las largas patas rojas arqueadas bajo el cuerpo, las rodillas extendidas hasta la cola o más allá, los gráciles cuellos arqueados como el de un cisne sentado, la cabeza apoyada en el pecho: todos estos detalles eran inequívocos».

La barrera de dunas que ha creado este paraíso aún está en movimiento, y avanza tierra adentro a una velocidad de 3-6 metros anuales. Paseando entre las dunas, vemos que algunas han devorado los pinos que crecen en las hondonadas. En esta franja de territorio costero empollan zarapitos y alondras, y es coto de caza favorito del águila imperial y la culebrera.

Eventualmente llegamos a la orilla del mar, donde las largas olas del Atlántico baten contra la costa. La playa está llena de golondrinas; en realidad nunca vi tantas golondrinas negras en mi vida. Junto a las dunas hay viejas torres de vigilancia costera, ahora abandonadas salvo por los halcones peregrinos y avefrías de Kent que crían su prole.

A mayor distancia vemos gaviotas de Audouin, una de las gaviotas más raras del

En Andalucía los alcornoques crecen en suelos ácidos y pobres, brindando un artículo invalorable

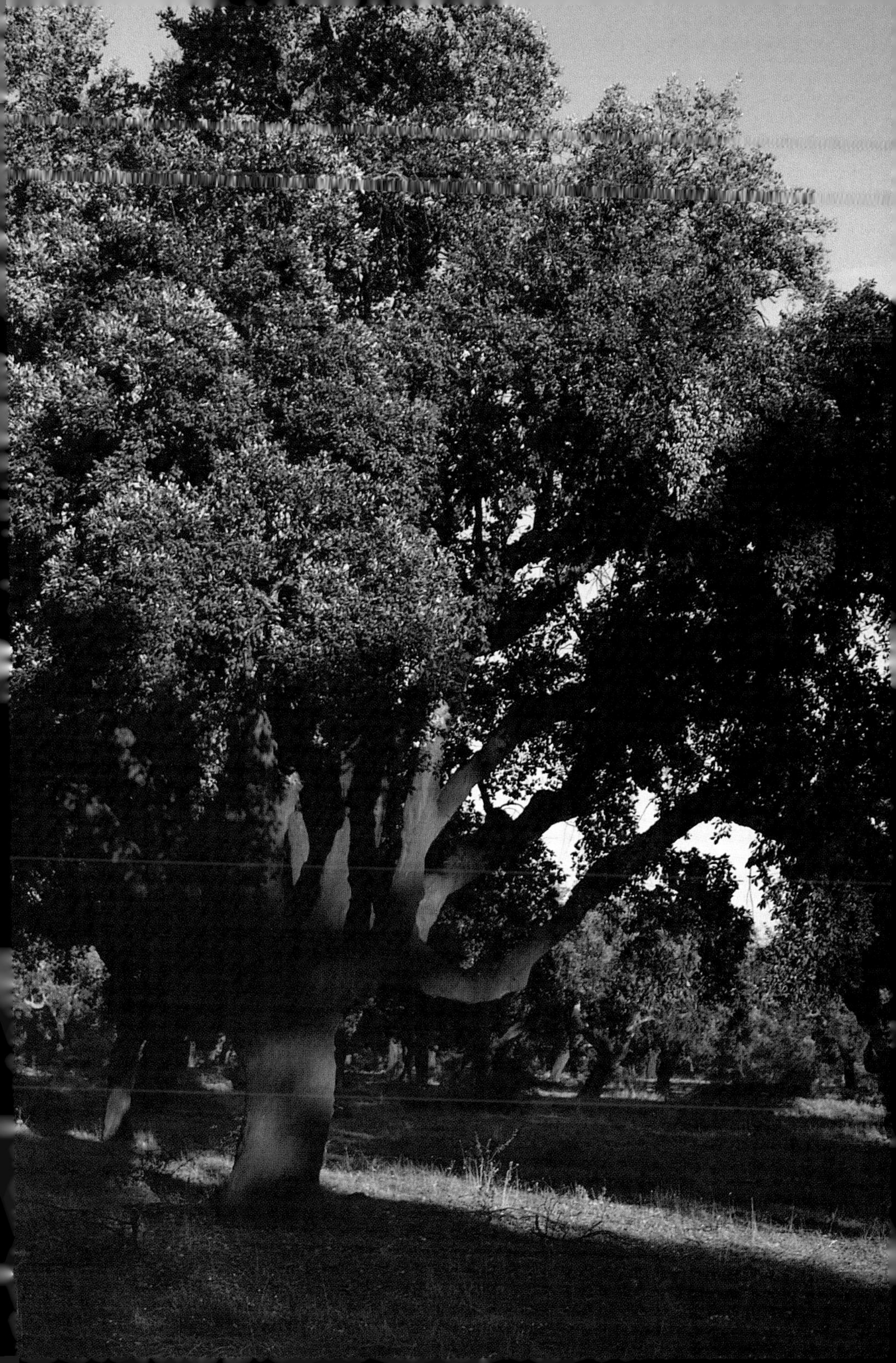

mundo: es tan especializada que sólo sabe pescar desde la superficie del mar. Mientras otras gaviotas se han convertido en carroñeras de tierra adentro, aprovechando los desechos y las aceitunas maduras, las gaviotas de Audouin son más exigentes y se alimentan del modo más dificultoso, cazando peces del mismo modo que las golondrinas de mar. También vemos una bandada de flamencos en la playa, tal vez recién llegados del Africa y esperando a que el poniente les indique la dirección de las marismas; lucen comprensiblemente cansados después del largo viaje.

También nosotros estamos cansados, al cabo de un día de observar, aprender, asombrarnos y deleitarnos ante la inmensidad de esta zona agreste.

## ANTES DE SALIR

**Mapas:** SGE 1:50.000 Nos. 1.001, 1.018, 1.033 y 1.047; SGE 1:200.000 Nos. 3-10 y 3-11; y Firestone C-9 y T-30.
**Guías:** J. A. Fernández, *Guía del P. N. Doñana* (Omega, 1982); J. Vozmediano, *Doñana, manual práctico* (Pentathlon, 1983); A. Duque, *El mito de Doñana* (MEC, 1977); y L. Mora, *Torres de almenara de la costa de Huelva* (Diputación de Huelva, 1981).

## CÓMO LLEGAR

**Por aire:** El modo habitual de llegar al Coto Doñana es vía Sevilla, que tiene excelentes conexiones ferroviarias y aéreas. Los baratos vuelos *charter* hasta el aeropuerto internacional de Málaga también ofrecen un modo conveniente de llegar a las cercanías del parque.
**En automóvil:** Desde Sevilla tome la A49, vire al este en Bollullos Par del Condado y siga la N445 desde Almonte hasta Matalascañas, el moderno pero feo balneario desde donde los turistas suelen visitar el parque nacional. Desde Huelva, tome la carretera costera hasta

El pato de cresta roja suele anidar en la España meridional y a lo largo de la costa

Matalascañas, atravesando la poco conocida región de las dunas.
**En autobús:** La Empresa Damas opera los autobuses que salen de Sevilla y Matalascañas y salen desde la C. Segura, cerca de la Pl. de Armas.

## DÓNDE DORMIR

Matalascañas es un centro balneario de construcción reciente, con 5 grandes hoteles que están abiertos de mayo a setiembre. También hay varios hostales pequeños. Cerca de Mazagón se encuentra el Parador Nacional Cristóbal Colón, T: (955) 37 60 00, así como el Hostal Hilaria, 1 estrella, T: (955) 37 62 06. Si usted está de ánimo para alojarse en un pueblo que parece el set de una película del Salvaje Oeste, recomiendo el Hostal Vélez, 1 estrella, T: (955) 40 61 17, en El Rocío.

**Vida al aire libre:** Hay tres campings oficiales, todos grandes: Rocío Playa en la autopista Huelva-Matalascañas (kilómetro 45,2), T: (955) 43 02 38; Doñana Playa (kilómetro 48,8 de la misma autopista) en Mazagón, T: (955) 37 62 81; y Playa de Mazagón, situado en Moguer a 20 kilómetros de Huelva, T: (955) 37 62 08.

## ACTIVIDADES

No se puede visitar el parque a solas. Hay excursiones guiadas en jeep, habitualmente de 4 horas, a lo largo de 5 rutas estándar, cada cual con un circuito de 70 kilómetros. El punto de partida, y el único lugar donde se pueden contratar, es Matalascañas; pida detalles al Centro de Recepción del Acebuche (véase abajo). Conviene hacer reservas con

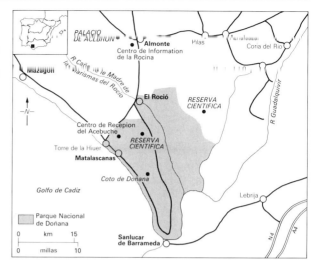

anticipación, pues durante el pico de la temporada hay a menudo una lista de espera, y Matalascañas, aunque es buen lugar para broncearse, tiene pocos encantos para las gentes que prefieren la vida silvestre a las discotecas.

**Observación de aves:** También es posible fuera de los confines del parque nacional. Pregunte en la oficina de turismo acerca de los puestos que ICONA ha construido fuera del parque, que pueden estar disponibles.

**Excursiones a caballo:** Las autoridades del parque han introducido un circuito para andar a caballo, una ruta de 20 kilómetros; pida detalles en el centro turístico.

## MÁS INFORMACIÓN

**Información turística:** El Centro de Recepción del Acebuche está cerca de Matalascañas, a poca distancia de la carretera principal, T: (955) 43 04 32; este centro brinda mucha información sobre los diversos ecosistemas del parque y su flora y fauna. También C. Plus Ultra 10, Huelva, T: (955) 24 50 92; y Avda. de la Constitución 21, Sevilla, T: (954) 22 14 40. ICONA, Gran Vía 26, Huelva, T: (955) 21 34 71; y Avda. Ramón y Cajal 1, Sevilla, T: (954) 63 96 50.

La oficina de turismo del parque se encuentra en El Rocina, T: (955) 40 61 40.

# Las Marismas de Odiel

*Un paraje natural de 6.791 hectáreas dentro de la ciudad de Huelva, terreno de cría para los flamencos*

La primera vez que visité las Marismas del Odiel tuve la oportunidad de presenciar un momento histórico. Acompañado por

Juan Carlos Rubio, el joven naturalista a quien acababan de nombrar director del recién creado paraje natural de las marismas del Odiel, viajé en jeep hasta el corazón mismo del lugar, las lagunas de las Salinas de Bacuta. Era un claro y soleado día de primavera, y había una gran bandada de flamencos en medio de la laguna principal. Cuando llegamos a la barranca que formaba su orilla oriental, no se alarmaron, sino que continuaron celebrando lo que parecía una bulliciosa reunión familiar de 400 aves.

Algunas iban de aquí para allá con su andar inquieto y peripatético, y emitían esos graznidos de ganso que se han comparado con los gruñidos de una insatisfecha multitud en un partido de fútbol. Otras mantenían la cabeza bajo el agua y escarbaban el cieno con el pico para hallar moluscos, cangrejos y algas.

Mi guía, que había pasado muchas horas de su vida observando a esas aves gregarias, de pronto se excitó mucho; acababa de advertir que los flamencos estaban construyendo nidos y disponiéndose a criar sus pichones en la Laguna de Aljaraque. Era la primera vez que los flamencos criaban su prole en las Marismas del Odiel, y esa mudanza representaba la triunfal vindicación de un programa de conservación al cual Rubio había dedicado varios años de intensos esfuerzos.

A veces hasta 2.000 flamencos emigran desde el Africa hasta las zonas lacustres del Odiel.

El hecho de que algunos se queden aquí a empollar, en vez de ir a las marismas del Doñana, quizá se deba a que esta laguna no se seca durante el verano, como la mayoría de las lagunas del Doñana; quizá también prefieran la mayor salinidad de la Laguna de Aljaraque. Pues las Marismas del Odiel difieren de las zonas lacustres del Do-

ñana, 120 kilómetros al este, porque contienen salinas que desde hace tiempo constituyen un rasgo de la región de Huelva. Las mareas atlánticas que irrigan estas salinas a veces alcanzan hasta 4 metros de altura. Pero la reserva misma es mucho más pequeña — 6.791 hectáreas— y está mucho más cerca de la civilización que el Coto Doñana. El paraje natural está a pocos pasos de las instalaciones portuarias e industriales que bordean ese principal canal navegable del río Odiel en sus últimos 15 kilómetros antes de la desembocadura.

El río Tinto, desde luego, es la arteria industrial de la cual derivan su nombre las mayores minas de cobre y manganeso de Europa (en su confluencia con el Odiel se yergue el Monasterio de la Rábida, donde Colón planeó su viaje a las Indias en 1492, lo cual permite a los residentes de Huelva considerar su ciudad como la «cuna del Nuevo Mundo»). Las Marismas del Odiel tienen pues que competir por espacio, aire y fondos financieros con una moderna autoridad portuaria, proyectos de reclamación agrícola y los requerimientos comerciales de las salinas. Aun así, el paraje natural ha logrado resistir como reserva de vida silvestre de importancia internacional, gracias a sus colonias de flamencos, espátulas, garzas púrpuras y otros visitantes.

---

ANTES DE SALIR
**Mapas:** SGE 1:5000 No. 999; IGN 1:200.000 Mapa provincial de Huelva.

CÓMO LLEGAR
**En autobús:** Las Marismas del Odiel están dentro de los límites de la ciudad de Huelva, y hay servicios regulares de autobuses.

DÓNDE DORMIR
En Punta Umbría, un balneario situado entre el río y el mar, hay más de 10 hoteles y hostales, entre ellos el Pato Amarillo, 3 estrellas, T: (955) 31 12 50 y El Ayamontina, 2 estrellas, T: (955) 31 14 50. Hay un hostal de 1 estrella, La

Galera, T: (955) 39 02 76, en El Rompido, sobre el mar, cerca de Huelva.
**Vida al aire libre:** Hay 4 campings dentro de la zona de Huelva: Pinos del Mar, en Punta Umbría; Catapum, en El Rompido; Playa Fontanilla, en Mazagón; y Playa de Mazagón, en Moguer.

ACTIVIDADES
**Observación de aves:** Las mejores zonas están dentro de los confines de las Salinas de Bacuta, cuyas puertas están cerradas con llave para impedir el ingreso de visitantes humanos no invitados. Hable primero con los administradores del paraje,

que está bajo la jurisdicción de la Agencia de Medio Ambiente de la Junta de Andalucía; Pl. del Punto 6, Huelva 3, T: (955) 24 57 67, 24 57 68.

MÁS INFORMACIÓN
**Información turística:** C. Plus Ultra 10, Huelva, T: (955) 24 50 92. ICONA, Gran Vía 26, Huelva, T: (955) 21 34 71.
El repelente contra mosquitos es esencial.

---

Campos verdes y dorados, un floreciente olivar, montañas desnudas: este es el paisaje elemental típico de Andalucía, y de buena parte del interior de España

## Sierra de Aracena

*Una baja estribación montañosa que llega hasta los 1.000 metros y donde encontramos el lince español, el buitre negro y el águila imperial*

Huelva, sede del parque nacional más conocido de España, el Coto Doñana, tiene también una inmensa región montañosa prácticamente desconocida para el mundo exterior. La Sierra de Aracena forma el borde occidental de la Sierra Morena.

La Sierra Morena, antes conocida como la Cordillera Mariánica, se extiende por más de 500 kilómetros desde las montañas del sur de Portugal hasta la región de estepas de Albacete, en el este. Esta cadena de montañas representa el borde erosionado de la Meseta. Aunque su altura máxima es de sólo 1.323 metros, es responsable de la histórica y prolongada separación económica y cultural entre Andalucía y la España septentrional.

El macizo principal está compuesto de pizarra y cubierto por un manto siempre verde de cistos: desde el este vemos un extenso matorral, con su complemento de encinas, alcornoques y robles lusitanos.

La única interrupción importante en esta formidable muralla es el paso de Despeñaperros. El risco más oriental, y el más alto, es el de la Sierra de Alcaraz, mientras que el menos imponente macizo de la Sierra de Aracena se encuentra junto a la frontera portuguesa. Estos irregulares macizos de la Sierra Morena son ricos en metales y minerales, e

### FLORA DE LA SIERRA MORENA

En mayo, las laderas de Despeñaperros están cubiertas de cisto gomoso, y hay que buscar las espigas color azul rojizo del iris español *(Iris xiphium)* que acechan debajo del follaje de estos arbustos aromáticos. También se puede ver la dedalera *Digitalis purpurea ssp mariana*, que difiere de la raza común europea porque tiene hojas cubiertas de pelos blancos,largos y sedosos.

Dentro de los robledales de las zonas más protegidas del matorral crecen varias hierbas muy atractivas, incluidas las flores primaverales y amarillas de la anémona palmeada *(Anemona palmata)*, reemplazada más tarde en el año por el tulipán silvestre *Tulipa australis*. Las plantas más grandes incluyen la llamativa peonía de flores rojas *Paeonia broteri*, que crece entre arbustos de *Genista tournefortii*, un típico arbusto mediterráneo del sudoeste que presenta racimos de flores color amarillo dorado.

Un extraño rasgo de la Sierra es que, a pesar de estar lejos del mar, alberga 2 plantas monocotiledóneas que normalmente se encuentran en el litoral: la nuez de Berbería *(Iris siyrinchium)* y la escila de mar *(Urginea maritima)*, ambas de las cuales también se hallan en Gibraltar.

incluyen las famosas minas de cobre de Tharsis y el río Tinto, así como depósitos de hierro, piritas, manganeso, estaño, tungsteno, níquel y carbón.

---

Densas matas de Scirpus lacustris crecen en las zonas húmedas de las Marismas de Doñana

Aunque el 40 por ciento de los pueblos de Huelva se encuentran en la Sierra, también es la comarca menos densamente poblada de la provincia, lo cual es una ventaja para los lobos, linces, águilas y buitres de la región. Se cree que el lince español pertenece a una especie distinta de la mayoría de los linces europeos; es más pequeño y tiene manchas más visibles que sus primos nórdicos. En un tiempo el lince estuvo ampliamente distribuido por Europa meridional, pero hoy sólo se lo encuentra en las montañas de Grecia, y en dos zonas de España. La otra es Doñana. Cada comunidad española cuenta con unos 30 individuos. El número ha declinado drásticamente a causa del talado de muchos de los bosques que son esenciales para su modo de vida y para sus cacerías.

La sierra es también la morada de la diminuta mariposa llamada azul de Lorquin *(Cupido lorquini)*. Esta especie, muy similar a la ubicua mariposa pequeña azul, aparece en sólo 3 parajes montañosos de España y esporádicamente en Portugal y el norte de Africa. Se sabe poco sobre su ecología, pero habitualmente se la ve en zonas de pastoreo en mayo y junio, y sus alas superiores color azul violáceo la distinguen de la mariposa azul pequeña, que las tiene color pardo oscuro.

La Sierra de Aracena parece más una hilera de colinas escabrosas que de montañas, con altitudes medias de 500-600 metros; los picos más altos no superan los 1.000 metros. La comarca abarca unas 300.000 hectáreas, y sólo una fracción está protegida. Lo fascinante de pasear por estas montañas es el contraste entre aldeas casi olvidadas con huertos de naranjos y limoneros y los magníficos robledales, donde uno puede encontrar, a propio riesgo, la seta alucinógena Amanita muscaria, que daba a los chamanes de la antigua Europa su segunda visión.

Desde la cima de la Peña Arias Montano se puede contemplar toda la sierra. Este pico fue sagrado en tiempos del paganismo; los cristianos construyeron un altar para la Virgen de los Angeles, quizá porque el panorama que se ve desde aquí es casi angélico.

Cuando nos acercamos a Aracena desde Sevilla o Huelva, atravesamos una región muy distinta, el Andévalo, en un tiempo famosa por sus campos de pirita y ahora por ser el retiro estival de los sevillanos. Al llegar a Aracena usted no podrá perderse la atracción local conocida como Gruta de las Maravillas, descubierta por accidente por uno de los miles de cerdos negros que merodean por aquí, mientras olisqueaba en busca de bellotas.

**Antes de salir** *Mapas:* SGE 1:50.000 Nos. 917, 918, 938 y 939; IGN 1:200.000 Mapa provincial de Huelva.

**Cómo llegar** *En automóvil:* Desde Huelva, tome la autopista N43S al norte, hasta Jabuo, luego vaya al este por la N433 hasta Aracena. Desde Sevilla, conduzca hacia el oeste por la N630 y desvíese en el kilómetro 35, tomando la N433 a Aracena.

*En autobús:* Hay 2 autobuses diarios de Sevilla a Aracena; solicite información al (954) 41 27 60 ó al 41 05 19. Un autobús diario sale de Huelva, pero sólo los fines de semana; tarda 3 horas y 20 minutos en llegar a Aracena, T: (955) 25 62 24 y T: 25 05 63.

**Dónde dormir:** Aracena tiene 2 hostales de 2 estrellas, Sierra de Aracena, T: (955) 11 07 75, y Sierpes, T: (955) 11 01 47; en la cercana Almonaster la Real hay 2 hostales de 1 estrella, Casa Gracia, T: (955) 13 04 09, y La Cruz, T: (955) 13 04 35.

**Actividades:** La Gruta de las Maravillas, en Aracena, es la mayor cueva de España y tiene abundantes estalactitas, lagunas y corrientes subterráneas. Un lugar fascinante, aunque no para los claustrofóbicos. Está abierto todos los días de 10 a 19, excepto los lunes.

**Más información** *Información turística:* Avda. de la Constitución 21, Sevilla, T: (954) 22 14 04, ICONA, Avda. Ramón y Cajal 1, Sevilla, T: (954) 63 96 50.

El sistema de transporte público de la zona es muy pobre. Los que no tienen coche a menudo andan a pie o recurren al autostop.

Los antiguos íberos utilizaban la mortal Amanita muscari como alucinógeno

# CAPÍTULO 7

# Las Islas Baleares

**L**as Islas Baleares —Mallorca, Menorca, Ibiza, Formentera y Cabrera— están situadas en el ombligo del Mediterráneo occidental, un poco más cerca de Europa que del Africa. Surgieron del fondo del mar cuando el continente africano embistió contra Europa en uno de esos grandes desplazamientos que hoy estudia la tectónica de placas, la cual explica por qué hay fósiles marinos en la cumbre de las montañas.

Robert Bourrouilh, el geólogo francés, ha demostrado que las Baleares no eran una mera continuación de las montañas andaluzas, como podría parecer en el mapa. La diferencia es significativa: mientras Ibiza, Formentera y Mallorca constituyen una extensión de la Cordillera Penibética de la España meridional, Menorca es un fragmento «desplazado» de la geología del Mediterráneo central.

Las gentes y la naturaleza han trabajado armónicamente durante siglos en estas bellas islas, produciendo paisajes tan extraordinarios como las laderas escalonadas del norte de Mallorca y las ondulantes colinas de Menorca, claramente perfiladas con paredes de piedra de cimas blanqueadas, como si un Mondrian titánico hubiera tallado los prados. En Europa conozco pocos paisajes tan impresionantes como la brillante ciudadela blanca de Ibiza vista desde Las Salinas de Formentera, con el estrecho de por medio.

Lamentablemente, durante los últimos 30 años, el negocio del turismo ha afectado la belleza natural de las Baleares. En cierto sentido, las islas se han

El sol se eleva sobre Cabo de Formentor, el largo y angosto promontorio que forma la escabrosa punta norte de Mallorca

convertido en la Miami Beach de Europa. No obstante, el efecto de las autopistas, hoteles y bloques de apartamentos ha sido muy diferente en cada una de las tres islas principales, y los viajeros deberían prestar oídos sordos a los rumores y juzgar a cada una por sus méritos.

Hay importantes diferencias climáticas entre las islas. En las dos islas septentrionales, Menorca y Mallorca, prevalecen los vientos del norte, y un tiempo «catalán». Estadísticamente, Mahón (Maó) y Ciudadela (Ciutadella), en Menorca, tienen 35 días muy ventosos por año, y Pollença, en el nordeste de Mallorca, tiene 75; pero Palma, protegida por la estribación montañosa de Mallorca, tiene sólo 19 días de viento fuerte, mientras que Campos del Puerto sólo tiene 4 días muy ventosos por año. Las islas tienen un promedio de 2.500 horas anuales de luz solar. El lugar más húmedo es Lluc, en lo alto de las montañas de Mallorca, con 115 centímetros de lluvia anuales, casi el triple de Palma, Mahón e Ibiza. Lo cual significa que Menorca y las llanuras de Mallorca tienen una estación seca que dura 4 meses, mientras que la Mallorca montañosa sólo cuenta con una estación seca de 3 meses y en Ibiza no llueve la mitad del año. No obstante, la zona más atractiva para los excursionistas, observadores de aves y botánicos se encuentra en la comarca más húmeda y agreste de Mallorca.

La época del año es importante en las Baleares, cuyas estaciones son muy diferentes de las del norte de Europa. Enero habitualmente trae algunos días húmedos y ventosos, pero también es famoso por las «calmas de enero», una soleada y serena quincena que los griegos denominaban días aúreos, cuando mucha gente se broncea en las playas.

Febrero, el mes en que el buitre y el halcón peregrino ponen sus huevos, habitualmente trae tiempo frío y a veces nieve en los picos más altos; las gentes del norte se sorprenden de que aquí haya un invierno de veras, cuando el *tramuntana* o viento norte aúlla y los lugareños se acurrucan junto a las estufas.

Pero a fines de febrero se manifiestan los primeros indicios de la primavera mediterránea, junto con los primeros asfodelos: caminar por las montañas en días fríos, bajo cielos claros y azules, resulta increíblemente placentero. Al mismo tiempo, los almendros de la isla florecen, escarchando el paisaje con una capa de capullos blancos o rosados hasta que un día un fuerte viento los arrastra al suelo en un remolino de pétalos blancos. (Las tres cuartas partes de las almendras consumidas en Europa se producen en estas islas.)

En marzo y abril la primavera de las Baleares comienza en serio. Aves migratorias llegan a las islas y comienzan a empollar. Se oye el graznido del búho y la abubilla y el chillido del chorlito. Marzo es el mejor mes para ver orquídeas silvestres en flor; desde ahora hasta fines de mayo, el mirto, el tártago, el lentisco, el madroño y otras plantas asociadas con la magia y la mitología exhalan sus aromas más fuertes invitando a las abejas a trabajar. Esta efusión primaveral excita los sentidos sin sofocarlos con sus perfumes, como ocurre en los trópicos.

Mayo es prácticamente un mes de verano. Los ruiseñores cantan bajo el claro de luna cerca de los manantiales. Aún llegan algunas aves migratorias, y los visitantes estivales tales como la zancuda de alas negras y el abejaruco se ponen a empollar. En junio empieza la estación seca: las hormigas huyen y se refugian en las montañas. La sequedad del verano tiñe los verdes campos de un beige polvoriento y parece detener la naturaleza. Cuando el siroco —aquí llamado xaloc sopla desde el Sahara por más de dos o tres días consecutivos, la creación entera parece postrada por la canícula. Es el momento menos apropiado para ir a pasear por la desnuda e hirviente roca de la alta sierra.

En setiembre el tiempo se enfría; las aves costeras inician su migración otoñal. Maduran el lentisco y otros árboles frutales, suministrando una dieta básica a las aves invernales. Las lluvias comienzan en octubre y reviven el verdor de Mallorca y Menorca —en Ibiza tarda un poco más— y la mariposa *Charaxes jarus* aparece en medio de la fruta madura del madroño. Cuando las olivas maduran en noviembre, numerosas bandadas de estorninos y gaviotas caen del cielo para despojar a los granjeros de sus cosechas, y la mariposa migratoria dama pintada *(Vanessa atalanta)* llega a las islas. Diciembre trae más lluvias, aun a Ibiza; en Mallorca la temporada de apareamiento del buitre negro está en pleno auge. A pesar de lo que usted pueda haber creído, hay vida silvestre en las Baleares.

---

CÓMO LLEGAR

**Por aire:** Frecuentes vuelos nacionales e internacionales llegan a las islas. Aeropuertos: Son San Joán, Palma de Mallorca, T: (971) 26 46 24 y 26 08 03; Es Codola, Ibiza, T: (971) 30 03 00; Mahón, Menorca, T: (971) 36 01 50.

**Por mar:** Hay servicios regulares de ferry desde el continente —Barcelona y Valencia— a Mallorca, Menorca e Ibiza. También hay servicios que enlazan Mallorca con las otras dos islas principales (pero ningún servicio entre Ibiza y Menorca). También hay ferries entre las Baleares y Francia, Italia y las Islas Canarias.

Solicite información más detallada a la Compañía Transmediterránea, Muelle Viejo 5, Palma, T: (971) 22 67 40; Vía Layetana 2, Barcelona, T: (93) 319 82 12; y Avda. Manuel Soto 15, Valencia, T: (96) 367 65 12.

También hay un servicio regular que une Denia (Alicante) con Ibiza; está a cargo de la Compañía Flebasa, T: (965) 78 40 11.

Recuerde esto: algunos vuelos entre una isla y otra son mucho más baratos que sus equivalentes en ferry, de modo que es conveniente tener en cuenta esta opción antes de decidirse a viajar a las Baleares por mar. Por otra parte, el viaje en ferry puede ser muy grato, y las azules aguas del Mediterráneo forman un trasfondo mucho más atractivo que el interior de un avión.

DÓNDE DORMIR

Desde mediados de junio hasta mediados de setiembre, el hospedaje puede escasear, de modo que es aconsejable reservar con antelación (sobre todo para los exploradores de lo agreste a quienes no les agrada dormir bajo las estrellas). Para una lista detallada, comuníquese con Foment del Turisme de Mallorca, C. Constitución 1, Palma, T: (971) 72 45 37 y 71 53 10.

Hay hospedaje de todo tipo, desde hoteles de 5 estrellas hasta pequeñas pensiones y hostales. Pero recuerde que los precios suelen ser mucho más elevados de los que usted encuentra en la España continental.

ACTIVIDADES

**Club de montañismo:** Federación Española de Montañismo, Delegación en Baleares, Pedro Alcántara Peña 13, Palma de Mallorca. No tiene teléfono.

MAS INFORMACION

Para todas las islas (971): Oficinas de turismo, Jaime III 8, Palma, T: 21 22 16; Pl. de la Constitución 13, Mahón, T: 36 37 90; y Paseo Vara del Rey 13, Ibiza, T: 30 19 00. Cruz Roja, T: 29 50 00. Información caminera, Miguel Santandreu 1, Palma, T: 46 34 50.

**Idioma:** Fuera de las principales ciudades, es más probable que usted oiga la lengua local y no el castellano. El mallorquín, el menorquín y el ibicenzo están muy emparentados con el catalán hablado en la España continental.

OTRAS LECTURAS

Arthur Foss, *Ibiza and Minorca* (Londres, 1978), y *Majorca* (Londres, 1972); y Hazel Thurston, *The Travellers' Guide to the Balearics* (Londres, 1979).

# La isla de Mallorca

Un pino solitario se yergue entre las rocas, frente al apacible Mediterráneo

*Una isla de 111.400 hectáreas, rica en plantas y vida silvestre, con buenas rutas para excursiones y un reducto avícola en S'Albufera*

**H**e vivido más de 20 años en el linde de una de las grandes regiones salvajes de Europa, la Sierra (en mallorquín, Serra) de

Tramuntana, que corre a lo largo de la costa noroeste de Mallorca. El olivar donde vivo da la espalda a una cadena de montañas que se eleva con pasos gigantescos hacia el Puig Major, que tiene un kilómetro y medio de altura pero se hunde abruptamente en el mar: casi se podría arrojar una piedra al Mediterráneo desde la cumbre.

En tiempos pasados, los sembradores de olivos araban las laderas más bajas de la Sierra mientras los carboneros cuidaban los en-

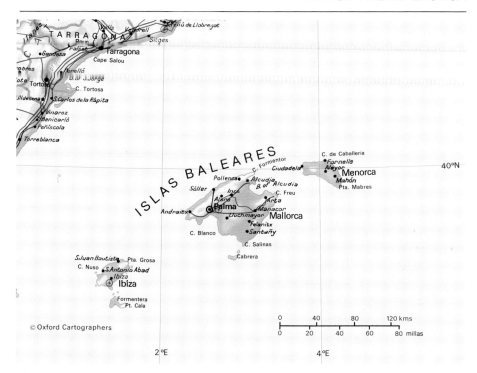

cinares de más arriba. Los primeros construyeron las incontables terrazas de piedra que permitieron a los olivos arraigarse en estas empinadas laderas. Construyeron terrazas en la costa donde lo permitía el terreno, desde el nivel del mar hasta altitudes de 1.000 metros o más, y el resultado es una proeza de ingeniería comparable a los ciclópeos muros de los Andes peruanos.

En la actualidad no se gana dinero con las olivas de la Sierra y los huertos están prácticamente desiertos: usted puede caminar horas entre las terrazas en cualquier nivel que escoja. Siga algunas de las viejas veredas que conducen de aldea en aldea; bordean las abruptas laderas de roca de la alta Sierra brindando magníficos panoramas de la costa rocosa que se extiende allá abajo. Si usted trepa más llegará, literalmente, al techo de la isla: los ventosos picos y altas mesetas que muy pocos turistas han visto. Aquí, el viento y la intemperie han abierto cicatrices y huecos en la superficie de piedra caliza, pero donde hay suelo el terreno está cubierto de flores silvestres tales como orquídeas, dedaleras y eléboros. En algunas zonas, el 60-70

por ciento de la población vegetal consiste en especies típicas de la isla. En los años 60 el botánico belga Jacques Duvigneaud se tendió a dormir la siesta en una cumbre musgosa que daba al mar y se encontró mirando una pequeña planta que nunca había visto y no podía identificar. Resultó ser no sólo una nueva especie sino un género desconocido, que recibió el nombre de *Naufraga balearica*.

Si usted recorre las montañas de la Sierra tendrá el mundo para usted, pues no hay nada en 50 kilómetros o más, excepto las ruinas de chozas de carboneros y algunas ovejas semisalvajes. Una carretera serpea a lo largo de la cornisa, pero excepto por el pequeño puerto de Sóller no hay centros turísticos, sólo unas pocas aldeas que asoman precariamente en las laderas más bajas de las montañas, una suerte de Suiza instalada en medio del Mediterráneo. A lo largo de la mayor parte de la costa noroeste, hay que ser montañista para bajar hasta el mar.

Esta sensación de soledad es lo que hace de Mallorca —así como de las otras Baleares— una suerte de Jekyll y Hyde entre las

171

islas del Mediterráneo. Por una parte, tenemos un típico centro de vacacionistas: todos los veranos llegan cuatro millones de turistas a Palma, es decir que hay siete turistas por cada residente. La isla no es grande —111.400 hectáreas— y sin embargo ha encontrado maneras de absorber esta invasión anual de adoradores del sol, cuya mayoría se encaminan hacia hoteles de cemento en las inmediaciones de las arenosas playas y se dedican a broncearse.

Desde los picos de la Sierra, el resto de la isla baja en declive hacia el sur como el dorso de la mano de un gigante, aunque aquí y allá algunas lomas aisladas brindan una vista mejor. Muchas de ellas albergan antiguos santuarios, ermitas o altares de la Virgen. Un paseo favorito por la mitad meridional de la isla, el Midjorn, nos lleva hasta el Monasterio de Nuestra Señora de Cura, en Randa (la montaña donde se dice que el poeta místico Raimundo Lulio meditaba en el siglo trece), el Santuario de Montesión («Monte Sión») y el castillo de Santueri, una fortaleza romana y medieval usada por los reyes moriscos y aragoneses como base para defender el rincón sudeste de Mallorca.

Pero las partes más agrestes de la isla se encuentran al norte, donde hay grandes rutas para excursiones que comienzan y terminan en una u otra parte de la Sierra de Tramuntana. Curiosamente, aunque los conservacionistas lo han exigido durante muchos años, no hay parque nacional en las Baleares, y sólo una reserva importante, el recién inaugurado reducto avícola de S'Albufera, a lo largo de la costa nordeste de la isla. Sin embargo, las autoridades han adquirido varias fincas y zonas forestales de propiedad pública, para que al menos algunas de las rutas atraviesen propiedades públicas y no privadas. Por el momento la Sierra no corre peligro, pero sería tranquilizador que toda ella se convierta en parque natural, para impedir la explotación comercial de la región.

Entre las glorias de este paisaje están los antiguos olivos, a los que el tiempo y el viento norte han dado una asombrosa variedad de formas. Algunos troncos se extienden como el telón de un teatro prehistórico; otros ascienden en espiral, dejando un núcleo hueco que la intemperie ha desgastado durante siglos; otros semejan gárgolas gigantescas. «Cuando caminamos a su sombra en el crepúsculo —observó George Sand—, tenemos que esforzarnos para recordar que son árboles, porque si aceptamos las pruebas presentadas por nuestros ojos y nuestra imaginación, nos aterraremos ante estos monstruos de cuento de hadas, que acechan como enormes dragones.» Algunos de los veteranos más corpulentos alcanzan hasta 6 metros de circunferencia.

Pocos granjeros conservan el hábito de podar los árboles todos los años, y muchos han dejado de arar la tierra que los separa. En consecuencia, los brotes de oleastro están predominando sobre el dulce olivo, y las semillas de pinos invaden los olivares desbaratando una tarea de siglos. Eventualmente los pinos se imponen a los olivos y destruyen las terrazas; las torrenciales precipitaciones desmigajan la tierra, ya no contenida por las paredes de las terrazas, y tarde o temprano toda la ladera se desmorona. Ornitológicamente, Mallorca es una de las islas más interesantes del Mediterráneo. Una guía local para observadores de aves enumera 270 especies, incluido el raro halcón de Eleonora. Esta ave gregaria emigra a Madagascar en invierno, pero regresa al Mediterráneo todos los veranos para criar sus pichones. La población de este halcón oscuro de cola larga es siempre muy pequeña, y por lo tanto vulnerable a toda influencia externa adversa. Anida en riscos rocosos a lo largo de la costa norte, hasta Cabo Formentor, y tiene el notable hábito de empollar a

---

### LA FLORA DE MALLORCA

Vastas superficies de la isla están cubiertas por matorrales. Las hierbas se limitan a los bordes o claros soleados, donde hay luz suficiente para que florezcan. Los asfodelos blancos —tanto el *Asphodelus albus* como el *A. aestivus*— producen en verano sus enormes espigas.

La mayor cantidad de plantas típicas aparece en las neblinosas alturas de la estribación noroeste, sobre todo en las cercanías de Puig Mayor. Algunas de las especies más atractivas o infrecuentes son la aristoloquia, *Aristollochia bianiorii*, que se ve especialmente en el Faro de Puerto Pollença; una gran especie de pastinaca con hojas de olor desagradable *(Pastinaca lucida)*; una perfoliada típica de las Baleares, *Bupleurum barcelo*; y la *Hippocrepis balearica*.

fines del verano, cuando la gran cantidad de aves migratorias que se dirigen al sur brinda una abundante cantidad de alimentos para su prole. Debe su nombre a una princesa sarda del siglo catorce que introdujo lo que quizá fue la primera ley para proteger las nidadas de halcones.

La Sierra es también una de las últimas moradas del buitre negro, el ave más grande de Europa, con una envergadura que puede alcanzar hasta 3 metros. Le gustan estas montañas porque necesita ráfagas ascendentes para planear, y se alimenta de cadáveres de ovejas.

En Las Salinas, una zona de extensiones salitrosas en la punta sudoeste de la isla, se ven pequeños airones, zancudas de alas negras, golondrinas negras, de alas blancas y con patillas. Las gaviotas mediterránea y de Audouin también usan esta zona; la segunda especie es típica del mediterráneo y es fácil de identificar por sus patas verdes y su pico rojo de punta amarilla y negra. Está muy emparentada con la gaviota arenquera, pero, al contrario de esta ave ubicua, es la gaviota más infrecuente de las que empollan en Europa.

Otros elementos interesantes de la fauna avícola de Mallorca incluyen la raza baleárica del albatros de Manx y el albatros de Cory de pico amarillo, que empollan en los islotes que hay frente a la costa y en los peñascos costeros. El segundo es el mayor miembro de la familia de las *Procellariidae* que se reproducen en Europa. Las águilas con botas también descansan aquí, y ciertas aves rapaces pasan el invierno en las islas. Las aves migratorias que visitan las islas ocasionalmente incluyen flamencos, golondrinas con patillas, pratíncolas y el espectacular ibis lustroso.

S'Albufera (también conocida como La Albufera), al sur de Alcudia, deriva su nombre del árabe Al-Buhayra, que significa laguna. Lamentablemente, un extremo de la gran laguna está ahora en manos de un proyecto habitacional, pero el resto de S'Albufera sigue siendo una virginal zona de pantanos cubiertos de juncos y alimentados por las aguas que descienden desde el este de la Sierra de Tramuntana y las bajas colinas de la llanura central.

Hay una corta distancia entre la carretera principal y el centro de recepción, Sa

El atractivo abejaruco tiene un plumaje color castaño, verde azulado y amarillo, y un trino aflautado

Roca, donde los guardianes del parque entregan el permiso —gratuito— a los visitantes, quienes deben dejar sus autos en el centro y seguir por las marismas a pie. Con el continuo acompañamiento del susurro de los juncos y el croar de las ranas, S'Albufera está poblado de trinos, pues éste es un jardín del Edén para las aves cuyas rutas de vuelo atraviesan el Mediterráneo, además de ser residencia permanente para muchas otras especies. La polla de agua púrpura y la garza nocturna, que en tiempos del Imperio eran enviadas de Mallorca a Roma con propósitos gastronómicos, quizá se cazaban en S'Albufera. Durante los períodos de migración, alberga halcones, frailecillos, golondrinas de mar, pratíncolas, chotacabras, arrejacos y muchas otras especies. Los visitantes invernales que se quedan durante la temporada incluyen las catarañas y el ganso gris, el pato de cresta roja, el pato pico de pala, el ánade de cola larga, la cerceta, el ave de Montagu, la avefría dorada, el martín pescador, el frailecico, la gallineta, el paro, el colirrojo negro, el *Phylloscopus collybita*. En verano encabezan la lista el halcón

Eleonora, el pequeño alcaraván, la garza púrpura, el alcaudón, el frailecillo, el paro pardo, la tórtola, el cuclillo, el vencejo, el abejaruco, la golondrina, el vencejo, el herreruelo amarillo, el ruiseñor, el cerrojillo, la zancuda de alas negras y el papamoscas manchado. Muchas otras especies viven aquí todo el año, entre ellas el halcón peregrino, la polla de agua, diversos búhos, por no mencionar el ánade silvestre, el *Saxicola torquata*, el vencejo, diversos cerrojillos, la calandria y muchos más. Aquí se han registrado más de 200 especies. Las autoridades han facilitado las cosas para los observadores de aves, construyendo un refugio a poca distancia del centro de recepción: hay que atravesar un desvencijado puente de pontones y un sendero de piedra hecho de bloques de construcción de segunda mano.

Los aficionados regresan del refugio contando magníficas historias acerca de los raros cerrojillos que han visto, de los halietos que pescaban ante sus ojos, y de los halcones de Eleonora que cazaban y devoraban aves durante el vuelo.

La mayoría de los observadores se alojan en Puerto Pollença y en mayo son suficientemente numerosos como para celebrar reuniones semanales en uno de los hoteles locales para intercambiar noticias.

A fines de febrero llega la primavera y florecen los almendros de Mallorca

Aun a gran altura, la nieve es rara en las montañas de Mallorca

## ANTES DE SALIR

**Mapas:** SGE 1:50.000 Nos. 671, 672, 699, 724 y 725.
**Guías:** Jesús García Pastor, Rutas escondidas de Mallorca, donde el autor, que vive en la C. Barón de Santa María del Sepulcro 12, Palma de Mallorca 12, detalla rutas de excursión; y Herbert Heinrich, *12 Classic Hikes through Mallorca* (Palma, 1987). Heinrich también ha publicado 3 volúmenes en alemán: *Wanderführer durch Mallorca's Südwest-Region,* volúmenes 1 y 2, y *Das*

*Mallorca's Ludwig Salvators heute erlebt.*

## CÓMO LLEGAR

**Por aire:** El aeropuerto de Mallorca, Son San Joán, es uno de los más atareados de Europa en los meses de verano, con más de 500 vuelos de ida y vuelta en un día promedio. Los vuelos Barcelona-Palma de Iberia son tan frecuentes que constituyen un servicio regular. Otras tres compañías españolas vuelan también a Palma: Aviaco, Spantax e Hispania.
**Por mar:** La Compañía Transmediterránea tiene 2 principales conexiones por ferry: el ferry Barcelona-

Palma funciona por lo menos una vez por día todo el año, con mayor frecuencia en verano, y lleva vehículos además de pasajeros; el ferry Valencia-Palma, que transporta automóviles, funciona 6 veces por semana. De noviembre a mayo hay un servicio semanal Palma-Génova y otro a las Islas Canarias vía Málaga y Cádiz. También hay diversas conexiones entre Palma e Ibiza, una de las cuales continúa hasta Valencia y otra hasta Sète, Francia.

## EN LA ISLA

**En automóvil:** El medio más cómodo para ver la isla y

175

acercarse a las zonas agrestes es el automóvil. Para ver la isla entera, conduzca a lo largo del camino de cornisa de la costa noroeste, desde Andratx a Sóller, y luego siga hasta Lluc y Cabo Formentor, completando el circuito por Alcudia, Artá y la costa sur. El alquiler de automóviles es muy barato; en las oficinas de turismo se puede conseguir un folleto que enumera 70 empresas de alquiler de automóviles en Palma y más de 100 en otras partes.

**En tren:** Hay un servicio regular entre Palma e Inca. El tren Palma-Sóller, que circula 5 veces por día, brinda un encantador viaje con vistas espectaculares de las alturas del Paso de Sóller; construido por ingenieros suizos, parece un tren suizo de trocha angosta en las montañas, y atraviesa túneles y vertiginosas curvas antes de descender al valle de Sóller.

**En autobús:** Hay una excelente red de autobuses que llevan a los mejores puntos de partida para iniciar excursiones a pie. Los horarios se pueden obtener en la oficina de turismo de la C. Constitució 1, Palma.

## DÓNDE DORMIR

Mallorca tiene cientos de hoteles; en verano la mayoría están atestados de turistas. Aun así, el hospedaje es abundante y variado aun en los pueblos más remotos de la Sierra de Tramuntana. Los hoteles van desde la suntuosa La Residencia, 4 estrellas, de Deyá (Deià), T: (971) 63 90 11, hasta el modesto y tradicional Baronia, un hostal de 1 estrella en Banyalbufar, T: (971) 61 01 21. Las mejores bases de operaciones son Puerto de Andratx, cerca de la cordillera septentrional de Mallorca; Estellencs, que está junto a la ladera bajo el Puig de Galatzó, 1.025 metros; y Valldemossa, donde Chopin y George Sand pasaron dos lluviosos meses en el invierno de 1838 y donde comienzan algunas de las mejores rutas de montaña. Deyá y Sóller, en la costa oeste, y Pollença, en el extremo este de la Cordillera, son dos pueblos pequeños con alojamiento disponible. Finalmente, Alcudia, a poca distancia de las marismas de S'Albufera, tiene 3 modestos hoteles: Panoramic, T: (971) 54 54 84; More, T: (971) 54 55 05; y Posada Verano, T: (971) 54 62 23.

**Vida al aire libre:** Hay un camping oficial, Platja Blava, y varios privados, entre ellos uno en Ermita de la Victoria; solicite información a la oficina turística de Palma.

**Monasterios:** La mayoría de los monasterios de montaña alojan visitantes por un corto tiempo; excepto en Lluc, las instalaciones son muy simples y los precios muy bajos. Para hacer reservas en Lluc, T: (971) 51 70 25. Otros monasterios que reciben visitantes son Santuario La Victoria, a una hora de caminata de Alcudia hasta Cabo Pinar; San Salvador, cerca de Felanitx, T: (971) 58 06 56; y Nuestra Señora del Cura (entre Algaida y Llucmajor, en el centro de la isla).

## ACTIVIDADES

**Excursiones a pie:** Un sinfín de sendas atraviesan las zonas más salvajes de Mallorca. Es fácil perderse en estas montañas porque las ovejas tienen sus propias sendas, que parecen humanas, pero de pronto terminan en el borde de un barranco de 60 metros.

Una de mis excursiones favoritas es la caminata de un día a lo largo de lo que era el camino de herradura del archiduque austríaco Ludwig Salvator (1847-1915), desde Valldemossa hasta el Teix (1.062 metros). El archiduque debía de ser temerario, pues parte del camino bordea un peñasco estremecedor: por cierto no es una ruta para personas que sufran de vértigo. Usted puede disfrutar los mismos paisajes desde una altitud menos espectacular tomando la vieja senda que conducía de Deyá a Sóller antes que construyeran una carretera. Es un camino angosto, empedrado, y serpea a gran altura sobre la costa, entre olivares abandonados y pinares.

Otros caminos notables de la zona son el descenso desde Son Marroig hasta la península rocosa conocida como Sa Foradada («la

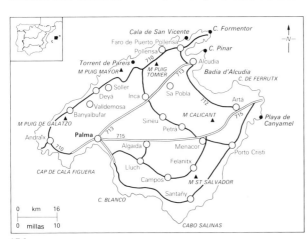

El halcón de Eleonora se reproduce en los peñascos costeros a fines del verano, cazando aves que emigran hacia el Africa

perforada»); el «camino de los mil recodos», de Sóller a la barranca de Biniaraix a través del Mirador de Xim Quesada (1.009 metros); y el ascenso a las laderas de Puig Mayor y el macizo de Migdia hasta el Comellar de l'Infern («valle del infierno»), todo lo cual está descrito en la guía de Heinrich (véase arriba).

Vale la pena visitar la Sierra de Llevante, en la zona de Artá, y se puede disfrutr de largas excursiones desde el pueblo. Por ejemplo, tomando el camino que sale desde el norte, uno puede seguir una angosta senda campestre hasta la Ermita de Betlem. Desde allí un camino marcado conduce hasta un mirador que brinda una vista panorámica de la Bahía de Alcudia.

**Escaladas:** El monasterio de Lluc, con su famosa imagen de La Morenita, es «el corazón de Mallorca», y ha sido centro de peregrinaciones desde la Edad Media. Las carreteras modernas y la modernización del monasterio

han hecho de Lluc algo más turístico que medieval, pero continúa siendo un punto de partida para muchas excursiones de montaña.

Las montañas de piedra caliza están llenas de cuevas, algunas de ellas de gran interés para los espeleólogos que han estudiado la orientación magnética de sus sedimentos. Miles de murciélagos moran aquí, y en esta región remota abundan las aves de presa: el quebrantahuesos, el águila, el halcón de Elenora, el búho de Scops. En la zona de Lluc también hay buitres negros, y es uno de los pocos lugares de la isla donde se puede ver al tordo de las rocas.

El paseo de montaña entre Lluc y el Puig Tomir, que pasa por Binifaldó, es bastante fatigoso. Un paseo más fácil rodea el Puig Roig (1.002 metros). Más al norte está el descenso desde la finca de Mortitx por el valle Rafal d'Ariant, hasta una cueva a orillas del mar conocida como Cova de les Bruixes («de las brujas»); la ruta es conocida como Cami del Ratal y también se puede usar para llegar a los paisajes lunares de la oculta meseta conocida como La Malé.

El camino hasta Castell del Rei, que comienza en Pollença, ahora está abierto sólo los lunes; atraviesa una finca privada; el castillo es una antigua fortaleza y puesto de observación.

Mucho más agotador es el ascenso al Puig de Massanella (1.348 metros) desde el Coll de Sa Batalla («paso de la batalla»), en el camino entre Inca y Lluc. Como la cima del Puig Major está cerrada a los excursionistas, el Massanella es la montaña más alta accesible en Mallorca. Se advierte a los escaladores inexpertos que es una excursión difícil, y que conviene ir en compañía de un guía.

**Reservas de montaña:** Además de S'Albufera, Mallorca tiene 16 reservas de montaña y forestales de propiedad pública. Varían considerablemente en tamaño, pero cada cual es una reserva natural donde abundan las aves. Solicite detalles en la oficina de turismo (véase abajo).

**Cuevas:** Las Cuevas de Campanet, situadas a 8 kilómetros de Palma, están llenas de estalagmitas y estalactitas bien iluminadas. Las Cuevas de Artá están en la PM 404-2, sobre la Playa de Canyammel; una larga escalera de piedra sube hasta un gran boquete en la roca y la entrada de las cuevas, que eran escondrijos para los piratas. Las Cuevas del Drac están cerca de la PM 404-4, frente a Porto Cristi.

**Jardines:** Los jardines de Alfabia tienen árboles elegantes, pabellones y estanques de lirios; están situados sobre la C711 Palma-Sóller, a 17 kilómetros de Palma.

**Motociclos:** Son un modo cómodo de recorrer la isla. Cuando los alquile, asegúrese de que la póliza de seguros cubra el robo además de los accidentes.

MÁS INFORMACIÓN
**Información turística:** C. Constitució 1, Palma, T: (971) 72 95 37 y 71 53 10; Avda. Jaime III 8 (972) 72 36 41. ICONA, Guillermo Torrellá 1, Palma, T: (971) 21 74 40.

Hay una pequeña oficina de turismo en el aeropuerto de Palma, con información sobre hoteles y alquiler de automóviles y motociclos.

## La Isla de Cabrera

*Pequeña isla cuya escasa población la convierte en refugio para aves, reptiles y animales marinos*

Los naturalistas convienen en que Cabrera es potencialmente un gran parque nacional. Por el momento, sin embargo, la isla y sus islotes vecinos (sobre todo Conejera) son una zona militar, habitada por el guardián de un faro y una guarnición de una docena de soldados a cargo de un puesto de artillería. Un grupo conservacionista ha intentado persuadir al gobierno de convertirla en reserva para la vida silvestre, pero el problema aún no está resuelto.

Cabrera se encuentra a 18 kilómetros del punto más cercano de Mallorca —Cabo Salinas— y a 50 kilómetros de la Bahía de Palma. Mide 7 kilómetros por 5, y tiene una línea costera de 22 kilómetros dominada por 2 colinas, el Puig de Picomosques y el Puig de la Guardia. En el lado norte, un angosto canal custodiado por un castillo derruido conduce a una bahía natural con forma de herradura que está totalmente protegida de los vientos. La vegetación de la isla se parece a la del sur de Mallorca, pero su aislamiento y su escasa población la han convertido en refugio para diversas especies de plantas, aves, reptiles y animales marinos. La subespecie del lagarto de pared de Lilford que vive en Cabrera está presente por doquier; estos lagartos comen

La luz del sol altera los paisajes de Mallorca minuto a minuto

sin temor un emparedado si uno se los ofrece. A menudo visitan esta costa ballenas, focas y delfines, y las prácticas de artillería son tan infrecuentes que no tienen nada que temer. Es una de las ironías del mundo moderno que algunas de las zonas más apacibles para la vida silvestre sean aquellas donde las instalaciones militares mantienen alejado al resto de la población humana.

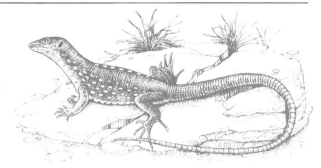

El lagarto de pared de Lilford se ha extinguido en las principales Islas Baleares, pero esta subespecie oscura sobrevive en Cabrera

**Cómo llegar** *Por mar:* Desde Colonia Sant Jordi, en el sur de Mallorca, zarpa un barco hacia la isla; las reservas se pueden hacer en el Restaurante Miramar, T: (971) 64 90 34. A veces es posible «hacer autostop» con un barco pesquero.

**Más información:** No hay instalaciones turísticas en Cabrera, y no se permite pernoctar a los visitantes. *Permisos:* Si usted quiere visitar algo más que la bahía y el castillo en ruinas, necesita un permiso especial que se emite en Palma: pregunte en la oficina de turismo.

# La isla de Menorca

*La segunda de las Baleares en tamaño, con 49 kilómetros por 19, gran cantidad de caletas y playas doradas*

Menorca, la más ventosa y misteriosa de las Baleares, ha logrado preservar parte de su antiguo y espléndido aislamiento. Es la segunda en tamaño y la más septentrional de las islas.

Tiene ventajas singulares para las vacaciones de verano, gracias a las 120 playas arenosas y caletas que forman la mayor parte de su litoral: ninguna otra isla del Mediterráneo tiene tantas playas. La mayoría de ellas han capitulado hace tiempo ante la invasión turística, pero algunas aún están desiertas y deshabitadas, por la simple razón de que sólo se puede llegar a pie, por sendas dificultosas. Las mejores de estas playas olvidadas están al norte de la isla, entre Cala Pregonda (ahora amenazada por la urbanización) y Cabo Gros, que no tiene rutas de acceso y a cuyas cuevas locales sólo se puede llegar por mar.

Aparte del refugio de aves de El Grao, sin embargo, Menorca no tiene parques ni reservas de vida silvestre. Buena parte del interior no ha sido tocada por la pérfida mano del siglo veinte, y ningún otro lugar del mundo presenta tal abundancia de reliquias de la Edad del Bronce. En veintenas de lugares uno se topa con algunos de los edificios más antiguos de Europa, los llamados *talayots*, que semejan iglúes de piedra construidos por una raza de gigantes. Aquí y allá una carretera lateral conduce a un Stonehenge en miniatura: un círculo de grandes losas de piedra caliza coronadas por una gigantesca *taula* en forma de T, habitualmente interpretada como una tabla sacrificial, aunque yo sospecho que no es nada tan siniestro, sino que se trataba simplemente de esquemáticas representaciones de una cabeza de toro.

Aunque la isla carece de tantas especies botánicas típicas como Mallorca, es el único hábitat conocido del arbusto enano *Daphne rodriguezii*. Esta atractiva siempre verde de flores rojas crece en los peñascos silíceos de la costa nordeste. Otra especie muy localizada que sólo existe en Menorca es la lisimaquia *Lysimachia minoricensis*. Los riscos de piedra caliza de la costa sur tienen una flora única: una comunidad que abarca especies adaptadas a suelos calizos y salinos. Incluyen un nardo aromático *(Inula viscosa),* la especialidad baleárica *Bellium belloides,* la alcaparra *(Capparis spinosa)* y el *Astericus maritimus.*

Pero lo más atractivo de la isla son los reptiles. En las Baleares hay sólo cuatro especies de lagartos, y Menorca tiene poblaciones de tres de ellas. El lagarto de pared de Lilford es una bella criatura, a veces verde y parda, pero también hay especímenes negros con vientre azul; la cola tiene forma de nabo.

El lagarto de roca marroquí es, como sugiere el nombre, originario de Africa del Norte; fue introducido en esta isla. Es una criatura pequeña y chata, de piel habitualmente broncínea y olivácea, con una «ventana» transparente en el párpado inferior.

La tercera especie es el lagarto de pared italiano, y el único lugar de España donde se encuentra es esta isla. Es de vívido color verde oliva, con franjas dorsales negras, y tiene cabeza larga. Es más grande y robusto que los demás lagartos de las Baleares, y prefiere no trepar para cazar sus alimentos.

Si usted escoge bien su ruta, podrá recorrer la isla como mochilero, aunque es difícil evitar el asfalto. Los caminos conducen más allá de las flamantes granjas de Menorca, donde las vacas Holstein lucen extrañamente fuera de lugar en este mediterráneo paisaje de colinas ondulantes y aldeas blancas. (Hasta hace poco tiempo, los granjeros de Menorca tenían la costumbre de blanquear sus casas una vez por semana; ahora, como concesión al siglo veinte, se abstienen de hacerlo más de una vez por mes.)

En invierno la isla es verde y exuberante, y prácticamente no hay turistas; en verano los campos cobran un color beige, pardo y ocre. Junio y setiembre/octubre son épocas ideales para el visitante interesado en la historia natural de la isla.

## ANTES DE SALIR
**Mapas:** SGE 1:50.000 Nos. 618, 619 y 649.

## CÓMO LLEGAR
**Por aire:** Iberia y Aviaco tienen frecuentes vuelos a Mahón desde Barcelona y Palma de Mallorca. Muchos vuelos *charter* de las capitales del norte de Europa llegan también al aeropuerto de Mahón, T: (971) 36 01 50 durante la temporada turística.
**Por mar:** Los ferries de la Comañía Transmediterránea, T: (971) 36 29 50, constituyen el principal enlace marítimo con el continente. Salen 6 veces por semana en cada dirección durante la temporada turística, y con menos frecuencia en otras épocas del año. Hay un barco semanal hacia ambas direcciones entre Palma y Mahón.
*EN LA ISLA*
**En automóvil:** La ruta principal atraviesa el centro de la isla, enlazando Mahón con Ciudadela y con ramificaciones hacia Cala'n Porter, Cala Santa Galdana, Fornells y otras pequeñas localidades costeras. Hay pocos caminos costeros (y no hay ferrocarril).
**En autobús:** Las rutas de autobús son muy limitadas y en general se restringen a la carretera principal, entre Mahón y el puerto de Ciudadela. Hay rutas que se ramifican hacia la costa.

## DÓNDE DORMIR
Como las islas vecinas, Menorca tiene una abundancia de hoteles playeros para el turismo en toda la gama de precios, desde el Port Mahón, 1 estrella, T: (971) 36 26 00, hasta el Roca, 1 estrella, T: (971) 36 47 63, en Mahón. En Ciudadela tenemos el Cala Blanca, 3 estrellas, T: (971) 38 04 50, y el Ses Voltes, 2 estrellas, T: (971) 38 04 00.
**Vida al aire libre:** En Cala Tirant hay un camping barato y tosco, con duchas frías y bar.

## ACTIVIDADES
**Excursiones a pie:** En el centro de la isla, Mercadal constituye el punto de partida para ir al Monte Toro (358 metros), el punto más alto. Es un empinado tramo de 4 kilómetros, pero el panorama merece el esfuerzo. Otras sugerencias: la estribación de Playa de Binimel'la ofrece buenas rutas para caminar y hay arroyos que bajan por la playa hasta el mar; el camino de Ferreries a Cala Santa Galdana es encantador, aunque al final desemboca en un inevitable centro turístico; yendo al sur desde Ciudadela, un tosco camino lleva a Playa son Saura, Cala d'es Talaier y Cala Turqueta, brindando una buena oportunidad para caminar por una verde campiña hacia playas soleadas.
**Excursiones en automóvil:** La Albufera d'es Grao: norte de Mahón, sobre el camino de Fornells; la segunda encrucijada del camino lo llevará a El Grao y las salinas de La Albufera.
**Cuevas:** Las Cuevas d'en Xoroi, cerca de Cala'n Porter en el sur, están un poco comercializadas, pero más allá usted encontrará más cuevas. El mejor modo de verlas es desde el agua; puede contratar viajes en lancha desde la ciudad.

Al igual que Mallorca, Menorca (izquierda) tiene olvidadas playas rocosas, y el remoto sudoeste de Ibiza presenta un espléndido panorama del islote Es Vedrà (arriba)

**Motos:** Se pueden alquilar. Pida una lista de compañías de alquiler en la oficina de turismo de Mahón. Cerciórese de que el seguro cubra también el robo del vehículo. Recuerde que las gasolineras son escasas y esporádicas.
**Museo:** El Ateneo Científico, Literario y Artístico de la calle Conde de Cifuentes, Mahón, es un pequeño museo que contiene la mayor colección de algas secas de Europa meridional.

MÁS INFORMACIÓN
**Información turística:** Pl. de la Explanada y Pl. de la Conquista, Mahón, T: (971) 36 37 90 y 36 23 77.
En Ciudadela la oficina está en el Ayuntamiento, Pl. d'es Born, T: (971) 38 07 87.

## La isla de Ibiza

*Poblada de pinos, y en verano de turistas; aquí medran el lagarto de pared y la adelfa*

En la antigüedad el archipiélago de las Baleares recibía el nombre de Gymnasiae, pues se creía que sus habitantes corrían desnudos aun en invierno, aunque no se sabía si por ignorancia o por extrema terquedad. Ibiza (Elvissa o Eivissa) era entonces la más importante de las «Pytussae» —islas cubiertas de pinos— de este grupo, que abarcaba Formentera y Espalmador al sur, Tagomago al este, y Vedrá y Conejera al oeste. Lamentablemente, se ha convertido en la isla más apiñada de turistas de todas las Baleares, especialmente en años recientes.
Con gran cuidado, es posible alejarse del mundanal ruido para buscar las curiosidades de la isla. Un

183

modo de hacerlo consiste en limitar las visitas al otoño y al invierno. Hay densos pinares de *Pinus halepensis* en las zonas más altas, en contraste con el árido ámbito de otras partes.

La enana *Chamaerops humilis*, única palmera nativa de Europa, se encuentra en zonas secas y arenosas aquí y a lo largo de la costa mediterránea, y sus frondas de medio metro dan refugio a varias especies de reptiles y aves. Otra planta es la espectacular orquídea *Ophrys bertolonii*, conocida sólo en las Baleares y en Francia; sus flores velludas, de color pardo anaranjado, están coronadas por tres periantios esbeltos, pálidos y rosados.

La planta más característica de Ibiza es la adelfa, que cubre los cauces secos de los ríos de los llanos en verano. Sus hojas grises y correosas rodean el tallo en verticilos de 3, y toda la planta está coronada por enormes capullos rosados de más de 5 centímetros de diámetro. A menudo crece con el mirto, y resulta cautivante ver y oler estas plantas bellas y aromáticas en flor.

El animal más importante de Ibiza es el lagarto de pared de Ibiza. Es típico de las Baleares, sobre todo aquí, como lo sugiere el nombre, y también Formentera y algunos islotes adyacentes. Vive en zonas áridas y cubiertas de arbustos; es robusto, de cabeza corta, a veces de vívido color verde en el lomo, y puede tener manchas en la garganta y el vientre. Igualmente interesante es el arquetípico perro cazador de la isla, conocido localmente como ca *ervissenc*. Se cuenta que los egipcios o cartagineses introdujeron esta bestia alta, de patas ágiles y color pardo, y todavía es posible encontrar ejemplares de linaje puro.

**Antes de salir** *Mapas:* SGE

184

1:50.000 Nos. 772, 773, 798 y 799.

**Cómo llegar** *Por aire:* Hay vuelos directos desde varias ciudades europeas, así como desde Palma; aeropuerto de Ibiza, T: (971) 30 03 00.

*Por mar:* Hay servicios marítimos regulares desde Barcelona, Valencia y Sète, Francia. También hay ferries regulares desde/hacia Palma y Formentera. Telefonee a la Compañía Transmediterránea, T: (971) 31 34 13 y 31 36 63 para pedir detalles.

*EN LA ISLA*

*Por mar:* Hay un servicio de ferry entre la ciudad de Ibiza y Playa Talamanca, entre San Antonio Abad y Portinatx, y también hay viajes en ferry desde Santa Eulalia del Río.

*En automóvil:* La ruta principal conecta Ibiza, San José, San Antonio Abad, San Rafael y Santa Eulalia del Río. También hay una buena red de caminos menores que conectan los pueblos más pequeños, pero ninguna ruta costera rodea la isla. Tenga cuidado al aparcar: ¿ponen grapas en las ruedas de los coches infractores!

*En autobús:* El servicio es bastante amplio, y hay viajes regulares a San Antonio, Santa Eulalia, San Carlos, Es caná, San Juan, Cala San Vicente, Portinatx, Las Salinas, San José, San Miguel, San Mateo y Santa Inés.

**Dónde dormir:** Hay una gran variedad de hoteles y hostales. Por ejemplo, el Argos, 3 estrellas, T: (971) 31 21 62, y el Mare Nostrum, 1 estrella, T: (971) 30 26 62, en Ibiza; el Pacific, 2 estrellas, T: (971) 34 11 62, en San Antonio Abad.

*Vida al aire libre:* Hay varios campings en la isla. El más cercano a la ciudad de Ibiza es Garbi, en el camino de Playa d'en Bossa, a 2 kilómetros de la ciudad. En Casla Llonga, en el camino

costero de Santa Eulalia, el camping está cerca del mar y tiene su propia piscina. Al norte de Santa Eulalia, entre Es Caná y Punta Arabia, está el camping Flórida. Costa arriba hay lugares para acampar en Playa Cala Nova, Cala Portinax y Cala Bassa.

**Actividades:** *Excursiones a pie:* El camino que va de Ibiza a San Miguel lleva por las partes más atractivas de la isla, donde usted puede apearse para caminar en las colinas y por valles pintorescos con bosquecillos de almendros, algarrobos y olivos. Hay un empinado camino desde el puerto de San Miguel hasta Cala Benirras, por una accidentada tierra costera.

*Cuevas:* Cova Santa está al sur del camino San José-Ibiza. Hay una senda al sur, desde las cuevas a Cala Yondal.

*Museos:* El Museu Arte Contemporáneo está situado en Ibiza sobre la arcada del Portal de las Tablas.El Museo Archaeologica y el Museu Puig des Molins, con hallazgos de la necrópolis, están cerca de la Pl. de España.

*Navegación:* Comuníquese con el Club Punta Arabí en Es Caná, T: (971) 33 00 85 para pedir detalles sobre este pasatiempo tan mediterráneo.

**Más información** *Información turística:* Vara del Rey 13, Ibiza, T: (971) 30 19 00; también hay una oficina en el aeropuerto.

El paisaje era puramente mediterráneo: pinos, juníperos e higueras en la tierra roja. Mirando desde la cumbre de esa loma, la planicie que se extendía entre el mar y las colinas estaba salpicada de alheñas color óxido y sangre vieja. Los campos recién irrigados se oscurecían, los campos trillados palidecían con sus colmenas de paja, los caminos despedían una polvareda color naranja donde pasaban las carretones ... El curso del único río de Ibiza era una serpiente sinuosa en esa pradera de adelfas de flores rosadas. Las adelfas también cubrían la mayoría de las fuentes de los manantiales. Una firme línea roja separaba la tierra del mar. Aquí los angostos movimientos de las mareas mediterráneas parecían someter la tierra a una nueva oxidación cada día, y al cabo de cada breve y frenética tormenta estival un lago sangriento se desparramaba lentamente en el azul del mar a lo largo de la costa.»

Norman Lewis, *A View of the World*

# La isla de Formentera

*Al sur de Ibiza; árida en su mayor parte, pero con playas desiertas y arenosas*

De todas las islas del archipiélago de las Baleares, Formentera es la más cercana a la costa africana, a sólo 115 kilómetros. El nombre viene de cuando la isla era uno de los graneros *(frumentaria)* de Roma. El paisaje es yermo y el punto más alto se eleva a sólo 197 metros sobre el nivel del mar. Como su vecina Ibiza, tiene muchos pinares, así como una saludable población de lagartos de pared de Ibiza; éstos son más grandes que los de Ibiza y a menudo de un verde más brillante. Los lagartos que viven en los islotes cercanos a la costa son casi independientes de toda vegetación, y tienden a ser pigmentados o con flancos de brillante color azul o naranja.
**Antes de salir** *Mapas:* SGE 1:50.000 Nos. 824 y 825.
**Cómo llegar** *Por mar:* Servicio de ferry diario desde Ibiza hasta Puerto de la Sabina; solicite información al (971) 32 01 57. Puede ser un viaje agitado; si usted es propenso al mareo, no se olvide de llevar píldoras.

*EN LA ISLA*
**En automóvil:** El automóvil es sin duda el mejor medio para pasear por la isla. Varias compañías alquilan automóviles en La Sabina, y hay una en San Francisco Javier. La oficina de turismo le suministrará una lista.
*En autobús:* Infrecuentes autobuses viajan a los pueblos de San Francisco Javier, La Mola, La Sabina, El Pilar y San Fernando. No hay servicio de autobuses en sábado, domingo, feriados ni durante los meses de invierno.
*Dónde alojarse:* Hay una amplia variedad de hoteles y hostales en La Sabina, San Francisco Javier, San Fernando y El Caló. Pruebe el hostal Casbah, 2 estrellas, T: (971) 32 00 34, o el Pin-Por, 1 estrella, T: (971) 32 02 93, en San Francisco Javier.
*Vida al aire libre:* No hay campings oficiales, pero muchas zonas aisladas son apropiadas para acampar: consulte en la oficina de turismo (véase abajo).
**Actividades** *Observación de aves:* Las Salinas —entre La Sabina y San Francisco— y los lagos cercanos son ideales para observadores de aves, pues constituyen una importante escala migratoria de muchas aves todo el año.
*Excursiones en barco:* En verano hay excursiones diarias desde La Sabina hasta Illetas y Espalmador. Confirme los horarios en el hostal Bahía de La Sabina, T: (971) 32 01 06.
*Cuevas:* Algunas cuevas pequeñas, Cuevas d'en Xeroni, están situadas cerca de San Fernando.
*Buceo:* Se dan clases en el Hotel Club La Mola, Playa Mitjorn.
*Motociclos y bicicletas:* Se pueden alquilar en La Sabina y Es pujols.
*Puntos de observación:* En la meseta de la Mola, en el extremo oriental de la isla, está el faro de la Mola, al que se puede llegar en coche. Brinda panoramas amplios y espectaculares de la isla y el mar.
**Más información** *Información turística:* Casa Consistorial, San Francisco Javier, T: (971) 32 00 32.

# CAPÍTULO 8

# Las Islas Canarias

**D**esde el aire, las Canarias lucen como conchas que la marea ha abandonado en la playa. Los fuertes vientos del norte que soplan casi todo el año crean las correntadas y la espuma que se extiende al sur de las islas, y son decisivos para el clima que predomina en el archipiélago.

Pero nuestra primera impresión de uniformidad es engañosa. En el nivel del mar, las siete islas principales del archipiélago son muy diferentes entre sí, y estas diferencias están ejemplificadas por los cuatro parques nacionales —en Lanzarote, Tenerife, Gomera y La Palma— más importantes entre las 60 reservas naturales que se han creado en las Canarias.

Este archipiélago, que está diez veces más cerca del Africa que de la Península Ibérica, pertenece a España, porque es un curioso resabio del imperio. Las islas fueron por largo tiempo una escala para los exploradores, al menos desde tiempos de los antiguos griegos: Plinio el Viejo las describió con cierto detalle. Pero España sólo las reclamó en el siglo XV, cuando las halló habitadas por una población nativa de origen desconocido, los llamados *guanches*. Las islas nunca han tenido gran importancia estratégica o económica, y tal vez por eso han permanecido en manos españolas tanto tiempo sin que nadie las reclamara.

El origen de estas islas notables ha sido siempre controvertido: una antigua teoría sostenía que fueron los picos del legendario continente perdido de la Atlántida. Ahora hay dos explicaciones

El árbol nativo que mejor explota la fertilidad de La Palma es el magnífico pino de las Canarias

conflictivas, pero más científicas. Una sugiere que el origen de las islas es puramente volcánico y que se elevaron del fondo del mar independientemente; la otra insiste en que alguna vez formaron parte del Africa y se desprendieron para desplazarse hacia su posición actual, a 100 kilómetros de la costa occidental de Maruecos. Es probable que la verdad esté a medio camino: las islas orientales —Lanzarote y Fuerteventura— derivan de la misma placa ctónica del Africa, mientras que las islas occidentales —Tenerife, La Palma, Hierro, Gomera y Gran Canaria— tienen origen volcánico.

Sea cual fuere el origen de las islas, la flora ha evolucionado durante millones de años, como lo indican gran cantidad de especies que no se encuentran en ninguna otra parte del mundo. Las pruebas fósiles demuestran que el legendario arbol dragón *(Dracaena draco)*, el laurel de las Canarias y las especies aborígenes de helechos pueden tener hasta 20 millones de años, y sus parientes más cercanos se encuentran hoy en América del Sur y Africa.

La flora abarca unas 2.000 especies. Muchas de ellas son reliquias de un tipo de vegetación antes mucho más difundido, que se ha reducido gradualmente al secarse la zona ahora ocupada por el desierto del Sahara y a causa del desplazamiento hacia el sur del clima glacial provocado por la Edad del Hielo. Las islas estaban protegidas de estos extremos climáticos por la influencia mediadora del mar, y así un elemento de esta flora subtropical logró sobrevivir. Además, la extrema altura de algunas islas brindó un gradiente climático para las especies sensibles a las variaciones térmicas y, a medida que variaban los climas del mundo, estas especies pudieron migrar hacia las laderas montañosas.

Lanzarote, la más cercana al Africa, tiene el parque nacional de mayor interés arqueológico, especialmente para los vulcanólogos, pero por eso mismo está desprovista de vegetación. El parque causa a los visitantes la impresión de ser un paisaje lúgubre y áspero: ventoso, polvoriento e inhóspito.

Tenerife presenta un perfil muy distinto, desde la costa rocosa hasta la capa de nubes que rodea como un collar el magnífico pico del Monte Teide, el equivalente atlántico del Fujiyama. El parque conocido como Cañadas del Teide es sin duda el más elevado de los cuatro, y su notable ecosistema es famoso por su singular flora alpina.

Sólo se puede llegar a Gomera desde el mar: por ferry desde Tenerife, que está a una hora y media de distancia. Las nubes cubren los picos de la isla como un Niágara silencioso, desplazándose sin cesar, pero siempre ocultando las cumbres. Esta corona de nubes cargadas de humedad brinda al Parque Nacional de Garajonay parte de la vegetación más exuberante de España.

Más hacia el norte está La Palma, de nuevo con un paisaje muy particular. Desde el mar, la isla parece menos notable que las demás. Sólo desde los puntos más altos —o desde el aire— se pueden ver las vertiginosas honduras del cráter más profundo del mundo, la Caldera de Taburiente. No es sorprendente que este fenómeno extraordinario —un volcán extinguido que tiene arroyos dentro del cráter— haya sido zona protegida y parque nacional durante más de 30 años. Es como un hito en el mar: desde allí no hay tierra hacia el oeste hasta que llegamos a América.

## CÓMO LLEGAR

**Por aire:** Hay muchos vuelos a Las Palmas y Tenerife desde toda Europa, así como desde Marruecos, Casablanca, Agadir y Layoune. Aerolíneas Iberia tiene vuelos que conectan las islas principales, excepto Gomera, que no tiene aeropuerto.

Oficinas de Iberia: Tenerife — Avda. de Anaga, Santa Cruz de Tenerife, T: (922) 28 11 50; Gran Canaria — Avda. Ramírez Bethencourt, Las Palmas, T: (928) 37 21 11; Lanzarote — Arrecife, T: (928) 81 03 50; Fuerteventura — 23 de Mayo 7., Puerto del Rosario, T: (928) 85 12 50.

**Por mar:** Compañía Transmediterránea tiene ferries desde Cádiz, Valencia, Barcelona y las Islas Baleares hasta las Islas Canarias. También hay ferries desde Casablanca, a cargo de Paquet Africa, y varias compañías tienen barcos que zarpan de Tánger.

Transméditerranéenne Aucona ofrece un servicio de ferry entre las islas, y también hay aliscafos que enlazan Tenerife con la Gran Canaria. Pida información sobre horarios a las oficinas de Transméditerranéenne en: Tenerife — La Marina 59, Santa Cruz de Tenerife, T: (922) 28 78 50; La Palma — General Mola 2, Santa Cruz de la Palma, T: (922) 41 11 21; Gomera — San Sebastián de la Gomera, T: (928) 87 13 00; y Hierro — Valverde del Hierro, T: (922) 55 01 29. Solicite información sobre la Gomera Ferry Company en: Tenerife — Avda. 3 de Mayo, Santa Cruz de Tenerife, T: (922) 21 90 33, y en el muelle del Puerto de los Cristianos, T: (922) 79 05 56; Gomera — Avda. Fred Olsen, San Sebastián de la Gomera, T: (928) 87 10 07.

## CUÁNDO SALIR

La principal temporada turística es de enero a marzo; los hoteles suelen estar llenos durante estos meses, y se recomienda hacer reservas con antelación.

Los meses de verano son calurosos, y la temperatura media de agosto es de 25º C, pero sigue siendo cómoda para pasear. Se puede nadar todo el año, aunque las playas se atestan de adoradores del sol en plena temporada. La primavera es sin duda la mejor época para caminar por las montañas y explorar la campiña circundante.

## DÓNDE DORMIR

Todas las islas ofrecen una amplia variedad de hospedaje, desde hoteles de 3 estrellas hasta muy sencillas pensiones y hostales. Hay listas detalladas en las oficinas de turismo (véase abajo).

## ACTIVIDADES

**Clubes de montañismo:** Federación Canaria de Montañismo, La Naval 32, Las Palmas de Gran Canaria; y Federación Tinefeña de Montañismo, San Sebastián 76, Santa Cruz de Tenerife, T: (922) 24 02 44.

## MÁS INFORMACIÓN

**Gran Canaria** (928): Oficina de turismo, Parque Santa Catalina, Las Palmas, T: 26 46 23 y 27 07 90. Cruz Roja, T: 24 59 21. Búsqueda y rescate, T: 21 58 17.
**Fuerteventura** (928): Búsqueda y rescate, T: 85 05 03.
**Lanzarote** (928): Oficina de turismo, Parque Municipal, Arrecife, T: 81 18 60. Búsqueda y rescate, T: 81 09 46.
**Tenerife (922):** Oficina de turismo, C Marina, Santa Cruz de Tenerife, T: 28 21 54 y 28 21 58; y Pl. de la Iglesia 3, Puerto de la Cruz, T: 38 60 00. Cruz Roja, T: 28 29 24. Búsqueda y rescate, T: 22 31 00.

**La Palma** (922): Oficina de turismo, Pl. de España, Santa Cruz de la Palma, T: 41 16 41. Búsqueda y rescate, T: 41 11 84.
**Gomera** (928): Oficina de turismo, T: 80 54 80. Búsqueda y rescate, T: 87 02 55.
**Hierro** (922): Búsqueda y rescate, T: 55 01 05.
*Información caminera:* Para pedir detalles sobre el estado de las rutas en las Islas Canarias comuníquese con La Marina 26, Santa Cruz de Tenerife, T: (922) 27 81 00.
*Ropa:* Se requiere calzado resistente para pasear por los terrenos rocosos. En noviembre-abril esté preparado para encontrar nieve a altitudes elevadas.
*Agua:* Puede escasear, sobre todo en Lanzarote, y se recomienda beber agua embotellada, que es fácil de conseguir, con y sin gas.
Teléfonos: Las cuatro islas tienen cabinas telefónicas desde donde usted puede hacer llamados internacionales; esté dispuesto a pagar un depósito por adelantado.
Pronósticos meteorológicos: El Centro Meteorológico de Canarias Occidentales le brindará información actualizada, T: (922) 21 17 18.

## OTRAS LECTURAS

Noel Rochford, *Landscapes of Gran Canaria* (Londres, 1986) y *Landscapes of Tenerife* (Londres, 1984); y Olivia M. Stone, *Tenerife and its Six Satellites* (Londres, 1889).

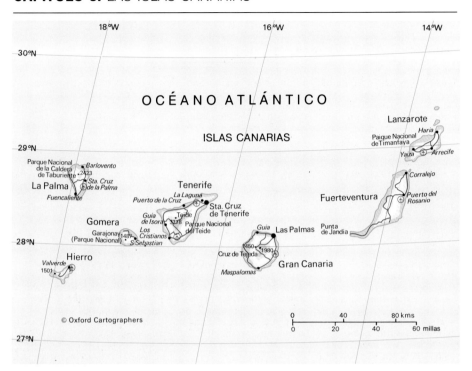

18°W     16°W     14°W

30°N

OCÉANO ATLÁNTICO

ISLAS CANARIAS

29°N

Lanzarote
Haria
Parque Nacional
de Timanfaya
Yaiza   Arrecife

Corralejo

Parque Nacional
de la Caldera   Barlovento
de Taburiente   2423
   Sta. Cruz
La Palma   de la Palma
Fuencaliente

Tenerife
La Laguna
Puerto de la Cruz
Teide
Guia   3718
de Isora   Parque Nacional
del Teide
Sta. Cruz
de Tenerife

Fuerteventura

Puerto del
Rosario

Gomera
Garajonay   1484
(Parque Nacional)   Los
Cristianos
S. Sebastian

28°N

Guia   Las Palmas
Punta
de Jandia

Hierro
Valverde
1501

1450   1980
Cruz de Tejeda

Maspalomas

Gran Canaria

© Oxford Cartographers

27°N

0    40    80 kms
0   20   40   60 millas

# La isla de Lanzarote

*Una isla casi virginal, con varias
especies botánicas interesantes;
incluye el Parque Nacional de
Timanfaya*

Los viñedos de Uga y La Geria, en el norte de Lanzarote, presentan un notable contraste con los áridos «malpaíses» de Timanfaya, la zona volcánica que domina la isla. En un terreno en declive, cada viña está protegida del viento por una muralla semicircular de roca volcánica. El diseño geométrico de los semicírculos de las colinas, por encima de las líneas rectas de las paredes de los valles, cubre la campiña como una rejilla.

Desde los viñedos hasta Teguise, conduje por las montañas hasta las Peñas de Chache, a 668 metros: desde allí el camino desciende al valle de Haria, conocido como el valle de las diez mil palmeras. De pronto noto que el ambiente es resueltamente marroquí. Las casas tapiadas de una sola planta

entre las palmeras, algún camello con una pesada carga, el paisaje: todo habla de la proximidad del Sahara.

El punto más alto de esta parte de la isla es el risco de Famara, que se eleva a 700 metros sobre el nivel del mar. La mayoría de las especies raras de la isla se encuentran en los acantilados de la zona norte del risco, especialmente la muy infrecuente *Echium decaisnei* ssp purpuriense y la compuesta *Argyranthemum ochroleucum*, que es típica de Lanzarote y semeja un desaliñado zuzón.

En el nivel del mar encontramos dos miembros de la familia de las margaritas, con flores amarillas, que están limitados a las dos Canarias orientales: la coniza *Pulicaria canariensis* y el *Astericus schultzii*. Las cumbres conocidas como Peñitas de Chache también son importantes, pues albergan el umbelífero *Ferula lancerottensis*, hallado sólo en esta localidad, y la más difundida lavanda *Lavandula pinnata*.

Más al norte está el Mirador del Río, desde donde vemos los islotes Graciosa y Monte Clara. El artista local César Manrique diseñó la galería del mirador para que se fun-

El embate de las olas del Atlántico contra los peñascos de lava de Lanzarote (aquí en Los Herrideros) produce las magníficas playas de arena negra de esta isla

diera con el paisaje: la cúpula ya está adquiriendo una pátina de liquen y todas las señales son de madera, tan fundidas con el trasfondo que uno puede pasarlas por alto. En el nivel del mar están las salinas, que añaden una brillante salpicadura de rosa y blanco.

Regrese por Ye a la aldea pesquera de Orzola, donde botes pintados de colores brillantes cabecean al amparo de algunos islotes rocosos, y coma pescado fresco. ¿Nunca encontrará uno mejor! Luego deje atrás el Malpaís de la Corona, donde hay algunas pequeñas playas con la única arena blanca de la isla, procedente del Sahara, que contrasta con las negras rocas. Las cuevas de Jameos del Agua y la Cueva de los Verdes merecen una visita. Las entradas también fueron diseñadas por el ubicuo Manrique; la yuxtaposición de grandes plantas verdes y asientos de madera junto a las charcas es mucho más imaginativa que las habituales entradas de las cuevas. En cuanto a Timanfaya, el comentario grabado de las galerías está acompañado por una música que reverbera en la caverna central, de 50 metros de profundidad. El nivel de iluminación (y de algunas galerías) es bajo, y las indicaciones son pobres o inexistentes; por negarme a escuchar a un guía, doblé erróneamente en la penumbra y pronto me encontré en un callejón sin salida. Poco más allá, a lo largo de la carretera costera del este, alrededor de la aldea de Mala, hay plantaciones de tunas, cultivadas por la fruta pero también por el escarabajo —el cuchinillo— que vive en ellas, y con el cual se produce una tintura.

La invasión de complejos turísticos está arruinando buena parte de la costa. El agua dulce escasea; al abrir los grifos, sale un agua maloliente y amarillenta. El rápido crecimiento del turismo ha superado la infraestructura necesaria para recibirlo. Pero busque usted las partes agrestes: la protección del Parque Nacional de Timanfaya, creado en 1974, garantiza el mantenimiento de la cruda belleza de los volcanes.

No es sorprendente que el símbolo de Timanfaya sea un diablo amenazador. La isla huele a azufre, y el paisaje es tan hostil que se requiere un esfuerzo de la imaginación para evocar la imagen de una llanura agrícola fértil, con arroyos que bajaban al mar: eso era en 1730, antes de una serie de violentas erupciones que duró seis años y dejó los calcinados restos volcánicos que hoy motean la planicie.

La entrada del parque nacional está a 8 kilómetros de Yaiza, una de las aldeas que se evacuaron deprisa al comenzar las erupciones; los volcanes escupieron no sólo rocas y guijarros sino vapor y agua hirviente del mar. El camello constituye un medio interesante para recorrer ese desolado paisaje: hay caravanas que esperan en el camino de Yaiza a los visitantes para brindarles un apacible viaje. Africa parece muy cerca cuando el siroco sopla desde el Sahara y los camellos avanzan despacio por la arena suave y negra.

El centro de información del parque se llama Islote de Hilario, por un ermitaño que vivió allí con un camello durante 50 años; la leyenda dice que plantó una higuera que nunca dio fruto. Como las comidas para los turistas se cocinan en una barbacoa geotérmica, es sorprendente que la higuera siquiera llegara a crecer. Cerca del restaurante hay tubos insertados en la tierra que producen géiseres instantáneos, con un impresionante chorro de vapor, cuando se les echa agua.

Si uno desea echar un buen vistazo a los volcanes, hay que hacer una excursión en autobús. La carretera bordea los cráteres más imponentes, a través del inmenso mar de lava, «que al principio avanzó veloz como agua, formando remolinos, y luego densa y pesadamente, como miel, destruyendo aldeas a su paso», según el sacerdote de Yaiza que presenció la erupción. Los ríos de lava solidificados, llamados malpaíses (porque nada crece en ellos), varían en color y formación geológica: basalto negro, piedra pómez beige y *amalgras*, una tierra calcinada de color ocre rojizo. En el autobús, un comentario acompañado por música y efectos sonoros de burbujeos, siseos y explosiones, nos revela que hay 36 volcanes dentro de un triángulo de 8 kilómetros. Después de asomar al abismo mientras doblábamos abruptos recodos de la angosta carretera, creemos todo lo que nos dicen.

Uno de los volcanes es amarillo, otro es rojo; el suelo es de color negro, ocre o siena calcinado, y las sombras de los cráteres más profundos son de un intenso púrpura oscuro. No se ve una sola hoja verde, sólo el verde grisáceo del liquen en algunas laderas del norte. El viento caliente y polvoriento del Sahara sopla sobre esta escena dantesca: «Los que entráis abandonad toda esperanza». Un visitante describió los volcanes como «una película sobre la Luna con guión de Julio Verne y escenografía de Noguchi».

Cuando regresamos a la bahía de Isloto, las opiniones están divididas entre quienes consideran ese desolado paisaje como amenazante y perturbador y quienes piensan que esa imponencia es edificante, como la turista suiza que visita la isla por decimosegunda vez y dice con ojos brillantes: «Es como una catedral».

Para ver el parque de otra manera, vire a la izquierda en la carretera Yaizo-Tinajo, a 3 kilómetros de la entrada del parque. Actualmente sólo hay un letrero que advierte «Camino en mal estado», y por cierto es así. Mientras uno camina o da barquinazos sobre los pozos, presencia poco a poco los anchos espacios del linde norte del parque, que desciende hasta una pequeña playa llamada Playa de la Madera. Atrás se encuentran el rojo volcán y los estriados peñascos. El silencio es absoluto, excepto por el batir de las olas, y los colores fluctúan cuando se alargan las sombras y amaina el viento constante. Aparece un conejo, único indicio de vida. Sólo puede comer agua y líquenes. ¡Cómo sobrevivirá?

## ANTES DE SALIR
**Mapas:** SGE 1:50.000 Nos.
1.082, 1.083, 1.084, 1.087,
1.088 y 1.089; IGN 1:200.000
Mapa provincial de Las
Palmas.
**Guía:** Olivia M. Stone,
*Tenerife and its Six Satellites*
(Londres, 1889).

## CÓMO LLEGAR
**Por aire:** Se puede volar hasta
la isla desde la mayoría de los
aeropuertos europeos
importantes, o mediante un
trasbordo en Gran Canaria,
hasta el aeropuerto que está al
oeste de Arrecife.
**Por mar:** La Compañía
Transmediterránea opera un
servicio regular entre las islas
principales y Arrecife.

## EN LA ISLA
**En automóvil:** Se pueden
alquilar coches en el
aeropuerto o en la empresa
Avis, Puerto del Carmen,
Arrecife, T: (928) 82 52 54.
**En autobús:** En la isla hay 3
rutas para autobuses: norte,
sur y central.

Desde Arrecife hay
frecuentes excursiones en
autobús hasta el Timanfaya;
también desde las localidades
de Puerto del Carmen, Playa
Blanca, La Caleta.
**Taxis:** Disponibles cerca de los
grandes hoteles.

## DÓNDE DORMIR
Arrecife, Puerto del Carmen y
Playa Blanca ofrecen una
amplia variedad de pensiones
y hoteles, desde los de 4
estrellas hasta los más simples;
por ejemplo, en Arrecife está
el Miramar, T: (928) 81 04 38,
y en Puerto del Carmen, Los
Fariones, T: (928) 82 51 75.
Yaiza, la localidad más
próxima al parque nacional,
tiene el atractivo Hostal
Yaiza, 1 estrella. Para el
automovilista, Puerto del
Carmen y Playa Blanca están
a poca distancia del parque.

## ACTIVIDAD
**Parque Nacional de**

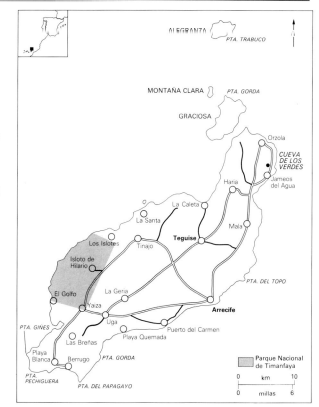

**Timanfaya:** La entrada del
parque está a 8 kilómetros de
Yaiza. El lugar más
espectacular son las Montañas
de Fuego, en el Islote de
Hilario, que está rodeado por
la Ruta de los Volcanes.

Una excursión en autobús
desde Islote de Hilario
atraviesa los campos de lava y
brinda vistas panorámicas de
este paisaje extraordinario; no
se puede visitar la zona en
forma independiente; la ruta
tiene 14 kilómetros y el vieja
en autobús dura 1 hora.
**Norte de Arrecife:** Se puede
visitar la antigua capital de la
isla, Teguise, con su bello
palacio de Spinola, y al norte
el Castillo de Guanapay, que
está junto al volcán de
Guanapay y ofrece fantásticos
panoramas de la isla. Más
adelante se atraviesa el

cultivado Los Valles y se llega
a Haria, una hermosa aldea
situada en un valle lleno de
palmeras. En la punta norte
de la isla está el villorrio de
Orzola, desde donde se puede
ir en barco hasta Isla Graciosa
para bañarse en una playa.
**Sur de Arrecife:** La Geria está
situada en un paisaje negro y
desértico, donde se producen
los famosos vinos de
Malvasía. Aquí las viñas
crecen en hoyos volcánicos
que las protegen de los
predominantes vientos del
nordeste.

Desde Yaiza, tome la
carretera de El Golfo, donde
se encuentra una laguna color
esmeralda brillante entre el
mar y un abrupto peñasco
negro: un buen lugar para
merendar y bañarse. Al sur
está Los Hervideros, donde se

puede ver cómo el mar «hierve» en cavernas formadas por la lava. Costa abajo están las salinas de Janubio, un magnífico espectáculo con blancas pirámides contra el agua azul. La punta sur de la isla es el cabo Papagayo, con sus espléndidos paseos y playas relativamente desiertas.

**Camellos:** Se puede andar en camello desde Yaiza y explorar Taimanfaya, pero no está permitido hacerlo a solas; un guía experimentado conduce caravanas de 10 ó más camellos.

**Cuevas:** Hay 2 cuevas famosas por albergar el *Munidopsis polymorpha*, un cangrejo albino de 1 centímetro que no se ha descubierto en ninguna otra parte del mundo. La cueva de Los Verdes, en el nordeste de la isla, tiene más de un kilómetro de galerías iluminadas que muestran la forma y el color de las configuraciones rocosas. Han convertido una de estas galerías en auditorio; está abierta de 11 a 18, y hay excursiones guiadas.

Al este de aquí, en la costa, está Jameos del Agua, una laguna de agua de mar en una cueva en la roca de lava, convertida por el artista y urbanista Manrique en un auditorio para conciertos; también alberga un restaurante y club nocturno.

**Buceo:** La isla ofrece buenas oportunidades para bucear y hay una escuela profesional, Clubulanza en Puerto del Carmen, T: (922) 82 60 61, donde se pueden obtener clases y equipo.

**Museos:** En Arrecife, el Castillo de San Gabriel (construido en tiempos de Carlos III) es ahora un museo arqueológico y antropológico y se encuentra en la isla del mismo nombre, que está conectada con Lanzarote por el Puerto de las Bolas. Hay un pequeño museo etnográfico en Mozaga, en la zona central

194

de la isla. El Castillo de San José, que da sobre la bahía principal de Arrecife, contiene una moderna galería de arte.

MÁS INFORMACIÓN
**Información turística:**
T (928) 81 18 60.
Hay un centro de información en el Parque Nacional de Timanfaya, en Islotte de Hilario.

## La isla de Fuerteventura

*Raras especies de conizas y perfoliadas viven en la isla, junto con muchas aves interesantes*

El perfil de Fuerteventura parece el de un renacuajo mirando hacia el norte: la «cola» es el viejo risco volcánico de Jandía, unido al resto de la isla por un istmo estrecho y arenoso. La parte norte de la isla abarca colinas con profundos barrancos y una llanura central, con un extenso sistema de dunas de arena a lo largo de la costa. Esta es la parte de las Canarias más cercana al Africa. Desde un punto de vista botánico, lo más interesante es la zona de las dunas y la península de Jandía. Las dunas están pobladas de especies que toleran la sal (halófitas), entre ellas el atractivo *Androcymbium psammophilum*, para el cual ésta es la localidad típica. Otras plantas interesantes, tales como la leguminosa de flores amarillas *Lotus lancerottensis* y un clavel de hojas plateadas, *Polycarpae nivea*, son especies típicas de las dunas costeras.

La flora más variada de la isla crece en la península de Jandía, con su abrupto cerro volcánico, que desciende hasta playas arenosas en ambos lados. El punto más alto, el Pico de la Zarra, alberga muchas plantas raras, algunas de las cuales se hallan también en Lanzarote, en Famara. De particular interés resultan la borraja de flores azules *Echium handiense*, que no se halla en ninguna otra parte de las Canarias y es muy rara, y la perfoliada *Bupleurum handiense*; ambas toman su nombre de la localidad de «Handia» o Jandía. Dos especies muy raras crecen en la costa en esta parte meridional de Fuerteventura, la coniza *Pulicaria burchardii*, que sólo se ha visto en algunos metros cuadrados, y el tártago *Euphorbia handiensis*, que semeja un cacto de flores rojas con espinas, que ahora corre grave peligro de extinción.

En Fuerteventura hay también aves interesantes; la isla es baluarte de un ave típica de las islas Canarias, una especie de *Saxicola torquata* «desteñida» que no se encuentra en ninguna otra parte del mundo. La reducida población de estas aves corre peligro de extinguirse, pero aún se ve en el barranco, cerca del aeropuerto. Otra especie típica de las Canarias es la alondra de Berthelot, que es relativamente común en la misma zona. Aunque el gallinazo de Houbara no es exclusivo de aquí, Fuerteventura quizá sea el mejor lugar para ver esta magnífica ave de los semidesiertos, que se encuentra incluso en Paquistán.

**Antes de salir** *Mapas:* SGE 1-50.000 Nos. 1.092, 1.096, 1.102 y 1.103.

---

El cono amenazador de un volcán se yergue sobre Timanfaya, en la costa oeste de Lanzarote. Aunque la última erupción data de 1825, las temperaturas del suelo permanecen altas

La familia de la borraja tiene muchos representantes en la flora de las Canarias

**Cómo llegar** *Por aire:* La isla tiene un pequeño aeropuerto. Solicite detalles a Iberia, T: (928) 85 12 50.
*Por mar:* Con regularidad zarpan ferries para vehículos y pasajeros desde Playa Blanca (Lanzarote) hasta Corralejo, el extremo septentrional de Fuerteventura. Un aliscafo también recorre esta ruta de miércoles a viernes.

*EN LA ISLA*
Se pueden alquilar automóviles en varias compañías de la capital, Puerto del Rosario; el automóvil es el medio de transporte más confiable y cómodo de la isla.
**Dónde dormir:** El parador nacional de la isla está situado cerca del aeropuerto de Playa Blanca, Puerto del Rosario, T (928) 85 11 50. También hay hoteles en Puerto del Rosario, Corralejo, Pájara,

Tarajalejo, y Tuineje.
**Actividades** *Buceo:* Estas costas son muy aptas para el buceo submarino. Para seguir cursos y hacer excursiones organizadas, llame al Barakuda Club Corralejo, C. José Segura Torres 20, Corralejo, T: (928) 88 62 43.
*Lanchas:* Se pueden alquilar en la pequeña aldea pesquera de Corralejo para navegar hasta la isla de Lobos, donde el buceo es excelente.
*Pesca:* Pesca de atún, pez espada, etc. en alta mar. Pida información en el aeropuerto.
Más información
Información turística:
T (928) 85 12 62.

## La Isla de Gran Canaria

*Isla cuyo variado clima garantiza una amplia diversidad de vida silvestre*

Quizá sea la más célebre de las Canarias. Su capital, Las Palmas, es destino de millones de turistas. La Gran Canaria ocupa una posición central en el archipiélago. Como Gomera, la isla es casi circular, con una meseta central y gran cantidad de barrancos y conos volcánicos subsidiarios. Fuera de Las Palmas, gran cantidad de tesoros aguardan en esas colinas volcánicas.

El lado occidental de la isla es rico en plantas típicas, en particular la rara *Dendriopoterium menendezii*, una pimpinela alta, con forma de palmera, que corre peligro de extinción; es uno de los pocos miembros de la familia de la rosa que se encuentran en el archipiélago. Está confinado a esta zona de la Gran Canaria, y crece junto a una centaura arbórea,

*Centaurea arbutifolia.*
El Barranco de Guayedra alberga 3 raras especies compuestas —*Tanacetum ferulaceum, Sonchus brachylobus y Argyranthemum frutescens*— pero a mayor altura encontramos una de las plantas más raras de las Islas Canarias. Aunque es miembro de la familia de las margaritas, el follaje de la *Sventenia bupleuroides* semeja el de la lauréola, con hojas dispuestas en verticilos; las flores amarillas, sin embargo, indican su verdadera categoría, pues son similares a las de su pariente la cerraja. Otras plantas interesantes de la Gran Canaria son: la muy rara *Hypericum coadunatum*, que crece en peñascos húmedos en la zona que rodea uno de los puntos más altos de la isla, Cruz de Tejeda (1.600 metros); *Orchis canariensis*, una especie rojiza, y una de las únicas 5 especies de orquídeas de las Canarias; y 2 de las múltiples especies de *Aeronium* que abundan en las islas, ambos arbustos carnosos de flores amarillas típicos de Gran Canaria, el *A. undulatum* y el *A. manriqueorum*. El raro compuesto *Tanacetum ptarmaciflorum* crece en el sur de la isla, cerca de Paso de la Plata, y cerca se puede ver el igualmente escaso miembro de la familia de las patatas, *Solanum lidii*.

Las raras y típicas plantas de Gran Canaria reflejan la situación de la isla, a medio camino entre los elementos secos y calientes del este y las más húmedas y oceánicas islas del oeste; por lo tanto, combina una flora típica de ambas zonas.

**Antes de salir** *Mapas:* SGE 1:50.000 Nos. 1.100, 1.101, 1.108, 1.109, 1.113 y 1.114.
**Cómo llegar** *Por aire:* Hay una amplia variedad de vuelos internacionales. Iberia ofrece varios vuelos diarios desde la

España continental y entre las islas Canarias. El aeropuerto se encuentra en la costa este, al sur de Las Palmas.

*Por mar:* Un servicio de ferry conecta Cádiz con Las Palmas (Muelle de Santa Catalina); el trayecto es de 36 horas. Hay también un servicio de aliscafo entre Las Palmas y Santa Cruz de Tenerife, y varias otras conexiones entre una isla y otra, todas a cargo de la Compañía Transmediterránea.

### EN LA ISLA

**En automóvil:** El automóvil, el motociclo y la bicicleta constituyen los mejores medios para recorrer las islas. Se pueden alquilar coches en el aeropuerto y en Las Palmas; hay gran demanda de autos pequeños, así que es aconsejable hacer reservas en plena temporada.

**Motos/bicicletas:** Constituyen un medio popular, y se pueden alquilar en algunos de los hoteles más grandes de Las Palmas.

**En autobús:** Un buen servicio de autobuses cubre toda la isla; las oficinas de turismo le brindarán horarios actualizados (abajo figuran las direcciones y los números telefónicos).

**Dónde dormir:** Hay una amplia variedad de hoteles, pensiones y hostales en Las Palmas, Maspalomas, Mogán, Playa del Inglés y San Bartólome Tirajana. También hay hospedaje en Agaete, Arguineguín, Gáldar, Los Palmitos, Puerto de Mogán, San Augustín, Santa Brigida, Tafira Alta, Tafira Baja, Tejeda, Telde, Teror y Vecindario. Cruz de Tejeda tiene un Parador Hostería, Cruz de Tejeda, T (928): 65 80 50.

*Vida al aire libre:* No hay campings oficiales en la isla.

**Actividades** *Excursiones a pie/escaladas:* En el norte de la isla, en Arucas, se puede seguir un camino hasta la iglesia y la Montaña de Arucas, que brinda un magnífico panorama de la ciudad y sus alrededores. Los peñascos de Gálder tienen gran cantidad de cuevas. Aquí se encuentra la famosa Cueva Pintada, con sus decorativas pinturas rupestres. Al norte de la ciudad está la necrópolis guanche, y al sur, camino a Agaete —una aldea atractiva y pequeña con pocos turistas, que vale la pena visitar—, están las Cuevas de las Cruces.

Se puede explorar la Caldera de Bandama, así como el Pico de Bandama, desde Bandama. Se tarda media hora en escalar hasta el pico del volcán, y una hora más en realizar el fatigoso descenso al cráter. Se tarda 3/4 de hora en recorrer el perímetro del cráter.

En el norte, pero en el interior, se encuentra también el «pueblo de los balcones», Teror. Hay maravillosas vistas desde la carretera y es un excelente punto de partida para caminar y explorar el interior. Desde aquí la carretera tuerce hacia Artenara, la aldea más alta de la isla. Es otra cómoda base para excursiones.

El centro de la isla: enfilando al sur desde Tejeda por la C811, vire a la izquierda en el 17-3, hacia la pequeña aldea de Cueva Grande. Desde allí puede trepar a la maciza Cueva del Rey, un abrupto ascenso de 10-15 minutos que comienza en la primera casa de la aldea. Otro cráter interesante es la Caldera de los Marteles, situada en el 18-3. La Caldera y el exuberante valle de barrancos que hay al lado son lugares favoritos para los excursionistas locales y visitantes.

Los más ambiciosos no deben perderse la fatigosa excursión hasta la cumbre del Pico de las Nieves (1.947 metros). Se puede llegar a este pico de Cruz Grande por la 815, y se tarda 1 hora y media en llegar.

Las reservas naturales de Ojeda, Inagua y Pajonales se pueden explorar desde la aldea de El Juncal, en el 17-2; tome la carretera opuesta a la iglesia, que lo llevará al piso del valle.

Sur: Los Palmitos constituye una buena base para interesantes excursiones, incluyendo un paseo de 3 horas hasta la necrópolis *guanche,* al sur de Arteara.

El Barranco de Arguineguín, entre Cercado Espina y Soria, brinda un memorable ámbito para caminar entre palmeras.

*Jardines:* El jardín municipal de Aruca tiene una interesante colección de plantas nativas, y su iglesia gótica se yergue en medio de una variedad de árboles frutales. Tafira Alta también tiene un excelente jardín botánico.

*Museos:* El Museo Canario, en la calle Dr. Verneau, Las Palmas, tiene una amplia colección de arte *guanche* y otras culturas prehispánicas, así como artefactos de la isla.

*Navegación/buceo:* El Centro Deportivo del Hotel Don Gregory, San Augustín, T: (928) 76 26 62, alquila equipo y da clases.

**Más información** *Información turística:* Parque Santa Catalina, Las Palmas, T: (928) 27 07 90, 27 16 00 y 26 46 23. ICONA, Avda. Marítima del Norte, T: (928) 24 87 35.

# La Isla de Tenerife

*La mayor de las Islas Canarias, con su variada flora, incluye el Parque Nacional de las Cañadas del Teide*

El rasgo más espectacular de Tenerife es el pico de El Teide (3.710 m), que no sólo es el más alto de las Canarias sino de toda España.

Durante siglos, otro rasgo notable de Tenerife fue el legendario árbol dragón de 6.000 años *(Dracaena draco)* de Orotava, en la costa norte, que lamentablemente pereció durante el huracán de 1867, pero tenía la reputación de ser más antiguo que las pirámides de Egipto. Este verdadero gigante arbóreo medía 24 metros de circunferencia antes de su destrucción, y luego se descubrió que medía más de 23 metros de altura. El árbol dragón da una goma y roja conocida en algunos círculos como «sangre de dragón». Los alquimistas medievales le atribuían poderes místicos y curativos. Hoy son raros los especímenes silvestres, aunque se lo cultiva mucho en los jardines botánicos; es uno de los pocos miembros leñosos de la familia del lirio en Europa. Un árbol dragón menos antiguo pero no menos venerable sobrevivió al huracán y aún se ve en la aldea de Icod, en el nordeste.

Tenerife es una isla grande y triangular atravesada desde el centro hasta la punta norte por una estribación dentada. La costa norte está bordeada por peñascos abruptos, y la parte sur baja en suave declive hasta una de las pocas regiones de llanura litoral de este archipiélago volcánico.

La flora de Tenerife es casi tan variada y restringida como la de Gran Canaria. Algunas localidades botánicas sobresalientes incluyen El Fraile, en los peñascos del norte, que albergan rarezas tales como la *Lavatera phoenicea* y la *Marcetella moquiniana*, miembros de las familias de la malva y de la rosa, respectivamente. Esta zona también se jacta de poseer 300 especies de plantas florales en pocas hectáreas; se trata de uno de los conjuntos botánicos más ricos de las islas. Otras especies típicas de los peñascos de El Fraile incluyen *Centaurea canariensis, Vieraea laevigata, Tolpis crassiuscula* y el li-
198

monio *Limonium fruticans*, todos en poblaciones bastante estables.

En otras localidades de la isla crecen plantas típicas interesantes, como la arveja rastrera de flores blancas *Vicia scandens*, que crece en las calderas, y la especies xerofílicas de El Médano, en el sur de la isla, donde las plantas se han adaptado a un clima propio del Sahara. Otra localidad especial es Ladera de Güimar, en la costa este de Tenerife, que alberga plantas típicas tan raras como *Monanthes adenoscepes* y *Micromeria teneriffae* (una crasulácea y una labiada, respectivamente), así como es la única localidad de Tenerife conocida por el *Pterocephalus dumetorm*, una escabiosa de flores rosadas (también crece alrededor del Roque Nublo, en Gran Canaria).

Los isleños han cobrado interés en preservar el delicado equilibrio entre las gentes y la naturaleza, y han comprendido que se debe controlar drásticamente el crecimiento del turismo para preservar los recursos naturales. Los cálculos indican que si la tasa de crecimiento continúa como hasta ahora, a fin de siglo tres cuartos de la población de la isla serán turistas o extranjeros. Ahora se planea reducir la autorización para hoteles y centros turísticos.

El Parque Nacional de las Cañadas del Teide domina la isla, y flota serenamente al sol por encima de un constante mar de nubes; cuando el cielo está despejado, es claramente visible desde las otras islas del grupo. El parque nacional encierra la extensa meseta volcánica que rodea la montaña, dentro de las empinadas paredes del cráter.

Cuando se llega a Tenerife por aire, lo primero que se ve es el pico de El Teide, que desaparece de pronto cuando el avión atraviesa una nueva capa de nubes, y reaparece al sol sobre la árida zona sur de la isla. Se tarda más de una hora en ir del aeropuerto al parque en automóvil, en un sinuoso ascenso a través de las pequeñas aldeas de Granadilla y Vilaflor, con viñedos en terrazas cubiertas de piedra pómez para retener la humedad. Luego se sube entre castaños y pinos hasta que el pinar se vuelve tupido y las ramas de los árboles se entrelazan arriba mientras abajo se cierra la capa de nubes.

La última vez que visité el lugar, vi niños juntando agujas de pinos en el bosque para amontonarlas; una mujer caminaba grácil-

La explosiva historia de la isla está documentada en las capas multicolores de los depósitos de lava, cerca de El Teide, Tenerife

mente hacia una camioneta con una inmensa pila sobre el sombrero de paja; en el aire brumoso parecía una seta ambulante y alucinatoria. Luego, montaña abajo, en los viñedos de San Lorenzo, vi la aplicación práctica de este espejismo: las agujas de pino se desparramaban en las terrazas para que funcionaran como un estiércol de acción lenta encima de la fina capa de suelo, luego cubierto con piedra pómez para retener la humedad.

El panorama que se ve desde el pico de Teide es sobrecogedor, con las islas de Gran Canaria, Gomera, El Hierro y La Palma en el mar, y los escabrosos picos del borde de la caldera abajo. Los variados colores de los distintos tipos de roca volcánica se ven claramente desde aquí: ocre y óxido, negro y beige. Matas de margaritas del Teide brillan en las laderas más altas.

Hay muy pocos ejemplares de la fauna aborigen en el parque, pero podemos encontrar el pinzón de las Canarias y el azul; el segundo se alimenta cerca de las zonas de picinic, al igual que sus más difundidos parientes de otras partes. En mayo y junio florecen las espectaculares espigas rojas de la borraja del Teide *(Echium wildprettii)*; las flores alcanzan hasta 2 metros, y las espigas permanecen de pie aun cuando las flores han muerto.

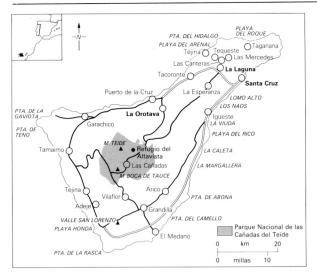

está abierto desde el 1.º de abril hasta el 14 de diciembre y se pueden hacer reservas a través del centro de informaciones del parque o de la oficina de turismo de Santa Cruz (véase abajo).

## ACTIVIDADES
**Parque Nacional de las Cañadas del Teide:** Está situado en el centro de la isla; se puede llegar allí, desde el norte, por la carretera de Orotava y, desde el sur, por la carretera de Vilaflor; desde el este, por la carretera lateral que comienza en La Laguna; y, desde el oeste, por la carretera Chío-Boca de Tauce.

Hay un cablecarril a menos de 2 kilómetros del Parador Nacional de las Cañadas del Teide; asciende hasta 1.000 metros en 15 minutos; una vez arriba se puede caminar en la cumbre. El viento es muy frío aun en un día soleado.

Un buen servicio local de autobuses conecta regularmente el parque con Santa Cruz y Puerto de la Cruz (N.º 348), con paradas en el cablecarril y el Parador, ambos a poca distancia de Monte Teide.

Dentro del parque hay dos caminos de acceso: la ruta de las Cañadas bordea por momentos el cráter; desde la carretera Orotava-Vilaflor una ruta asciende por la ladera de

## ANTES DE SALIR
**Mapas:** SGE 1:50.000 Nos. 1.096, 1.097, 1.102, 1.103, 1.104, 1.105, 1.109, 1.110, 1.111, 1.118, 1.119 y 1.124; IGN 1:200.000 Mapa provincial de Santa Cruz de Tenerife.
**Guías:** Noel Rochford, *Landscapes of Tenerife* (Londres, 1984); Marisol García Sánchez y María José Medina Valbuena, *Parques nacionales de Canarias* (Madrid, 1986); y Norah B. Spowart, *Tenerife and other Canary Islands* (Brentford, 1984).

## CÓMO LLEGAR
**Por aire:** Tenerife tiene 2 aeropuertos. El más nuevo, Reina Sofía, es para vuelos internacionales y está en el sudeste de la isla; el viejo, Los Rodeos, en las montañas del norte, es vulnerable al mal tiempo y ahora sólo se usa para vuelos internos y de placer.
**Por mar:** La Compañía Transmediterránea tiene ferries desde Cádiz, Valencia y Barcelona hasta Tenerife. También hay conexiones por ferry con otras islas del archipiélago.

## EN LA ISLA
Hay un buen servicio local de autobuses, y algunos de ellos atraviesan regularmente el Parque Nacional de las Cañadas del Teide. Se pueden alquilar automóviles y los taxis lo llevarán hasta el parque si usted desea una excursión privada.

## DÓNDE DORMIR
El Parador Nacional de las Cañadas del Teide, 2 estrellas, T: (922) 33 23 04, está situado dentro del parque, con una magnífica vista del pico de la montaña. Santa Cruz de Tenerife, La Orotava, Puerto de la Cruz y La Laguna ofrecen una amplia variedad en materia de hospedaje, para todos los gustos y presupuestos. Recomiendo la pensión Silene, 2 estrellas, T: (922) 33 01 99, en La Orotava, y Los Príncipes, 3 estrellas, T: (922) 38 33 53, en Puerto de la Cruz.
*Vida al aire libre:* No hay campings en la isla. Está prohibido acampar o dormir al aire libre en el parque.
*Refugios:* Hay un refugio de montaña cerca del pico de Teide, el Refugio de Altavista, en Rambleta; tiene 40 camas,

Las gigantescas espigas rojas del *Echium wildprettii* salpican de color la isla de Tenerife

Montaña Bajada hasta
Montaña Blanca.

El parque contiene una extensa red de veredas, y es aconsejable coger un mapa local en el centro de informaciones. No todas las zonas del parque están abiertas al público; hay que seguir las sendas marcadas. Caminar sobre lava solidificada puede ser difícil y algo peligroso; use zapatos chatos y cómodos; la roca volcánica es muy filosa, y las sandalias sueltas se llenan de guijarros.

**Norte:** El tosco paisaje de la región de Anaga incluye el famoso bosque de laurisilva, cerca de La Laguna. El pueblo de La Laguna está situado en el linde sur de las montañas del norte, junto al Laurisilva de las Mercedes. Es el último lugar de la isla donde aún se pueden ver estos antiguos bosques. Aquí se encuentran dos especies de aves típicas de las Canarias, la paloma de Boll y la paloma de cola blanca. Los

ornitólogos acaban de descubrir estas aves, que son difíciles de localizar. Su futuro depende de la supervivencia de estos bosques. Los constantes vientos del norte producen nubes y los constantes vientos del nordeste impiden su dispersión; la condensación queda atrapada en el follaje del bosque de laurisilva y los pinares, y sirve como vital fuente de agua, pues las lluvias son escasas.

Cerca del pueblo de Tacoronte hay un camino empinado que conduce hasta la arenosa y negra Playa de las Gaviotas, donde está permitido bañarse desnudo.

**Este:** La región de Teno también es escarpada, sobre todo cerca del pueblo de Adeje, el Barranco del Infierno, célebre por su variedad zoológica y botánica. Sus paredes verticales están perforadas por cuevas funerarias y están pobladas de malezas.

**Pesca:** Comuníquese con el Club de Pesca Neptuno, C. De Pérez Galdós 19, Santa Cruz.

**Museo:** El museo arqueológico se encuentra en Pl. de España, Santa Cruz.

**Navegación:** Solicite detalles al Real Club Náutico, Carretera de San Andrés, Santa Cruz; y al Club La Galera, Candelaria.

**Buceo:** Club de Pesca Neptuno, C. Pérez Galdós 19, Santa Cruz; y la escuela de buceo, Fernández Herrero 11, Santa Cruz.

MÁS INFORMACIÓN

**Información turística:** Pl. de España, Santa Cruz, T: (922) 24 22 27; y en Puerto de la Cruz, Pl. de la Iglesia 3, T: (922) 38 43 28. ICONA, Avda. de los Reyes Católicos, Santa Cruz, T: (922) 28 35 58 y 28 35 66.

Hay un centro de información en el noroeste del Parque Nacional de las Cañadas del Teide.

# La Isla de Gomera

*Diminuto cono volcánico, sereno y boscoso, que incluye el Parque Nacional de Garajonay*

**L**os isleños de Gomera están justificadamente orgullosos de su historia y sus tradiciones. Desde aquí zarpó Cristóbal Colón con rumbo a las incógnitas tierras que resultaron ser las Indias Occidentales. Cuando una mujer campesina se paró para hablarme, y yo le comenté qué bonita era la isla, ella respondió sonriendo: «Disfrutamos de la tranquilidad». Pero no confíe demasiado en la destreza de los isleños para dar indicaciones: cuando pregunté cuál era el camino más cercano para ir al Parque Nacional de Garajonay, me dijeron que siguiera derecho. La angosta carretera se transformó en un ca-

mino sin pavimentar que se aferraba a una empinada lacdera y, tras un abrupto recodo, desaparecía en las aguas de un nuevo embalse. Agradecí que fuera de día, desandé el camino con dificultad y empecé de nuevo.

Esta pequeña isla volcánica circular se eleva hasta un pico central de casi 1.490 metros, y el cono está atravesado por barrancos que terminan de pronto a cierta altura sobre el nivel del mar. Las partes más yermas de la isla, a menudo compuestas de roca basáltica, tienen su flora característica, así como los empinados barrancos que albergan especies más sensitivas a causa de los extremos climáticos que a menudo se experimentan aquí. Entre las especies interesantes de Gomera tenemos la leguminosa *Lotus emeroides*, propia de la isla, el *Echium acanthocarpum* de flores azules, la crucífera *Crambe gomeraea,* la compuesta de flores amarillas *Argyrantheum callicrhysum* y dos cerrajas que sólo existen alrededor de Agulo, en el nordeste de la isla: *Sonchus gonza-lez-padronii* y *S. Regis-jubae.*

Bajé hasta las cultivadas laderas de Vallehermoso, hasta el pueblo del mismo nombre. A la hora de la siesta, en un día caluroso, estaba tan desierto como el *Marie Celeste*, aunque brillaban los geranios y las buganvillas. De pronto, al doblar una esquina, vi tres enormes figuras sentadas a una mesa; otras dos estaban en ambos extremos de un banco, en lo que parecía ser un parque de juegos para niños. Las figuras sentadas tenían más de tres metros de altura. Busqué en vano el nombre del escultor, o una explicación. Una tenía un yelmo estilo Henry Moore, lo cual me hizo preguntarme si representaban una conferencia de ancestros guanches; luego encontré en cada punta del banco las inscripciones PAPA y MAMA. Habría sido interesante ver a los niños jugando entre ellos, pero la hora de la siesta era sacrosanta y el miserio quedó sin resolver.

Fue un toque de fantasía totalmente inesperado en una comunidad práctica y agrícola, atareada en la producción de tomates, maíz y bananas. Hay bananas por todas partes. Uno regresa al puerto de San Sebastián rodeando las laderas más bajas de la montaña, en el lado este, a través de tunas, palmeras y una infinita variedad de tártagos. El Teide es una presencia silenciosa del otro lado del mar, como una Columna de Hércules, y las islas son verdaderos jardines de las Hespérides.

Cuando entré en el bosque del Parque Nacional de Garajonay, las nubes se espesaron, el camino se volvió más sinuoso y me desorienté un poco; no había sol ni sonido, y no se veía nada más de seis metros a la redonda. La capa de nubes que cubre casi permanentemente las alturas de Gomera se filtra entre los árboles, rozando los arbustos como un vellocino. De nuevo me perdí por completo, esta vez por más de una hora, y al fin tuve el alivio de ver unos comunes pollos negros cruzando el tosco camino.

Cuando conté la anécdota a un guardián del parque, me advirtió severamente que na-

Caminar por las filosas rocas volcánicas de Las Cañadas del Teide puede ser doloroso, y conviene llevar calzado resistente

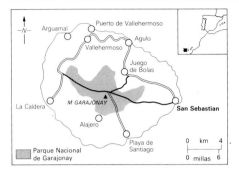

die debía entrar en el parque solo, o sin un buen mapa de todos los caminos. Me contó acerca de dos turistas que desaparecieron del hotel, no regresaron a la noche, y fueron hallados 36 horas después, deshidratados, tras causar la movilización de toda la policía y los guardianes del parque.

Aquí, en este bosque, el sauce y el acebo de las Canarias *(Salix canariensis e Ilex canariesis)* crecen junto al *Laurus azorica y el aromático mirto Myrica faya,* que también crece en localidades arenosas del sur de Portugal. El bosque resulta interesante por su exuberante vegetación, a causa de la abundancia de humedad. Ello produce diversas especies de helechos, incluidos el *Asplenium onopteris*, el *Athyrium umbrosum y el* Woodwardia radicans, *así como el Aichryson punctatum* de flores amarillas.

El contraste de vegetación entre Tenerife y La Gomera es sorprendente: el único lugar de Tenerife que se acerca al verdor de Garajonay es la zona relativamente pequeña de bosques mixtos, o laurisilva, cerca de La Laguna, en el norte de la isla.

Los variados árboles del bosque de Gomera, tan apiñados y a menudo en laderas abruptas, dan su «pulmón verde» a la isla entera. El cisto y el brezo de las laderas más bajas, más densos y más altos a mayor altura, se mezclan con el brillante follaje de los laureles, el esplendor amarillo de la retama de las Canarias y el reptante liquen, para crear un tapiz viviente de plantas que hay que ver para imaginar cómo las islas debían lucir en tiempos de los aborígenes *guanches.*

El nombre del parque deriva del folclore: Gara era una bella muchacha de Gomera que se enamoró de un joven de Tanarife llamado Jonay, quien cruzaba a nado para visitarla. Sus parientes se oponían a que ella se uniera a un extranjero, así que los jóvenes huyeron a las alturas de las montañas, donde murieron abrazados, atravesados por la espina de un árbol: de allí el nombre de Garajonay, que perpetúa esa unión. El extremo noroeste del parque incluye terreno abierto y rocoso, hacia el atractivo villorrio de Arguamal. Las rocas del camino están tachonadas con rosetas de *Aeonium nobile*, planta verde con hojas de punta rosada y flores rosadas, y muchas variedades de retamas de flores doradas.

---

ANTES DE SALIR
**Mapas:** SGE 1:50.000 Nos. 1.108, 1.109, 1.116 y 1.117.

No confíe del todo en los mapas de la isla: uno de ellos presenta un aeropuerto donde sólo hay un proyecto para construir un aeropuerto; hay una fuerte presión de los «verdes» para preservar el carácter inaccesible de

Gomera, y quizá pasen años antes de que el mapa sea correcto.
**Guía:** P. Romero, Parque Nacional de Garajonay, Itinerarios Autoguiados (Madrid, 1987).

CÓMO LLEGAR
**Por aire:** Actualmente no hay aeropuerto (véase arriba).

**Por mar:** Un ferry de la Fred Olsen Line sale 3 veces diarias de Los Cristianos, al sur de Tenerife, y tarda 1 hora y media en llegar a Gomera; hay 3 partidas diarias, y 2 viajes de regreso desde Gomera. Los horarios de invierno y verano no son iguales.

El ferry de la Compañía

Transmediterránea va desde Santa Cruz de Tenerife hasta San Sebastián, pero tarda 23 horas en llegar, pues para en El Hierro y La Palma. Si usted disfruta de los cruceros, puede ver las Canarias desde el mar, pero de lo contrario este ferry es poco recomendable.

## EN LA ISLA
Para pedir información sobre autobuses y taxis, telefonee al (928) 80 54 80.

Todas las gasolineras de la isla están cerradas en domingos y feriados, excepto la de Chipude.

## DÓNDE DORMIR
El Parador Conde de la Gomera es uno de los paradores más bellos de España, T: (928) 87 11 00. Está magníficamente situado sobre el puerto de San Sebastián, y suma un bello panorama a la brisa marina. También se puede conseguir hospedaje en San Sebastián, Playa de Santiago y La Calera.

**Vida al aire libre:** Hay un terreno para acampar dentro del parque, Campamento Antiguo, y uno fuera del parque, El Cedro.

## ACTIVIDADES
**Parque Nacional de Garajonay:** Se tarda casi una hora en llegar al parque desde San Sebastián. El parque está cerrado martes, sábado y domingo; esto no significa que no se pueda ingresar, sólo que está cerrado el centro de información. No se pueden comprar meriendas en el parque: lleve raciones de hierro, especialmente agua o fruta, si se propone caminar largo tiempo por el parque.

El centro de información turística de San Sebastián (véase abajo) organiza visitas al parque.

El Valle Gran Rey constituye una buena excursión diurna. Desde San

Sebastián, tome el camino de la Playa de Santiago, pero en vez de entrar en la ciudad siga derecho hacia el Valle Gran Rey. En Guadá tendrá magníficas vistas de todo el valle. Más al norte, en Arure, en la Cueva de María, se venden magníficas piezas de alfarería de Gomera y hay un espléndido panorama del villorrio de Taguluche, junto al mar.

Los Organos es un peñasco de 100 metros que enfrenta el Océano Atlántico, con la apariencia de un órgano macizo; en esa zona hay muchos barrancos dignos de ser explorados, pero sólo se pueden ver desde una lancha. **Museo:** El museo de San Sebastián tiene una fascinante colección de objetos históricos hallados en la isla. **Navegación:** Póngase en contacto con el Club Nautique, C. del Conde, T: (928) 87 10 53, en San Sebastián de la Gomera.

## MÁS INFORMACIÓN
**Información turística:** T (928) 80 54 80.

Hay un centro de información sobre el parque en Degollada Peraza, en el lado del parque que da a San Sebastián de la Gomera.

# La Isla de Hierro

*La más pequeña de las Islas Canarias, con bosques que se aferran a laderas casi verticales*

Esta isla triangular tiene la distinción de ser la más meridional y la más occidental del archipiélago de las Canarias, y se afirma que se formó a partir del fragmento de un antiguo volcán: la prueba es un risco

semicircular orientado hacia el noroeste. Hierro es también la más pequeña de las 7 Islas, pero el punto alto excede los 1.500 metros; las laderas son casi verticales en ciertos lugares.

La zona de cráteres es conocida como El Golfo, y este peñasco semicircular, con su bahía, es la que despierta mayor interés botánico. El empinado barranco de la bahía alberga densos bosques de pino y laurel, que parecen aferrarse precariamente de las rocas. La flora incluye especies tan interesantes como el geranio de las Canarias *(Geranium canariense)* y una nomeolvides de flores rosadas, la Myosotis latifolia. Otras partes del bosque tienen un dosel dominado por el enorme tártago *Euphoria regis-jubae*, conocido en la zona como «tabaiba», y que a menudo crece con el árbol Visnea mocanera. Otras rarezas de la zona del Golfo incluyen el *Echium hierrense* de flores rosadas, la cerraja típica *Sonchus gandogeri*, la *Centaurea durannii*, que es rara en los peñascos más bajos de esta bahía y no se encuentra en ninguna otra parte, y el Silene sabinosae de flores rosadas.

**Antes de salir** *Mapas:* SGE 1:50.000 Nos. 1.112 y 1.115. **Cómo llegar** *Por aire:* Hay un pequeño aeropuerto en Tamaduste, T: (922) 55 08 78, con servicios de Iberia. *Por mar:* Un ferry conecta Puerto de la Estaca con Santa Cruz de la Palma, San Sebastián de la Gomera, Los Cristianos (Tenerife) y Santa Cruz de Tenerife. **Dónde dormir:** El Parador Nacional de El Hierro, 3 estrellas, T: (922) 55 01 01, está situado a 10 kilómetros de Valverde. También hay varios hostales en Frontera y Valverde; comuníquese con la oficina de turismo para solicitar más información.

**Actividades** *Excursiones a pie:* A lo largo de El Golfo, desde Roques de Salmor hasta Sabinosa, hay bonitos paseos entre laureles, zarzas gigantes y plátanos. En Sabinosa hay un spa célebre por las cualidades medicinales de sus aguas. La Dehesa también ofrece algunos paseos interesantes. El bosque de pinos de El Pinar, en el lado este de la isla, es un bello lugar para caminar.

Se tarda 15-20 minutos en caminar desde Guarazoca hasta el mirador de El Hierro, desde donde se puede ver todo el cráter; al oeste de San Andrés hay un camino que lleva hasta el Mirador de Jinama; se llega a El Rincón por un camino que atraviesa La Dehesa.

*Buceo:* La isla ofrece magníficas oportunidades para el buceo submarino frente a la costa. Quizá La Restinga, al sur de la isla, sea la zona más apropiada para el buceo.

# La Isla de Palma

*Incluye el Parque Nacional de la Caldera de Taburiente, y difiere de las demás islas del grupo por la fertilidad de sus zonas cultivadas*

**D**esde el nivel del mar, la Isla de La Palma se eleva abruptamente hacia alturas boscosas y rocosas; sólo desde los puntos más altos se puede ver el cráter más hondo del mundo, la Caldera de Taburiente. Las laderas de la caldera tienen pinos que a veces alcanzan una circunferencia enorme (el más famoso tiene 8 metros). Debajo de ellos crecen gruesas matas de retama de flores brillantes y amarilas. A causa de los muchos manantiales de las islas, las zonas cultivadas son muy fértiles.

En la isla se cultiva una gran variedad de frutas tropicales: papayas, granadas, piñas, paltas, naranjas, *loquats*, bananas y ciruelas dulces. Hay bosques de lima y laurel en las alturas de Los Sauces, y una asombrosa variedad de lugares agrestes. Las plantas características de La Palma incluyen el *Echium pininana*, con enormes espigas, hasta cuatro metros de flores celestes, y de la cual sólo quedan algunos ejemplares; el *Gonospermum canariense*, de flores amarillas y brillantes, de los bosques del nordeste, llamado «faro» a causa del efecto de sus flores, que parecen señales; la compuesta *Argyrantheum webbii*; y la borraja que toma su nombre del mismo botánico, *Echium webbii*. Recientemente se redescubrió el *Lactucoson-*

shus webbii en la costa cerca de Barlovento, al cabo de una ausencia de más de un siglo.

Las plantaciones bananeras cubren las laderas más bajas, protegidas de los vientos por paredes perforadas. Encima hay terrazas más angostas para tomates y repollos, y viñas más arriba, donde las laderas se vuelven tan empinadas que sólo los campesinos más tozudos plantan algo. No obstante, el suelo es fértil para producir buenas uvas con las cuales se hace un delicioso vino blanco. La otra especialidad de las Canarias, un licor de banana, es un gusto adquirido que yo no he podido adquirir. Por encima de las últimas terrazas empiezan los castaños, luego los helechos y retamas entre pinos desperdigados, hasta que al fin se llega al barranco a pleno sol, con finas capas de nubes abajo.

Vale la pena visitar el sur de la isla para

Muchos arbustos y cactos traídos de otras partes compiten con los laureles nativos de La Palma

Gomera florece en la humedad de su constante capa de nubes, que ha creado este espléndido arco iris (izquierda)

ver el paisaje negro producido por la erupción volcánica más reciente del archipiélago: la del Vulcán de Teneguía. Tomando el camino del sur de Santa Cruz, entre las aldeas blancas de las laderas, tales como Breña Baja, se llega a un molino donde venden atractivas piezas de alfarería negra: están hechas a mano, tal como lo hacían los ancestros *guanche* de los isleños. Aún prosperan otras artesanías de la isla: encajes, bordados y bellos cestos de frondas de palmera, mimbre e incluso de largas y flexibles zarzas. Comprensiblemente, este último es un arte moribundo, pues los jóvenes ya no tienen la paciencia para aprender un oficio tan difícil.

Cerca del pueblo de Fuencaliente, la tierra se vuelve negra, y al sur se ven dos conos volcánicos, San Antonio y Teneguía. Cuando el Teneguía hizo una breve pero violenta erupción en 1971, las piedras llovieron en la campiña circundante. Las primeras plantas silvestres han cobrado un precario arraigo, y su brillante verdor contrasta con el suelo negro. El Roque de Teneguía es la única localidad conocida de la *Centaurea junoniana*, un arbusto de flores color malva; muchas especies típicas de las Canarias crecen también en la región, aunque en versiones enanas, tales como la compuesta *Phagnalon umbelliforme*.

Regresamos a Santa Cruz por el camino de la costa, para caminar frente al mar y disfrutar de la brisa nocturna del Atlántico. En un recodo, una nave de madera monta una ola de cemento, la proa hacia el mar: un monumento al coraje y la imaginación de Cristóbal Colón, que zarpó hacia su gran viaje con esa nave precaria. Al este se encuentra el Africa y las otras Islas Canarias; al oeste, el ancho Atlántico y el continente con que tropezó el valiente Colón en su búsqueda de las Indias.

El Parque Nacional de la Caldera de Taburiente es un sitio fascinante. Al contrario del lúgubre y apocalíptico paisaje de Lanzarote, el cráter de Taburiente está bordeado de pinares, y cerca de la base hay bosques con arroyos que fluyen por el suelo del cráter. Las paredes de 770 metros son vertiginosas desde arriba e imponentes desde abajo; la luz que se filtra por las ramas de los enormes pinos de las Canarias crean la impresión de que la vegetación domó y suavi-

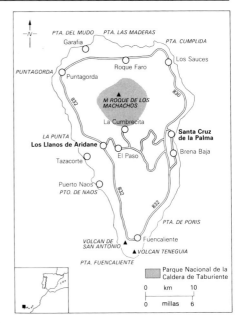

zó las ásperas rocas volcánicas.

La diferencia de temperatura entre invierno y verano no es muy grande, de sólo 6° C; no obstante, es más seguro recorrer la caldera en invierno, por la mayor humedad del invierno. En verano puede haber problemas. Uno pronto nota el precario equilibrio entre los árboles que estabilizan las laderas del volcán con sus raíces, y el proceso natural de erosión que gradualmente desgasta la montaña formando grandes pedregales.

Un camino que iba desde el punto de ingreso de La Cumbrecita hasta el Lomo de las Chozas quedó bloqueado para los automóviles después de un deslizamiento, pero algunas personas atravesaron el lugar a pie. Cuando emprendí la marcha, las piedras sueltas empezaron a caer; me retiré deprisa. En un santiamén, los guijarros se convirtieron en un alud de rocas rodando cuesta abajo. Los valientes caminantes que ya habían cruzado tuvieron grandes dificultades para regresar. Dada la tendencia de las rocas a rajarse en verano, los aludes constituyen una peligrosa posibilidad, y hay pocas excursiones guiadas en esta época del año.

El mejor mirador de la isla es el Roque de los Muchachos, en la punta norte del cráter, a 2.423 metros: hacia el sur se ve el obispo, y hacia el norte se ve el mar. También hay una desarrollada flora subalpina que contiene varias especies que sólo existen en las montañas de La Palma, entre ellas la violeta *Viola palmensis*, la muy rara *Echium gentianoides*, las atractivas flores color magenta de la escabiosa *Pterocephalus porphyranthus*, también muy rara, y la compuesta *Tolpis calderae*.

## ANTES DE SALIR
**Mapas:** SGE 1:50.000 Nos. 1.085, 1.090 y 1.084; y Clyde Ltd 1 1:150.000 (y otras escalas) mapa de las Islas Canarias.

## CÓMO LLEGAR
**Por aire:** Hay un aeropuerto en Santa Cruz de la Palma, T: (922) 41 15 40.
**Por mar:** Hay servicios regulares de ferry que hacen escala en las demás islas. El ferry de Cádiz también hace escala aquí. Todos los servicios están a cargo de la Compañía Transmediterránea, T: (922) 28 78 50.

## DÓNDE DORMIR
Santa Cruz en la costa este, Puertos Naos en el oeste, y Tazacorte, 12 kilómetros al norte de Puerto Naos, tienen buenos hoteles y pensiones de todas las categorías. El Parador de Santa Cruz de La Palma, 3 estrellas, T: (922) 41 23 40, está situado frente al mar en Santa Cruz, en un atractivo y viejo edificio con balcones.

## ACTIVIDADES
**Parque Nacional de Taburiente:** Para llegar al parque, el autobús de turismo, el taxi o el coche alquilado son los únicos medios de transporte; no hay servicio regular de autobuses. El agua fluye en abundancia por este paisaje volcánico; al caminar por el cráter usted verá fuentes y cascadas. En la cascada de Desfondada una pequeña corriente cae 150 metros; la cascada está a una hora de camino a pie desde Taburiente. También vale la pena visitar la cueva de Tanausú, situada a medio camino entre Tenerra y las pocas casas de Taburiente.

Desde El Paso hay una ruta de 9 kilómetros hasta el Mirador de La Cumbrecita, donde Las Chozas y Roques ofrecen espléndidos panoramas del parque desde el borde del cráter. Desde los Llanos de Aridane, tome el tosco camino hasta Lomo de los Caballos, luego hasta el «cerro de la angustia» y siga hasta La Farola; el camino de herradura comienza allí, y lleva hasta la caldera. Desde Mirca, continúe hasta Los Andenes (33 kilómetros) y hasta Roque de los Muchachos (36 kilómetros), donde usted puede caminar hasta el mirador más alto de la isla.

**Otros sitios interesantes:** El volcán de Teneguía todavía está activo (su última erupción fue en 1971). Está cerca de Fuencaliente, el pueblo más meridional de la isla. Cuando enfile hacia el norte con rumbo al parque nacional, desde Santa Cruz o Los Sauces, usted pasará muchas cuevas, la mayoría abandonadas y cubiertas de malezas, y muchas plantaciones de bananas.
**Playas:** Las Cançajos, cerca de Santa Cruz en Breña Baja; Tazacorte y Puerto Naos son las principales playas para bañistas.
**Cuevas:** Las cuevas guanches de Hoya Grande y Fuente de la Zanza tienen inscripciones prehistóricas en las paredes, así como la cueva de Belmaco de Mazo. La cueva Bonita es notable por su vívido y natural espectáculo de luces.

## MÁS INFORMACIÓN
**Información turística:** Palacio Salazar, Avda. O'Daly, Santa Cruz; todos los viajes a la caldera se deben organizar en esta oficina.

Un poniente tropical (páginas siguientes) puede ser breve, pero en la nubosa La Palma constituye un espectáculo inolvidable

# DIRECCIONES UTILES

Las siguientes organizaciones brindan informes y asistencia a quienes tienen interés en explorar la España salvaje y en aprender acerca de su flora y fauna. Varias de ellas están mencionadas a lo largo de este libro, a menudo en forma abreviada.

**Asociación Asturiana de Amigos de la Naturaleza (ANA),** C/Uria 16-2.°; Oviedo; Asturias

**Asociación para la Defensa y Estudio del Medio,** Los Pedroches, Guadamatilla C3 José Estévez 5, 14400 Pozoblanco, Córdoba

**Asociación de Estudios y Protección de la Naturaleza (AEPDEN),** Esparteros 11-4.°; 1-C, 28012 Madrid

**Asociación para la Defensa de la Naturaleza (ADENA),** C/Santa Egracia 6-2.° izda., 28010 Madrid

**Asociación para la Defensa de los Recursos Naturales de Cantabria (ARCA),** Apartado 421, Santander, Cantabria

**Colectivo Montañero por la Defensa de los Picos de Europa,** Viaducto Ingeniero Marquina 4, Semisótano Izquierda, 33004 Oviedo, Asturias

**Dirección General del Medio Ambiente,** Paseo de la Castellana 67, 28046/28071 Madrid

**Federació d'Entitats Excursionistes de Catalunya,** Rambla 61, 08002 Barcelona

**Federación Española de Montañismo,** Alberto Aguilera 3, 4 Izquierda, Madrid 15

**Fondo Asturiano para la Protección de los Animales Salvajes (FAPAS),** Apartado 106, Llanes, Asturias

**Grupo Asturiano para el Estudio y Conservación de los Murciélagos,** Avda. Aureliano San Román 12, 2-A, 33011 Oviedo, Asturias

**Instituto Cartográfico de Catalunya,** Balmes 209, 08006 Barcelona

**Instituto Geográfico Nacional,** Calle General Ibáñez de Ibero 3, Madrid 3

**Librería Altair,** Balmes 69, 08007 Barcelona *(la mejor librería de España para el excursionista, el montañista y el naturalista)*

**Instituto Nacional para la Conservación de la Naturaleza (ICONA),** Gran Vía de San Francisco 35, 28079 Madrid

**Sociedad Española de Ornitología,** Facultad de Biología, Planta 9, Ciudad Universitaria, 28040 Madrid

# OTRAS LECTURAS

A. Allee, *Andalusia — Two Steps from Paradise* (Nelson 1974).

A. Chapman y W. J. Buck, *Wild Spain* (Londres 1893).

A. Chapman y W. J. Buck, *Unexplored Spain* (Londres 1910)

E. Duffey, *National Parks and Nature Reserves of Europe* (Macdonald & Co 1982).

J. A. Fernández, Doñana: *Spain's Wildlife Wilderness* (Collins 1975).

C. Grey-Wilson y M. Blamey, *The Alpine Flowers of Britain & Europe* (Collins 1979).

L. Jonsson, *Birds of the Mediterranean and the Alps* (Croome Helm 1982).

R. Macaulay, *Fabled Shore* (Londres 1949).

W. B. L. Manley y H. G. Allcard, *A Field Guide to the Butterflies and Burnets of Spain* (Classey 1970).

J. A. Michener, *Iberia — Spanish Travels & Reflections* (2 vols., Corgi 1968).

H. Myhill, *The Spanish Pyrenees* (Faber & Faber 1966)

G. Mountfort, *Portrait of a Wilderness: the story of the Coto Doñana* (Expeditiona 1968).

A. Paterson, *Birdwatching in Southern Spain* (Golf-Area S. A., Costa del Sol 1987).

O. Polunin y M. Walters, *A Guide to the Vegetation of Britain & Europe* (OUP 1985).

D. Poore y P. Gryn-Ambroes, *Nature Conservation in Northen and Western Europe* (UNEP/IUCN/WWF 1980).

R. F. Porter y otros autores, *Flight Guide to the Identification of European Raptors* (Poyser 1981).

A. W. Taylor, *Wild Flowers of Spain and Portugal* (Chatto & Windus 1972).

A. W. Taylor, *Wild Flowers of the Pyrenees* (Chatto & Windus 1972).

H. Vedel, *Trees and Shrubs of the Mediterranean* (Penguin 1978).

W. Verner, *My Life among the Wild Birds of Spain* (J. Bales & Sons 1909).

K. Whinnom, *A Glossary of Spanish Bird Names* (Tamesif Books 1966).

# ÍNDICE

Sólo se indican las especies donde existe información suplementaria a la descripción general en su lugar correspondiente; las referencias a páginas en *cursiva*, se refieren a ilustraciones.

Abejarruco *173*, 133, 151, 152
Abeto: *Abies pinsapo* 133, 151, 152
Acebuches, puerto de Los 152, 153
adelfa 184, 185
*Adenostyles pyrenaica* 32
Aezcoa, valle de 33
Aguamala, 137
Aguilar de Campóo 44
Aguilar de la Frontera 149-50
águilas 7-8; imperial 8-9, 32, 62, 67, *72*, 101, 155, 156; de garras cortas 67, *68*, 100, 154
Aigua Clara 113
aiguamolls de L'Empordà 8, 113-7, *114-5;* mapa 117
Aigüestortes 10, 12, 14, 19-21, *19;* mapa 20
Aigueta de Eriste 25
Aínsa 30
ajenjo: *Artemisia granatensis* 133
Albacete 82, 85, 140
Albarracín: sierra de Albarracín 85, 87, 90-3, *91*
Alberca, La 77
Albufera de Valencia 7, 109, 125-8
alcaudón, gris menor *112*, 116
Alcornoques: corcho *(Quercus suber)* 133, 156, 157, 158, *159;* quermes 120, robledos 33, 53
Alcudia 176
Alfabia, jardines de 177
Algeciras 135, 136
Alhama de Murcia 129
Alicante 63, 111, 112, 135
Aljaraque, laguna de 161-2
Almanzor 65
Almería *130-1,* 132, 134, 135,
136
almendros 168, *174*
alondras 95
Alpujarras, Las 141-3; sierra Nevada y Las Alpujarras 141-4
Altamira 36, 40
Alto Ampurdán (Alt Empordà) 14
Alto Campóo 40, 43-4
Alto de Peña Ganzo 41
Alto Pallars-Arán 13
Alto Tajo 84, 92-3, *94*
*Amanita muscaria* 165, *165*
Amarga, laguna 149, 150
ánade silvestre *41,* 42
Anciles 24
Andalucía 4, 9, 112, 130-65; mapa 134
Andara 46
Andorra 13
Andratx 176
Aneto 13
Anguiano 76
animales de interés especial 7, 38, 121, 142, 184; en peligro 38, 47, 50, 52, 114, 138; *ver también* animales individuales, p. ej. lagartos
Anisclo, valle de 26-7, 28, 29, 30
anomalías feudales 13
Antequera 146-7, 149
*Antirrhinum pulverulentum* 87, *88*
Ara, río y valle de 29, 30
Aracena, sierra de 164-5
Aragón 13, 14
Aragón, río 16, 32
araos 57
Arbillas, río *66*
Arcos de la Frontera 136
Arenas, río 43-4
Arenas de San Pedro 66, 67, 68, 69
Argamasilla de Alba 96
Arrecife 193
Arroyo de Cable *47*
arrozales 7, 109, 113, 120, 121, 125, 126
Arta 176, 177
*Artemisia granatensis* 133
Asón, puerto del 41
Asón, río 41
*Astragalus monopessulanus 122*
Astún 16, 32

Asturias 36, 37, 38, 39, 40, 46, 50, 52-6
Aves de interés especial, raras, en peligro; migratorias raras 42, 116, 156-7; Andalucía 133, 139, 142, 144, 148-9, 154-61; Canarias 194-6, 201; Mallorca 173; Mediterráneo 115-6, 120-1, 127; Meseta: Norte 56, 57, 62, 66-7, Sur 93-5, 98-9, 101-2; norte de España 47, 57; Pirineos 28, 32
avetoro 127, *127*
Ávila 61, 64, 68
Ayllón 74

Badajoz 135
Bagà 19
balandrismo 128, 184, 197, 201, 205
Baleares islas (Cabrera, Formentera, Ibiza, Mallorca, Menorca) 7, 8, 166-85; mapa 171
balnearios 13, 88, 93
bananas 202, 207, 208, 209
Bandama 197
Bañolas (Banyoles) 17
Barcelona 15, 16, 18, 111-12, 135-6
Barranco de la Hoz 93
Barranco del Retaule 124
Barrosa, valle de 13
Batuecas, Las 77, *78*
Bearn 13
Beas de Segura 140
Beceite (Beseit), puertos de 109, 111, 124-5, *126*
Belaqua, paso de 13
Bellver de Cerdaña 19
Benasque 13, 16, 24, 25
Beriero o Agoeiro, El 56
Besalú 17
Besaya, río 36
Besiberri norte 22
Beteta 88, 89, 93
Bielsa 29, 30
Bierzo, El 36, 52-6
Bilbao 15, 16, 39, 40, 41
Bobia de Teleyerba, La 53
Boí, valle de 20
Boí, pueblo 21
Bojes 124
Borosa 137
Bosque, El 152, 153
Bosque de Muniellos 52-6

Bossost 24
Bosques antiguos 33, 37, 53, 133, 151, 201, 204
Boyar, puerto del 152, 153
Brecha de Roldán 30
Broto 29
buceo 128, 185, 194, 196, 197, 201, 207
Buda isla de 121,
búhos, 7-8, 47, 62
Buitreras, Las 73, 74
buitres 7-8, 139, 152; negro 32, 101, 173; leonado 28, *28*, 139
Burgos 36, 39, 40, 61, 63, 64, 76, 80, 81
Burguete 16, 33
Buxu, pinturas en cuevas 49

caballo: *asturcón* 38, 47
Cabañas de Sallent 25
cabo de Creus 13
cabo de Formentor *166*-7, 176
cabo Gros 180
Cabrera 166-9, 178-80
Cáceres 105, 135
Cadí-Moxieró 13, 18-19
Cádiz 133, 134, 135, 136, 152
Caín 46, 49
cala Pregona 180
caldera de Bandama 197
caldera de Taburiente 186, 188, 207-9; mapa 208
Caldes de Boí (Caldas de Bohí) 20, 21
Camaleño 40
*camariña* 56
camellos: Lanzarote 190, 192, 194
Cameros 76, *79*
Camino de Santiago 61-2, 78-81; mapa 80
caminos 60, 66, 69, 70, 73, 74, 78, 156, 172
Campanarios, Los 64
Campo de Criptana 84
Campóo, valle de 40, 43-4, 44
Campos de Puerto 168
cañada de las Fuentes 137, 140
cañadas del Teide 186, 188, 198-9, 200-01, *202-3*
canales 54, 121, 125, 149
Canarias, islas (Fuerteventura, Gomera, Gran Canaria, Hierro, Lanzarote, La Palma, Tenerife) 7, 8, 135-6, 186-209, mapa 190

Guadarrabú 16, 132
Candeleda 69
Canfranc 15, 32
Cangas de Onís 48
cangrejo, albino 194
Cantabria 8-9, 36, 37, 39, 40; cordillera Cantábrica 34-54, *34-5*
Cantalojas 74, 75
Canto Cochino 74
Capileira 145
Caramany, illa de 114
Carboneros 170-1
*carob tree* 111
Cartagena 111, 135
cascadas 41, 66, 90, 209
Castell del Ratal 177
Castellfullit de la Roca 17
Castelló d'Empúries 113, 116
Castellón de la Plana 108, 112, 124, 135
Castilla-La Mancha 82
castillo de Guanapay 193
Castillo de Monfragüe (pueblo) 105
castillo de San Gabriel 194
castillo y ermita de Monfragüe 100, 101, 105
Castro de Coaña 37
Cataluña 9, 14; Pirineos catalanes 12, 13-7, 19
Cava, La (Deltebre) 121-2
caza 52, 53, 66, 102-4, 121, 133-4, 156; reservas *(reservas nacionales de caza)* 8-9
Cazorla 140; mapa 136
Cenagosa, lago 96, 97
Cercedilla 72, 73
Cerdaña (Cerdanya) 13
cerdo negro ibérico 133
Cerler 16, 24
cernícalo: menor 32, 47
Cervantes, Miguel de 82, 96, 97
César Augusto 37, 50
ciervo 9, 38, 52, 88, 92; Andalucía 133, 139, 140-1
Cíes, islas *54-5,* 56-8
Cifuentes 92
Cigüela, río 98-9
cigüeñas 62, *65,* 67, 101-2, 105
cilindro de Marbore, El 27-8
circo de Cotatuero 30
circo de Gavarnie (francia) 26-7, 29, 30
circo de Góriz 29
circo de Gredos 65

circo de Pineta 30
circo de Saburuda 24
circo Saosa 26, 30
circo, Los 13
Ciudad Encantada 87, 89
Ciudad Real 82, 85, 135
Ciudadela 168, 181
*clavijas* 30
col de la Perche 10
col de Somport 10
Colindres 42
collada de Toses 18
Colonia, La (isleta) 148
Colón, Cristóbal; monumento 208
Coma de la Paul 24-5
Conde, laguna del 149, 150
convento 77
cordillera Cantábria 34-54, *34-5*
cordillera Penibética 141
Córdoba 130, 134, 135, 136; Lagunas de 149-50
*Corema album* 56
cormoranes *117;* moñudos 56, 57
Cornión 45
Cortes de la Frontera 133
Coruña, La 39
Coto Doñana, *ver* Doñana
Coto Nacional de Quinto Real 33
Covache 65
Covadonga 8, 46-7, 49; batalla de 37, 46
Croscat 17
Cuenca 82, 85; serranía de Cuenca 84-5, 87-9, *87,* 93, 99
cuenca alta del Manzanares 73-4
Cuervo, río *87,* 88
cuevas: pinturas en cuevas 36, 40, 49, 77, 89, 105, 197, 209; Andalucía 147, 165; Baleares 177, 181, 184, 185; Canarias 191, 194, 197, 201, 209; Costa del Mediterráneo 117; Meseta: Norte 69, 73, 75, 77, Sur 89, 90, 97, 105; norte de España 36, 40, 45; Pirineos 33
cuidados de la garganta 49
Curavacas, pico 43

*Chamaerops humilis* 184
"Chason de Roland" 30, *31,* 32-3

Charbonnières, Louis Ramond de 26
charranes 121, 160
chumbera 111, 191, *207*

Daimiel: Tablas de Daimiel 8, 96,98-9, *98, 99*
Daimiel, pueblo 97
Dante Alighieri 80, 192
*Daphne rodriguezii* 180
Degaña 52-6
Degrada 54
*dehesa*, hábitats 8, 100-01 delta(s), estuarios 37, 41, 154-61
Delta del Ebro *106-7,* 109, 120-2, *123;* mapa 122
Deltebre 121-2
desfiladero de los Beyos 45
desmán pirenaico 7, 47
Despeñaperros 164
Deyá 176
dinosaurios: Ruta de los Dinosaurios 76
Doñana: Parque Nacional, antes Coto Doñana 8, 9, 42, 132, 133, 154-61, *164;* mapa 161
drago 198
drosera, rosoli, *Drosera rotundifolia* 32
Duero río y valle del 36, 37, 43-4, 70, 71
Dueso, El: penitenciario 42
dunas 8, 57; 114, *114-5, 135,* 158-60, 194
Duvigneaud, Jacques 171
Ebro río y valle del 7, 12, 36, 37; delta del Ebro 106-7, 109, 120-2, *123,* mapa 122; embalse 44
*Echium gentianoides* 208
*Echium handiense* 194, *196*
*Echium pininana* 207
*Echium webbii* 207
*Echium wildprettii* 199, *200*
El: para encontrar los hombres que comienzan por esta palabra, busque por el nombre propio siguiente
Elda 112
eléboros 88
embalse del Tranco 137, 139
Empordà: aiguamolls de l'Empordà 8, 113-7, *114-5*
Enciso 76
enclaves religiosos 61, 62, 80, 108, 172 *ver también* monasterios; santuarios
Eriste 24
ermitas 77, 88, 124
*Erodium daucoides* 91-2, *92*
Esca, río 33
escalada, montañismo: Andalucía 136, 145; Baleares 169, 177; Canarias 189, 197; costa del Mediterráneo 108, 112, 128; Meseta: Norte 60, 63, 69, 74; Sur 86, 89, 90; norte de España 40, 44, 56; Pirineos 16, 18, 21, 22, 24, 25, 30, 33
Escároz 33
Escuaín, valle de (Gargantas de Escuaín) 27, 29
Ésera, río 25
Esla, río 36
Esla 2002 (estación de esquí) 40
espátulas 48, 116, 454, 455, 456
espectáculo de flores silvestres 21-2, 22, 24, 46-7, 114, 142, 144
Espot 20, 21
esquí: Andalucía 136, 141, 145; costa del Mediterráneo 112; Meseta Norte 60, 63-4, 220, 72; norte de España 40; Pirineos 10, 12, 16, 22, 32
Estación del Espinar 73
Estany Llebreta 21
Estany Negre de Peguera *19*
Estarrún río y valle de 32
Estartit, L' 117
Esterri d'Àneu 20, 21, 23
estuarios, *ver* deltas y estuarios
eucaliptus 37, 56, 100, 111, 157
excursiones a pie: ver al final de cada una, sección 20
Extremadura: Monfragüe 8, 9, 100-05

Fageda d'En Jordà 17
falsa oronja: *Amanita muscaria*
Faro, isla del 56-7
faro del Caballo 42
Figueras 17, 116
flamencos 56, 116, 120; Andalucía 8, 148, 150, 154, 155, 158-60, *158,* 161-2
Fluvià, río 16, 17, 113, 114-6
fochas 120, 148-9
Fontibre 44
Formentera 8, 166-9, 185
Fraile, El 198
Fredes 124, 125
Freser y Setcases 13
*Fritillaria pyrenaica 21,* 22
Fuengirola 135
Fuente de Piedra, laguna de 8, 148-9
Fuentes Carrionas 43
Fuerteventura 186-9, 194-5
funiculares 49, 120, 200; *telecabinas* 141

galápago rayado *122*
Galayar 69
Galicia 9, 36, 37, 38, 39, 41, 54, 78
Gállego, río 16, 32
Gallocanta, laguna de 8, 93-5
Galve de Sorbe 74, 75
ganado ovino: lacha 37; merino 36; muflón 129; *129*
ganado vacuno: *casina* vaca; *tudanca* 37
*gancheros* del Tajo 93
Gandía 112
Garajonay: Parque Nacional de Garajonay, Gomera 186, 188, 201-5
garcetas 116
garganey 115
garganta del Cares 49
garganta Divina 45-6
Gargantas de Escuaín, valle de las 27, 29
Garona, río y valles del 16, 22
Garralda, bosque de 33
Garrinada 17
Garrotxa 14, 16-17
Garuda de Rudo, río 24
Gavarnie, pueblo (Francia) 30
gaviotas 56, 57; de Audouin 160, 173
genciana maculada *53*
*Geranium cinerum 29*
Gerona (Girona) 13, 14, 15, 16, 17, 18, 112
Gibraltar 8
Gijón 39
gineta *53,* 104
Gisclareny 18
glaciares 8, 30, 141; actividad glaciar 10, 20, 24, 29, 45, 49, 50, 53, 108
golfo de Rosas 13, 113, 116

golfo de Vizcaya 7
Gomera 186-9, 196, 201-5, *206;*
Parque Nacional de Garajonay 186, 188, 201-5, mapa 204
Gósol 18, 19
Graciosa, isleta 191, 193
Gran Canaria 186-9, 196-7, 198
Gran Tuc de Colomers 20
Granada 130, 134, 135, 136-7, 144-5
Granja de San Ildefonso 60-1, 70, 72
Grao, El 180, 181
Graus 24
Grazalema 136, 152; Parque Natural de Grazalema 133, *151-3*
griegos 90
griegos antiguos 106, 113, 186
gruta de la Maravillas 165
grullas europeas 95
Guadalajara 74, 75, 82, 84, 93
Guadalaviar 89, 92
Guadalete, río *151*
Guadalquivir, río 132, 137, *138,* 154, 155-6
Guadarrama 72
Guadiana, río 97, 98-9

halcones: de Eleonora 173, 174, *177;* peregrino 62
Haria 93
hayedo de Tejera Negra 61, 74-5
hayedos 17, 37, *47,* 53, 60, 76, de la costa del Mediterráneo 118, 124, *124*
heno, campo de, en Andalucía *163*
Herrideros, Los *190-1*
Hierro 186-9, 205, 205-7
Híjar, río 43-4
*Hispidella hispanica* 68, *69*
hondo: falsa oronja 165, *165*
hospicios 61, 62, 80
Hosquillo: Parque Cinegético del Hosquillo 88
Huelva 134, 137, 160, 161-2, 164
Huesca 15, 16, 25

Ibañeta paso de 13, 16
íbices 8, 28, 66, *67,* 138, 139
Ibiza 8, 166-9, 183-5
Ibiza, ciudad 184

ICONA 8-9
illa de Caramany 114
Iñola, río y valle de 22
Irati, río 33
iris 114
Isaba 33
Isábena, río y valle de 12
isla del Faro 56-7
isla del Norte 56-7
isla del Sur o de San Martín 56-7
islas Cíes *54-5,* 56-8
islas Medes 117

jabalí 7, 9, 47, 133
Jaca 15, 31, 32
Jaén 130, 132, 134, 135, 137
Jameos del Agua 194
Jandía península de 194
Jarales, laguna de Los 149, 150
jardines, conjuntos de 141, 176, 197
Játiva (Xàtiva) 112
Jerez de la Frontera 135, 154
Jesús i Maria (Deltebre) 121-2

La: para encontrar los nombres que comienzan con esta palabra, busque por el nombre propio siguiente
lagartija 7-8, 28, 46, 62
lagarto 57, 104, 114-5, 178-80, 180-1, *180,* 184, 185
Laguna, La (ciudad) 200, 201
lagunas, lagos 19-20, *95,* 96-7, 113, 114, 125-8, 149-50; para encontrar los nombres que comienzan con laguna, lago, busque por el nombre propio siguiente.
Lanjarón 144, 145
Lanzarote 186-9, 190-4, *190-1, 195*
Laredo 42
Las: para encontrar los nombres que comienzan con esta palabra, busque por el nombre propio siguiente.
laurel, bosque de lauredal 201
Lebrija 156, 157-8
León 36, 39, 40, 48, 54-6, 63, 64, 80, 81
Lérida (Lleida) 13, 14, 15, 16, 20, 24, 25
Liébana: batalla de 37
Liébana valle de 37, 43, 46, 49
lince 77, *77,* 102, 156, 157, 164

lisimaquia menorquina: *Lysimachia minoriscensis* 100
limosa de cola negra *99*
Lliterola 24
Llívia 13
Llobregat, río 108
Lluc 168, 176, 177
lobos 7, 38, 52-3
Logroño 16, 61, 63, 64, 76, 80, 81
Los: para encontrar los nombres que comienzan con esta palabra, busque por el nombre propio siguiente.
Lubierne río y valle de 32
Lugo 39, 40, 54, 56
Lunada, La 40
*Lysimachia minoriscensis* 180

macizo de la Maladeta 24
madereros: *gancheros* del Tajo *93*
Madrid 15, 16, 62, 70, 71, 72, 73
Mahón (Maó) 168, 181-3
Maladeta, sierra de la 13
Málaga 133, 134, 135-6, 136, 137, 152
Malagosto (Reventón), paso 73
Mallorca 7, 166-9, *166-7,* 170-7, *174, 175, 178-9;* mapa 176
manantiales 87, *87,* 88
Mancha, La 82-4, *82-3,* 89
Manrique, César 191, 194
Manzanares: La cuerca alta del Manzanares 73-4
Manzanares, río 73-4
Manzanares, pueblo 74
Manzaneda 40
mapa: orientación del país 6
mariposas: en peligro 44, 48; Andalucía 142, 144, 164-5; costa del Mediterráneo 118, 128; Meseta: Norte 68, Sur 88, *89,* 92; norte de España 40-1, 44, 48; Pirineos *22, 23,* 25, 28, 68
marismas *164*
Marismas del Odiel, Las 158, 161-2
marmotas 24, 25
Martinet 19
Matagalls 118
Matalascañas 156, 160, 161
Maubermé 22

Meda Gran 117
Medes, islas 117
medicinal, tratamientos con hierbas 22, 32, 88, 165, *165*, 198; balnearios 13, 88, 93
Medina, laguna de 154
Medina Sidonia 154, 156
medio ambiente, daños y protección 8-9, 42; drenaje 47, 156; sequía 155, 157; cultivos, incluyendo contaminantes 37, 41, 127, 138, 155, 172; incendios forestales 139; repoblación forestal 37, 56, 100-01; caza legal y furtiva 52, 53; energía hidroeléctrica 20, 43; ICONA 8-9; minería 53, 54; embalses: pueblos inundados 44; agua estancada: botulismo 157; repetidor de TV 33; bombas de agua para viñedos: suministro en pozos artesianos 96, 97, 98-9
Mediterráneo, costa del 106-29; mapa 110
Médulas de Carucedo, Las *51*, 53-4
Menorca 166-9, 180-3, *182*
Medida 135
Mesa de los Tres Reyes 13
Meseta 7, 36, 43, 58-105; Norte 58-9, 60-81, mapa 63; Sur 82-105, mapa 86
milano: de alas negras 8, 102
Millán de la Cogolla, San 75
minería 53, 54, 129, 156, 162, 164
Mira, La 66, 69
Mirador del Río 190
Miraflores de la Sierra 73
Moixeró 18-19
Molina de Aragón 92-3
molinos de viento de La Mancha 84
monasterios 28, 49, 53, 61, 62, 73, 80, 108, 118; Huelva 162; Mallorca 176, 177; San Juan de la Peña *30*, 31-2
Monfragüe 8, 9, 100-05; mapa 100
Mont Valier 24
monte Adi 33
monte Buciero 40-1
monte Clara 191
monte Perdido 13, 26, 26-7, 30
montes Alberes 13

montes Aquilianos 53
montes Malditos 25
montes Universales 85, 87, 88, 89-90, *90*
Montesinos: cuevas de 97
Montolivet 17
Montsalvatge: leyenda de 31-2
Montseny 118-9, *118*
Montserrat 108, 119-20, *119*
moros en España: Andalucía 143, 143-4, 144; Baleares (Mallorca) 172; costa del Mediterráneo 106; Meseta: Norte 75, Sur 82, 90, 100; norte de España 37, 46, 49
Morella 125
*muflón* 129, *129*
Muela de San Juan 89
Muga, río 112, 116
mulas 30, 36, 46
Mulhacén 141, 144, 145
*Munidopsis polymorpha* 194
Murcia 108, 111, 112, 128-9, 135
murciélagos 102, 114, 177

Nájera 61, 75, 76
Najerilla, río y valle del 76
Nansa, río 43, 44
Naranjo de Bulnes 45, 48, 49
*Naufraga balearica* 171
Navacerrada, puerto de 70, 71, 72, 73
Navarra 13, 14, 16, 32-3
Navia, río 37
*nevero*, manantiales 129
nieve: manantiales de *nevero* 129
Noguera Ribagorzana, río y valle 14
Norte, isla del 56-7
norte de España 34-57; mapa 39

Oca 61-2
Ochagavía 33
olivos *82-3*, 111, 130-2, *130-1*, *163*, 170-1, 172
Olot 17
Orbaiceta 33
Orcera 140
orquídeas *14*, 88, 118, 146, 184, 196
Ordesa, parque nacional de 8, 10, 12, 26-31, *26-7*; mapa 29
Ordesa valle de 26-7, 28, 30
Orduña y sierra Salvada 40-1

Orense 40
Órgiva 144-145
Orotava, La 198, 200-01
Ory, monte 13
Orzanzurieta, pico de 33
Osos 7, 9, 38; pardos 50, 52, 53; monumento 49
Oviedo 36, 40, 48, 50, 63

Pajares: Somiedo y Pajares 50
Pajares, puerto de 36, 40
pájaros carpinteros *33*, 47
Pala Alta de Serrader 20
palacio de Doñana 156, 158
Palazuelo 105
Palencia 36, 39, 40, 43, 63, 64
Palma, La (isla canaria) 186-9, *186-7*, 205, 207-9; La caldera de Taburiente 186, 188, 207-9; mapa 209
Palma (en Mallorca) 168, 172, 176, 181
Palmar, El 125
Palmas, Las (en Gran Canaria) 196, 197
palmito 184
Pamplona 15, 16, 33, 80, 81
Panderruedas 37
Pandetrave paso de 37
Panticosa 13, 16
Parque: busque por el nombre propio siguiente
paso: busque por el nombre propio siguiente
Pas, valle del 36
patos 57, 115, 120, 121, 125; porrón de cresta roja 95, 120, *160;* polla de agua *41*, 42; pato de cabeza blanca 149, 150, 154; con pico de pala *125*
Pedraforca 18
Pedriza del Manzanares 73-4
Peña Arias Montano: santuario 165
Peña de Francia: santuario 60, 77
Peña de las Sietes Mesas 145
Peña Gorbea 41
Peña Oroel 32
Peña Santa de Castilla 45
Peña Tú 36
Peñafalcón 101-2, *103*, 105
Peñalara pico 71
Peralejos de las Truchas 93
perdiz blanca o nival *21*
peregrino, halcón 62

peregrinos: Camino de Santiago 61-2, 78-81
Perpignan-Gerona, autopista 13
pesca: Andalucía 136, 141; Cabrera 180; Fuerteventura 196, 201; costa del Mediterráneo 117, 128; Meseta: Norte 69, 73, Sur (Monfragüe) 105; norte de España 37, 38, 49, 56, 57; Pirineos 16, 24
Petit Vignemale 30
pic de Contraig 20
pic de Maubermé 24
peligros; picaduras de insectos 93, 117, 162; venenos 104, 153, 165, *165;* excursionismo, escalada 15, 176, 177, 200, 204, 208; meteorológicos 24, 144
pico de Aneto 13, 24
pico de Anie 13
pico de cigueña: *Erodium daucoides* 91-2: *92*
pico de Eriste 24
pico de Posets 24-5, 25
pico de Tres Mares 43-4
pico de Valhiverna (Vallibierna) 24
pico Veleta 141
Picos de Europa *34-5,* 36, 37, 38, 43, 45-9, *46, 47,* mapa 45
Piedrafita 13, 36
Piedrasluengas, puerto de 43, 44
Pinar, El 151
Pindal 40
pinos 90, 124, 129, *135,* 184-5, *186-7,* 207
Pineta, valle de 26-7, 28, 29, 30
*Pinguicula vallisnifera* o *vallisnerifolia* 137-8, *140*
Pinsapar 152, 153
Pisuerga, río 43-4
Plan del Hospital 25
plantas de interés especial, raras, en peligro 8; Andalucía 132-3, 137-8, 142, *145,* 146, 153, 164; Baleares 171, 172, 180, 184; Canarias 188, 190, 194, 196-7, 198, 207, 208; costa del Mediterráneo 111, 118, 119-29, 124; Meseta: Norte 67-8, Sur 87-8, 90,

91-2; norte de España 37 8, 50, 56-7; Pirineos 18, *32*
Plasencia 105
playa de Berría 42
Pobla de Lillet, La 40
Pobla de Segur 20, 21
Podenco ibicenco 184
Polla de agua, morada, *157*
Pollença 168, 176, 177
Ponferrada 53, 54, 61, 63, 81
Pont de Suert 20-1
porrón de cresta roja 95, 120, *160*
port de la Bonaigua 23
portillón de Benasque 25
Posada de Voldeón 48, 49
Posets 13
Potes 48, 49
prados de heno 37, 44, 46, *46,* 61
prehistórica, vida y restos 12, 17, 36-7, 77, 147, 180; pinturas rupestres 36, 40, 49, 77, 89, 105, 197, 209
Priego 88, 89, 93
Puente de los Navarros 29
Puente Poncebos 46, 49
Puente Visgo 40
puerto de Benasque 25
puerto de los Acebuches 152, 153
puerto de Orduña 40
puerto de Pajares, El 36, 40
puerto del Asón 41
puerto del Boyar 152, 153
puertos de Beceite (Beseit) 109, 111, 124-5, *126*
puertos de Tortosa 109
puig de la Canal Baridana (puig Vulturó) 18
puig de Massanella 177
puig Major 172, 177
Puigcerdà 13, 18-19
punta de la Banya 120, 121
punta Paloma *135*
Pirineos 6, 7, 8, 10-33, 78-81, 142, mapa 15

Quesada 140
Quinto Real 33

Rafelgarí 124, 125
*Ramonda myconi 29*
ranas 104, 114
*Ranunculus acetosellifolius 145*
rebeco 7, 9, 28, 34, 38, 47, *49,*

5?
Redondilla, lago 96
Reinosa 44
*reservas nacionales de caza* 8-9
Reventón (Malagosto), paso 73
Ribadesella: Tito Bustillo, pinturas en la cueva de 40
Riglos monasterio de 28
Rincón, Laguna de 149, 150
Río: busque por el nombre propio siguiente
Rioja, La 74-5, *74*
Ripoll región de 14
Rochafrida: ruinas del castillo 97
Rocío, El 157, 161
Roda de Isábena 12
romanos en España: Andalucía 146; costa del Mediterráneo 106, 108; Meseta: Norte 61, 69, 79, Sur 100; norte de España 37, 44, 50, 54; Pirineos 17
Roncal valle del 33
Roncesvalles *31,* 32-3, 78-81
Ronda 133, 135, 136, 152; serranía de Ronda 133-4, 151, *151*
Rosas 116; golfo de Rosas 13, 113, 116
rosolí: *Drosera rotundifolia* 32
Rovina, La 113
Rubio, Carlos 161-2
Ruidera *95,* 96-7
Ruta de los Pueblos Blancos 136

S'Albufera 172, 173
Sabiñánigo 29
Sahún 24
Saja, parque nacional 8-9
Saja, río 43-4
Salamanca 61, 53, 64, 135
salamandras 7, *17,* 57, 104, 114
salamanquesa común 104, *104*
Salardú 24
Salazar, río y valle 33
Saliencia 50
salinas 38, 41-2, 113, 114, 115-6, 149
Salinas (Delta del Ebro) 120, 121
Salinas (Formentera) 166, 185
Salinas (Mallorca) 173
Salinas de Bacuta 161, 162

salmón 16, 38, 49
San Isidro (La Pobla de Lillet) 40
San Juan de la Peña y Canfranc 30, 31-2
San Miguel, Ibiza 184
San Millán de la Cogolla (el hombre) 75
San Pedro, Laguna de 97
San Sebastián (Gomera) 205
San Sebastián (Pirineos) 15-6
Sanabria 35-6
Sand, George 172, 176
Sant Maurici, Llac de 20
Sant Nicolau, río 21
Santa Cruz (Pirineos) 28
Santa Cruz de La Palma 209
Santa Margarida 17
Santa María de Finestres 17
Santa Pau 17
Santander 15, 36, 39, 40, 48, 63
Santiago Apóstol 79
Santiago de Compostela 36, 39, 61-2, 78-81
Santo Domingo de la Calzada 62, 76, 80
Santo Grial 30-1
Santoña: Las Marismas de Santoña 41-2
santuarios 93, 108, 165, 172
Saqueira 232
Saxifraga biternata 146
Segovia 64, 71, 72, 73, 74
Segre, río 14, 16
serpientes 7, 101, 104, 114-5
Serranía de Cuenca 84-5, 87-9, 87, 93, 99
serranía de Ronda 133-4, 151, 151
Sesanes 46
Setcases: Freser y Setcases 13
Seu de Urgell 14, 15, 18
Seville 134, 135, 137
sierra Alta 90-2
sierra Blanca 134
sierra de Albarracín 85, 87, 90-3, 91
sierra de Almijara 133
sierra de Ancares 52-6; mapa 52
sierra de Aracena 164-5
sierra de Ayllón 60, 61, 74-5
sierra de Béjar 65
sierra de Cameros 76
sierra de Cazorla 8, 137-41
sierra de Cuera 36

sierra de Espuña 68, 108, 128-9
sierra de Francia 8
sierra de Gredos 8, 60, 64-9; mapa 65
sierra de Guadarrama 8, 60, 63, 65, 70-2, 70-1
sierra de la Cabrera 36
sierra de la Cabrilla 137
sierra de la Contraviesa 143
sierra de la Demanda 74-5, 74, 79
sierra de la Peña 31-2
sierra de las Corchuelas 100, 105
sierra de las Nieves 133, 134
sierra de los Porrones 73
sierra del Montseny 108
sierra de la Peña de Francia 60, 62, 76-7
sierra de Segura 137; sierras de Cazorla y Segura 137-41
sierra de Serrejón 100
sierra de Tejeda 133
sierra de Tramuntana 170-2, 176
sierra del Endrinal 153
sierra del Maestrazgo 108
sierra del Pozo 137
sierra del Teleno 53
sierra España 68, 108, 128-9
sierra Morena 82, 132, 164-5
sierra Nevada 8, 68, 130, 132-3, 137, 143, 145; mapa 141; reserva: Sierra Nevada y Las Alpujarras 133, 141-5
sierra Parada de Tolox 134
sierra Real de Istán 134
sierra Salvada 40-1
sierras palentinas y Alto Campóo 43-4
Siete Picos 70-1, 72
Siles 140, 141
sistema Central 60
Sóller, paso y valle de 176, 177
Solynieve 141, 144, 145
Somiedo y Pajares 50
somormujos 126; moñudo 96, 104, 126
Soria 61, 63, 64, 76
Sur, Meseta, ver Meseta
Sueve 38
Sum de Ramond, El 27-8
Suso, monasterio de (cueva) 75

Tablas de Daimiel 8, 96, 98-9, 98, 99

Tajo, río 70, 71, 77, 84-5, 88, 89-90, 92-3, 94, 104
Tancalaporta, pas de 18
Tarragona 20, 112, 124, 135
Teguise 193
Teide, el 198-9, 199, 200-01; cañadas del Teide 186, 188, 198-9, 200-01, 202-3
Tella 27
Tena, valle de 32
Teneguía (volcán) 208, 209
Tenerife 186-9, 198-201, 202-3; mapa 200
Teruel 90, 92, 124
Tierra de Cameros 76
tierras de labor: Andalucía 138, 143, 155, 156, 163; costa del Mediterráneo 113, 127; Meseta: Norte 60, 61, 62, 75, Sur 82, 92, 95; norte de España 37, 41; ver también olivos; arrozales; viñedos
Tiétar, río y valle del 60, 66, 68, 69, 104
Timanfaya 190, 191; parque nacional 186, 188, 192, 193-4, 195; mapa 193
Tinto, río 162, 164
Tíscar, laguna de 149, 150
Tito Bustillo, cuevas 40
Toboso, El 84
Toledo 66, 82
Tomelloso 97
Torcal de Antequera, El 145-7, 147
Torla 29, 30, 31
Toros de Guisando 66
Torre Cerredo 45
Torre del Vinagre 141
Tortosa 109, 112, 125; puertos de Tortosa 109
tossals dels Tres Reis 124
Tragacete 87, 88, 89, 90
Tramacastilla 90
Treiter 17
Tres Sorores, Las 27-8
trompetero africano 144
trucha 93, 141
Trujillo 105
Tuc de Mulleres 22
Tuca, La 22
Tuca Blanca 32
túneles: Pirineos 10, 13, 22, 23

Úbeda 140
Ubrique 152, 153

Unquera 48
Urgel 13, 14
urogallo 7-8, 9, 24, 38, *52,* 53
Urrieles 45-6
Urrobi 33

Valcarlos 33
Valdefuentes 62
Valderrobres 124-5
Valencia 63, 111-2, 1128, 135
Valgrande Pajares (puerto de Pajares) 36, 40
vall d'En Bas 17
Valladolid 39, 61, 63, 64, 66, 135
Valldemossa 176
valle de Arán 10, 13, *14,* 16, 21-4, *24*
valle de Benasque 22, 24-5
valle de la Acebada 73
valle de Lecrín 143-4
valle de los Ángeles 32
valle de Pineta *10-11*
valle de Poqueira 144
Vallehermoso 202
valles Viscurín, Los 13
Vaqueira-Beret 22
Vedrà, Es (isla) *183*

Veleta, La 141, 144, 145
vetch: *Astragalus monspessulanus 122*
viajes a caballo 30, 49, 69, 89, 161; camellos 192, 194
víboras 7; de Lataste *101,* 104; viborera *Echium gentianoides* 208; *E. handiense* 194, *196; E. pininana* 207; *E. webbii* 207; *E. wildprettii* 199, 200
Vich (Vic) 108, 118
Viella 21, 22, 23, 24
vistas espectaculares 49, 66; Baleares 166, 185; Canarias 197, 199, 205; costa del Mediterráneo 108-9, 129; Pirineos 13, 14, 19, 28
Vignemale (glaciar) 30
Vigo 56, 57
Viladrau 13
Vilaflor 199, 200-01
Villafranca de los Montes de Oca 62
Villanueva de Alcorcón 93
Villar del Cobo 90, 92
Villareal de San Carlos 105
Villena 112

Viñamala 13
viñedos: Canarias 190, 193, 199, 207; Meseta 61, 75, *75,* 82, 84, 97
violetas: perruna *48,* 50; *Viola cazorlensis* 137, *140*
Virgen de la Antigua: monumento 40
Virgen Negra: santuario 108
Vitoria 15, 16, 41, 63
Vitoria-Gastiez 41
volcanes e islas volcánicas 14, 16-7, 188, 192, 193, *195,* 197, 198-9, *199,* 201-05, *202-3,* 205-7, 208, 209
Volcán de Teneguía 208, 209

Xàtiva 112

Yaixa 192, 193
Yelmo 73
Yuste 60

Zahara de la Sierra 152, 153
Zamora 36, 39, 61, 64
Zaragoza 15, 16, 25, *58-9,* 93-5
Zoñar, laguna de 8, 149-50; mapa 150

**FOTOGRAFIAS**

Cubierta y solapas — Gunter Ziesler/Bruce Coleman Ltd. 10/11, 14 — Richard Kemp/ Remote Source. 19 — A.G.E. FotoStock, 22 — David Simson. 23 — Tony Stone Worldwide. 26/27 — Fred Grunfeld. 30 — David Simson. 31 — Fred Grunfeld. 34/35 — Teresa Farino . 43 — M. Chinery/ Natural Science Photos . 46, 47 51 — Teresa Farino. 54/55 — Firo-Foto. 58, 59 — Paul Sterry/Nature Photographers Ltd. 62 — Fred Grunfeld . 66 — A. G. E. FotoStock. 67 — Natural Science Photos. 70/71 — Paul Sterry/ Nature Photographers Ltd. 75, 78, 79 — A. G. E. FotoStock. 82 /83 — Kevin Carlson. 87, 90, 91, 94, 95 — Fred Grunfeld.

98 — J. L. G. Grande/ Bruce Coleman Ltd. 102 — Kevin Carlson. 103, 106/107 — A. G. E. FotoStock. 114/115 — David Simson. 118, 119, 123, 126 — A. G. E. FotoStock. 127 — Kevin Carlson. 130/131 — Robert Harding Picture Library. 135 — Christopher Grey-Wilson/Nature Photographers Ltd. 138, 143, 147, 151 — A. G. E. FotoStock.155 — Brian Hawks. 158 — Fred Grunfeld. 159 — R & J Kemp/Remote Source. 163 — Charles Henneghien/Bruce Coleman Ltd. 166/167 — Archie Miles. 170, 174 — Prisma/Planet Earth Pictures, 175, 178/179 — Fred Grunfeld. 182 — Robert Harding PIcture Library Ltd. 183 — Agencia Zardoya. 186/187 — George Wright. 191 — David

George/Planet Earth Pictures. 195 — Firo-Foto. 199 — Ernest Newal/Planet Earth Pictures. 202 — Alex Williams/Planet Earth Pictures. 206 — Prisma/Planet Earth PIctures. 207, 210/211 — George Wright.

**AGRADECIMIENTOS**

Deseamos agradecer especialmente al doctor Iain Bishop, a Martin Gardiner y a Tony Hare por su colaboración; también a Anthony Bonnmer, Valerie Chandler, Franky Eynon, Antonio Lardiez, Irene Martin, Timothy Osborne, María Teresa Palau, MIke Rosenberg, Charlie Spring-Rice, Mercedes Sus, Teresa Tisley y Brigitte Vienneaux.

# Guías Granica

**Títulos publicados**
Venezuela
Costa Azul
Antillas
New York

**Títulos en preparación**
Bretaña
Cuba

**Títulos programados**
Canadá
México y Guatemala
Costa Rica
Hungría
París

Ediciones Granica tiene publicados los siguientes títulos de las Guías *NOUVELLES FRONTIERES* **Grecia, Turquía, Portugal, Brasil, Egipto, Marruecos, Italia, México, China, Túnez, Estados Unidos, Argelia y Tailandia.**

# Guías
# Lonely Planet

**EUROPA DEL ESTE**          *1.ª ed. Abril 89*

La única guía que reúne en un solo volumen: Berlín, RDA, Polonia, Checoslovaquia, Hungría, Rumanía, Bulgaria, Yugoslavia y la URSS. Una guía indispensable para viajar por la región que despierta mayor interés en este momento.

**NORESTE DE ASIA**          *2.ª ed. Mayo 89*

Información condensada y muy actualizada de seis estados únicos, incluidos el país más grande del mundo y una de las colonias más pequeñas: China, Hong Kong, Japón, Corea, Macao, Taiwán.

**SUDESTE DE ASIA**          *6.ª ed. Febrero 89*

Desde hace más de 10 años es conocida como «*The yellow bible*» para los viajeros del subcontinente. Incluye información detallada de: Brunei, Birmania, Hong Kong, Indonesia, Macao, Malasia, Filipinas, Singapur y Tailandia.

**DE TURQUÍA A LA INDIA**          *6.ª ed. Enero 90*

Una guía completa, desde Turquía a Bangladesh. Información al día de Bangladesh, Bhután, India, Irán, Maldivas, Nepal, Pakistán. Sri Lan-Lanka y el Medio Oriente.

**SUDAMÉRICA:**          *Próxima edición*

Del sur de Río Grande hasta Tierra de Fuego, incluye Centroamérica. Información directa y muchos mapas; datos sobre hoteles, restaurantes, autobuses, trenes, qué hacer y qué evitar. *(En preparación)*

**ÁFRICA:**          *5.ª ed. Agosto 89*

Desde Marrakesh a Kampala, de Mozambique a Mauritania; de Johanesburgo a El Cairo. Esta guía ofrece todos lo datos para viajar por África. Información de unos 50 países, cómo llegar, cómo desplazarse, dónde dormir, dónde comer, qué hacer y qué evitar. *(En preparación)*